政策透视

中国博士后政策的
历史变迁与时代变革

许士荣

著

浙江工商大学出版社 | 杭州
ZHEJIANG GONGSHANG UNIVERSITY PRESS

图书在版编目（CIP）数据

政策透视：中国博士后政策的历史变迁与时代变革 /
许士荣著. -- 杭州：浙江工商大学出版社，2025. 4.

ISBN 978-7-5178-6316-8

Ⅰ. G644.8

中国国家版本馆 CIP 数据核字第 202535LJ51 号

政策透视：中国博士后政策的历史变迁与时代变革
ZHENGCE TOUSHI：ZHONGGUO BOSHIHOU ZHENGCE DE LISHI BIANQIAN YU SHIDAI BIANGE

许士荣 著

策划编辑	任晓燕
责任编辑	唐　红
责任校对	杨　戈
封面设计	朱嘉怡
责任印制	屈　皓
出版发行	浙江工商大学出版社
	（杭州市教工路 198 号　邮政编码 310012）
	（E-mail：zjgsupress@163. com）
	（网址：http://www. zjgsupress. com）
	电话：0571-88904980，88831806（传真）
排　　版	嘉兴浩帆图文制作有限公司
印　　刷	杭州宏雅印刷有限公司
开　　本	710 mm×1000 mm　1/16
印　　张	16.25
字　　数	220 千
版 印 次	2025 年 4 月第 1 版　2025 年 4 月第 1 次印刷
书　　号	ISBN 978-7-5178-6316-8
定　　价	58.00 元

本书是 2019 年国家社会科学基金教育学一般课题"新时代我国博士后政策的发展困境与改革路径研究"(BIA190200)的研究成果。

目 录

第一章　我国博士后政策的发展历程与历史经验 / 001

　　第一节　我国博士后政策的发展历程 / 002

　　第二节　我国博士后政策的主要作用 / 014

　　第三节　我国博士后政策的历史经验 / 023

第二章　我国博士后政策的发展状况与现实困境 / 035

　　第一节　我国博士后政策的发展状况 / 036

　　第二节　我国博士后政策的现实困境 / 043

　　第三节　我国博士后政策的困境缘由 / 058

第三章　我国省级博士后政策的历史变迁与改革探索 / 065

　　第一节　我国省级博士后政策的历史变迁 / 066

　　第二节　我国省级博士后政策的改革探索 / 075

　　第三节　我国省级博士后政策的发展趋向 / 104

第四章　我国企业博士后政策的历史回顾与创新之路 / 117

第一节　我国企业博士后政策的历史回顾 / 118

第二节　我国企业博士后政策的发展困境 / 140

第三节　我国企业博士后政策的创新之路 / 145

第五章　我国博士后政策的典型现象与深度思考 / 161

第一节　超级博士后：我国博士后政策的改革创新 / 162

第二节　师资博士后：我国博士后政策的派生演化 / 172

第三节　兼职博士后：我国博士后政策的制度演化 / 186

第四节　项目博士后：我国博士后政策的不断深化 / 194

第五节　挂职博士后：我国博士后政策的另类发展 / 206

第六节　外籍博士后：我国博士后政策的拓展延伸 / 215

第六章　我国博士后政策的发展思路与改革路径 / 223

参考文献 / 241

后记 / 250

第一章

我国博士后政策的发展历程与历史经验

从政策起源来看，博士后政策①是一个"舶来品"，它最早产生于美国的霍普金斯大学。改革开放以后，党和国家基于社会经济发展对高层次人才的迫切需求，尤其是为促使海外留学人员及时回归投身祖国建设大业，从战略层面制定了我国博士后政策。因此，吸引留学博士回国工作是我国博士后政策产生的直接动因。1985年，我国博士后政策在李政道先生的积极倡议下，由邓小平同志亲自决策创立。40年来，我国博士后政策在改革中创新、在创新中发展，经过了从无到有、从小到大、从弱到强的艰辛发展历程，走出了一条独具中国特色的博士后事业发展之路，成为我国培养高层次青年创新型人才的一项重要政策，在实施创新驱动发展战略，加快建设文化强国、教育强国、人才强国的伟大征程中承担着重要的价值与使命。

---

① 注：为便于表述，本书中"博士后政策"特指我国博士后政策，特殊注明的除外。

第一节　我国博士后政策的发展历程

长期以来,我国博士后政策与国家经济社会发展相一致,基本遵循渐进式发展策略,采取稳中有进、逐步深化的总基调,经历了不同的发展阶段。《中国博士后辉煌二十年:1985—2005》将中国博士后制度分为三个阶段:制度初创阶段(1985—1988 年)、稳步发展阶段(1988—1998 年)、改革提高阶段(1998—2005 年)[①]。姚云等认为,我国自 1985 年创立博士后制度以来,博士后管理经历了初步创立、快速发展、稳步推进和深化发展四个阶段。[②] 刘保存等认为,博士后制度在我国确立之后主要经历了以下四个发展阶段:初创阶段(1985—1987 年)、稳步发展阶段(1988—1998 年)、改革提高阶段(1999—2010 年)、快速发展阶段(2011 年至今)[③]。李正等认为,基于历史制度主义的视角,对博士后政策的历史演变进行梳理和分析,发现我国博士后人才培养政策经历了创立试行(1985—1987 年)、快速增长(1988—1997 年)、稳步提高(1998—2010 年)、加速提升(2011—2015 年)、创新发展(2016 年至今)五个阶段的变迁。[④] 综合而言,

---

① 李建华.中国博士后辉煌二十年:1985—2005[M].北京:中国画报出版社,2008:26-43.

② 姚云,曹昭乐,唐艺卿.中国博士后制度 30 年发展与未来改革[J].教育研究,2017(9):76-82.

③ 刘宝存,袁利平.博士后制度的国际比较[M].北京:党建读物出版社,2016:259-264.

④ 李正,吴钰滢,焦磊.我国博士后人才培养政策的变迁逻辑及其展望——基于历史制度主义的视角[J].研究生教育研究,2021(4):78-84.

我国博士后政策经历了酝酿期、初创期、成长期、稳步期、转型期等发展阶段。

一、酝酿期（1983—1984 年）

　　通常问题是政策构建的逻辑起点，没有问题的出现，自然也就没有政策制定的基础和必要，博士后政策的产生遵循同样的逻辑思维，它的应运而生与高层次人才培养问题紧密关联。改革开放初期，国家百废待兴，众多领域高层次人才非常紧缺。1981 年，在著名物理学家、诺贝尔物理学奖获得者、美籍华人李政道先生的推动下，建立了中美联合培养物理类研究生计划（China-United States Physics Examination and Application，CUSPEA），每年选送百名左右学生赴美攻读博士学位。几年之后，随着留学博士的陆续回国，如何有效地吸引和使用这批人才成为一个急需解决的迫切问题。

　　1983 年 3 月 5 日，李政道教授给当时的国家有关领导人写信，建议实行博士后政策，他的关于设立"科研流动站"的初步建议着重从目的、组织、经费等几个方面谈了自己的初步设想。他认为，近几年来国内派出留学生学科学的颇多，因出国时均皆年轻，得博士学位回来后恐怕需要一段时间使他们了解国内现况，亦使国内研究所了解他们的情况，这样才可充分地发挥他们的力量。"科研流动站"简称"研究站"，可帮助解决一部分这一类的问题。研究站亦可成为推动青年科技人员流动的永久方法之一。这些青年科技人员可以是从国外回来的学生，也可以是国内研究所的毕业研究生及在各所的青年研究人员。1984 年 5 月 16 日，为实行博士后政策，在经过了一年多的思索之后，李政道教授给国家有关领导人写了第二封信，即关于如何安排"博士后"科技青年的一些建议，他结合美国的博士后培养经验，凭借他敏锐的洞察力和世界级的眼光，就如何建立流动站、推行博士后政策提出了比较具体的思路。

　　1984 年 5 月 21 日，邓小平专门安排与李政道会见，听取他的建议，高度赞赏李政道提出的实行博士后政策的意见，还责成主管领导和有关部门尽快予以落实。因此，中国博士后政策议题在邓小平的亲切关怀和亲自决策下直接被提上政策议程。据北京大学前校长、著名物理学家陈佳洱院士回忆，1984年，当时有89位院士向中共中央建议设立博士后科研流动站，其中，诺贝尔物理学奖获得者、美籍华裔物理学家李政道教授起到了关键作用①。诚如李政道2005年10月在中国博士后制度创设20周年之际撰文《独具特色的中国博士后制度前程似锦》中所言：由于祖国当时的迫切需要，才使我有机遇成为建立中国博士后科研流动站的建议人。

二、初创期（1985—1987 年)

初创时期最重要的工作是完成"建章立制"，从组织上和体制机制上为博士后政策的实施保驾护航。1985年，由原国家科委牵头，组成了博士后科研流动站管理协调委员会（以下简称"全国博士后管委会"），统一组织和协调全国博士后工作，原国家科委副主任腾藤出任全国博士后管委会主任，李政道受聘担任全国博士后管委会顾问。1985年7月16日，邓小平再次会见了李政道，进一步强调了博士后政策在促进留学生回国中的作用。1985年5月，原国家科委、教育部、中国科学院在征求部门和地方的意见，吸收各方面专家和留学博士建议后，会同财政部、原国家计委、公安部、原劳动人事部、原商业部等有关部门进行反复磋商，向国务院提交了《国家科委、教育部、中国科学院关于试办博士后科研流动站的报告》。

1985年7月，国务院向各省、自治区、直辖市人民政府，国务院各部委，各直属机构下发了《国务院批转国家科委、教育部、中国科学院关于试办博士后

---

① 汪健,邓芳.博采众长 擎起辉煌:清华大学博士后二十年(1985—2005)[M].北京:清华大学出版社,2005:9-10.

科研流动站报告的通知》(国发〔1985〕88号),这是我国制定的博士后政策的第一份政府性文件,标志着我国博士后政策正式出台。此后,国家科委先后下发了《关于试办博士后科研流动站申请办法的通知》(1985年8月)、《关于建立博士后科研流动站若干问题的通知》(1985年11月)、《博士后研究人员管理工作暂行规定》(1986年3月)、《关于博士后研究人员及其配偶、子女落户等问题的通知》(1986年6月)、《关于博士后研究人员子女上学问题的通知》(1986年10月)、《国家博士后科学基金试行条例》(1986年11月)和《博士后经费管理使用暂行规定》(1987年4月)等政策文件。与此同时,全国博士后管委会下发了《关于做好博士后研究人员工作期满成果评定、专业技术职务任职资格评审及工作分配的通知》(1987年8月)、《关于进一步明确博士后研究人员身份等问题的通知》(1987年9月)等政策文件。对博士后研究人员的人事关系、住房、工资、职称及其配偶和子女户籍、上学等一系列问题做出了明确规定,构建了中国特色博士后政策的基本框架。

1985年10月18日,经专家评审,全国69个学术单位的94个博士后流动站获准建立。博士后试点工作仅在中国科学院试行了一年,就在全国全面展开。"在实行博士后制度、设立博士后流动站的初期,原计划1985年和1986年共招收250名博士后研究人员,而1985年实际进站的博士后研究人员只有1人,1986年为44人,实际招收人数仅占计划的18%。原因是在初期,博士后制度鲜为人知,应为博士后提供的工作和生活条件以及相关政策还在逐步制定和落实之中。从1987年起,进站的博士后人数明显增加,并以每年平均23%左右的速度增长。留学博士回国做博士后的人数也逐步增多,我国的博士后制度正逐步成为吸引留学博士回国工作的一个重要途径。"[1]本阶段的发展特点可概括为五个方面:一是博士后制度启动快,在很短的时间里就搭建起了基本的制度框架。二是实行两级管理体制,国家博士后工作主管部门对设

---

[1] 周峰.独具特色 前程似锦——中国博士后制度实施二十年历程回眸[J].中国人才,2005
(21):14-17.

站单位直接进行管理。三是设站规模比较小，设站学科分布比较窄，主要集中在理科和少数工科，招收单位均是国内顶尖的高等院校、科研院所。四是招收规模逐年翻番，留学博士回国做博士后研究的人数占相当大的比重。五是博士后的资助模式主要以国家财政计划拨款为主。[①]

三、成长期（1988—1997年）

根据《关于国务院机构改革方案的决定》，经人事部和国家科委领导具体商定，国家科委科技干部局的职责任务于1998年5月11日整建制正式划转人事部。[②] 人事部下设全国博士后管理委员会、全国博管会办公室（人事部专业技术人员管理司），负责博士后制度管理协调的相关工作。为配合博士后政策的落实及相关工作的开展，全国博士后管委会于1990年5月30日设立中国博士后科学基金会，性质为在中华人民共和国民政部注册的非营利机构，具有独立法人地位，受全国博士后管委会领导。中国博士后科学基金会办公室是基金会的日常办事机构，设在人事部留学人员与专家服务中心。中国博士后科学基金会办公室下设评估与服务处和基金管理处，具体承担博士后工作的日常管理事务和基金管理事务。全国博管会下设若干个学科专家组，每个专家组均由学术水平高、有名望、熟悉国内高等学校和科研机构情况的专家组成。专家组的主要任务是在全国博士后管委会的领导下，对申请设站的单位进行评审。中国博士后科学基金具有"专属性、政府性、竞争性和层次性"四个基本特征。"专属性"是指它仅为博士后设立，不对其他科研人员开放，只有博士后才有资格申请；"政府性"是指它的资金来源为政府财政资金，中央政府按

---

① 全国博士后管委会办公室，中国博士后科学基金会.博士后工作实用手册（2014）[M].北京：中国人事出版社，2014：5.

② 人事部，国家科委.关于国家科委科技干部局划转人事部的通知：人字〔1988〕43号[2].

照年度为博士后提供科研拨款;"竞争性"是指它并不是为每一个博士后提供资助,而是按照当前基金的资助水平,每年仅为年度招收博士后总数的1/3提供资助;"层次性"是指该基金对博士后的科研课题资助是有梯度的层次区分的。①

在前期"建章立制"的基础上,根据时代发展需求和博士后事业发展过程中出现的问题,人事部、全国博士后管委会及其办公室有针对性地下发了一系列博士后政策文件,如《全国博士后管委会关于当前博士后工作若干问题的通知》(1988年1月)、《全国博士后管委会关于批准北京大学等11个单位新建博士后科研流动站的通知》(1988年4月)、《全国博士后管委会办公室关于提高博士后研究人员日常经费标准的通知》(1988年7月)、《全国博士后管委会关于改变新设博士后流动站评审办法的通知》(1989年2月)、《人事部、国家教委关于争取优秀留学博士回国做博士后的通知》(1989年3月)、《人事部关于进一步做好博士后工作的通知》(1989年10月)、《人事部关于少数博士后研究人员出国逾期不归问题的通知》(1989年12月)、《人事部、全国博士后管委会关于在吉林省进行博士后工作管理体制改革试点的通知》(1990年10月)、《人事部、国家教委关于进一步争取优秀留学博士回国做博士后的通知》(1992年8月)、《全国博士后管委会关于自筹经费招收博士后问题的通知》(1993年3月)、《中国博士后科学基金资助条例》(1993年6月)、《全国博士后管委会办公室关于批准建立上海宝钢博士后科研工作站的通知》(1994年10月)、《人事部、全国博士后管委会关于进一步加强博士后管理工作的通知》(1996年11月)、《全国博士后管委会办公室关于对博士后工作和博士后流动站检查评估具体实施办法的通知》(1997年5月)、《全国博士后管委会办公室关于印发〈企业博士后工作管理暂行规定〉的通知》(1997年10月)等,这些政策文件的实施促进了博士后工作的制度化和规范化建设,推动了博士后事业快速、稳健发展。

---

① 姚云,方芳,等.博士后发展年度研究报告(2014)[M].北京:学苑出版社,2014:2.

这一阶段有项政策比较特殊，即《人事部、全国博士后管委会"关于批准北京大学等 13 个单位在社会科学领域设立博士后流动站的通知"》（人专发〔1992〕18 号）的实施，博士后研究从理工科拓展至社会科学领域，社会科学首次可以招收博士后。政策强调："为适应我国加快改革开放和社会主义现代化建设的新形势，培养和造就社会科学领域的高水平年轻研究人才，促进社会科学的发展，决定在社会科学领域开展博士后工作，设立少量博士后流动站进行试点。此次在社会科学领域设立博士后流动站的学科以经济学为主，加上法学、中国语言文学、外国语言文学和历史学，共 5 个一级学科。全国博士后管委会办公室和国务院学位委员会办公室各有关部门，并聘请社会科学领域的著名专家对指定的部分申报单位进行了评议。根据专家评议结果，经全国博士后管委会第十三次会议审议，批准北京大学等 13 个单位在社会科学领域设立 16 个博士后流动站。"这项政策能够进入政策议程，与我国社会学奠基人费孝通先生的政策建议是分不开的。1986 年 9 月 26 日，费孝通给国家教委申请在北京大学设立社会学博士后科研流动站的信中写道："申请在北京大学设立社会学博士后科研流动站，为在国外取得社会学博士学位的留学生归国后创造一个研究中国社会的机会，并指导他们运用国外学到的知识结合我国实际，写出较高水平的论文。"多年后，费孝通先生给"全国博士后'中国社会运行与变迁'学术研讨会"的贺信中写道："回想 18 年前，我为什么在人文社会科学其他学科还没有建立博士后流动站时，要建议北大社会学研究所和社会学系联合申请建站呢？在社会学停顿 27 年后，1979 年开始重建，培养新一代社会学者是学科重建的首要任务。到 1985 年社会学进入重建的第二阶段时，我认为社会学能不能满足我们国家发展的形势，有赖于我们能不能抓住当时培养和提高社会学师资这一关键，在没有做好这一步工作之前，被形势所迫，仓促地发展，带来的不是真正的发展，而是曲折和后退，对此应有充分的警惕。在此我曾在 1986 年给教委领导写信建议，'必须采取一些措施加强各大学师资培训工作，在今后四五年内加快步伐，尽快培养出一批能立足本国，联系实际，深入基层,做调查研究工作的教学研究人员,以充实各大学的师资力量。'申请建博士后流动站是其中一项措施,它能为在国内外取得博士学位的研究生创造一个研究中国社会实际的机会,更好地运用学到的知识结合实际写出较高水平的论文。事实证明,博士后流动站的设立,组织和管理得好,既有利于吸引人才和培养人才,也有利于选拔人才,充实我们的教学和研究队伍。由于社会学博士后流动站建得早,曾经是人文社会学科中唯一的流动站,因此得益于其他学科人才的支援,本来在科研工作中,从问题出发,需要跨学科的知识和研究方法,社会学流动站在这方面发挥了很好的作用。"这一阶段博士后事业发展的特点:一是博士后管理工作逐步制度化、规范化,博士后进站、考核、出站等各项配套措施逐步完善。二是进行了博士后管理体制改革试点。三是博士后设站规模大幅度提升,并开始在企业设立工作站,博士后站点覆盖了大部分学科专业和国民经济的诸多行业领域。四是博士后的招收规模扩大,招收方式逐步多样化。五是投资渠道呈现出多样化,博士后科学基金资助逐步科学规范。[①]

四、稳步期（1998—2014 年)

1998 年,教育部颁布的《面向 21 世纪教育振兴行动计划》提出:要稳妥扩大高校博士后流动站的数量和规模。"1985 年,实行博士后政策的最初几年,受经费总额的限制,博士后招收人数始终徘徊在一个较低的水平。1988 年,自筹经费博士后模式的确立使招收人数有了持续增长。1997 年 10 月,在首届全国高校博士后管理工作研究会召开期间,与会者纷纷认为,由于博士后公寓紧张、经费短缺,致使高校博士后规模不能快速扩大。为此,全国高校博士

---

① 全国博士后管委会办公室,中国博士后科学基金会.博士后工作实用手册(2014)[M].北京:中国人事出版社,2014:6-7.

后管理工作研究会给教育部学位办公室和陈至立部长写信，反映高校博士后工作的现状和需求。教育部学位办公室很快按陈至立部长的批示形成方案，制定了《关于落实〈面向 21 世纪教育振兴行动计划〉加强高等学校博士后流动站建设工作的意见》（教位（1999）1 号）。"①

　　这一时期博士后在规模稳步增长的同时，制度化建设和管理体制、评估等方面的改革得到卓有成效的推进。一是 2001 年、2006 年两次修订《博士后管理工作规定》，使博士后管理工作不断适应形势发展的需要。二是在推进博士后工作分级管理改革试点的基础上，逐步建立健全国家、地方（部门）和设站单位的分级管理体制。如《人事部、全国博士后管委会关于在山东省进行博士后工作管理体制改革试点的批复》（1998 年 11 月）、《人事部、全国博士后管委会关于在陕西省进行博士后工作管理体制改革试点的批复》（1998 年 11 月）、《人事部关于在重庆市进行博士后工作管理体制改革试点的批复》（1999 年 5 月）、《人事部、全国博士后管委会关于在天津市进行博士后工作管理体制改革试点的批复》（2000 年 7 月）、《人事部关于在浙江省进行博士后工作管理体制改革试点的批复》（2001 年 9 月）、《人事部关于在湖南省进行博士后工作管理体制改革试点的批复》（2001 年 9 月）、《人力资源和社会保障部、全国博士后管委会关于推进博士后工作管理体制改革的意见》（2009 年 12 月）等。三是开展了博士后科研流动站、工作站评估工作。2005 年开展博士后科研流动站、工作站评估，2008 年出台《博士后科研流动站和工作站评估办法》（人社部发〔2008〕115 号），2010 年出台《人力资源和社会保障部关于开展博士后科研流动站、工作站评估工作的通知》（人社部函〔2010〕55 号），并通报了综合评估的结果。四是制订博士后工作发展规划，将博士后政策纳入国家社会经济发展整体规划和人才、科技发展规划。《国家中长期人才发展规划纲要（2010—2020 年）》强调：改革完善博士后制度，建立多元化的投入渠道，发挥高等学

---

① 冯支越.中国博士后制度沿革及其发展［M］.北京：经济科学出版社，2003：74.

校、科研院所和企业的主体作用,提高博士后培养质量。自 2001 年起,相继制订了博士后工作"十五"规划、"十一五"规划、"十二五"规划,博士后发展逐渐进入"快车道"。2011 年 8 月,人力资源和社会保障部、全国博士后管理委员会颁布了《博士后事业发展"十二五"规划》,这是中国政府对博士后人才的纲领性文件,它是首次在国家博士后事业发展规划中采取定量的方式确定今后的发展规模。[①] 五是博士后国际化步伐不断加快。2012 年,人力资源社会保障部、全国博士后管委会研究制订《博士后国际交流计划》(人社部函〔2012〕310 号),设立引进项目、派出项目和学术交流项目。2013 年实施的《博士后国际交流计划(引进项目)》《博士后国际交流计划(派出项目)》《博士后国际交流计划(交流项目)》可概括为"3 个 100"计划,即中国从 2013 年起利用中央财政每年引进 100 名国外优秀博士后来华做博士后,派出 100 名博士后到国外高校开展博士后研究和资助 100 名优秀博士后参加国际学术交流活动。2013 年,清华大学、北京大学、中国科学院、社会科学院等 20 余家单位被纳入引进项目资助范围。2015 年,资助名额增加到 200 人,资助范围扩大到全部"985"高校、中国科学院和社会科学院等 41 家单位。此外,还实施了博士后国际交流计划派出项目、"香江学者计划"、中德博士后交流项目等,与国(境)外一流高校、科研院所联合培养优秀博士后人才。总之,这一时期博士后事业的发展呈现出以下四个特点:一是在不断扩大招收规模的同时,强调博士后站的建设,强调博士后的培养和使用质量,注重对博士后的创新能力培养;二是博士后工作在强调与新兴学科、重点学科和国家重点发展的行业结合的同时,注重向西部及边远欠发达地区倾斜,博士后工作发展的区域分布更加均衡;三是博士后工作在科技进步和经济社会发展中的作用日益显著;四是博士后工作管理体制顺应社会主义市场经济体制的改革要求不断进行改革和完善。[②]

---

① 姚云,方芳,等.博士后发展年度研究报告(2014)[M].北京:学苑出版社,2014:17.
② 全国博士后管委会办公室,中国博士后科学基金会.博士后工作实用手册(2014)[M].北京:中国人事出版社,2014:7-10.

五、转型期（2015 年至今）

2015 年是新时期博士后政策改革与发展的重要里程碑。一是博士后政策从宏观上进行了重新系统的规划与设计。2015 年 11 月，国务院办公厅颁布《关于改革完善博士后制度的意见》（国办发〔2015〕87 号），从总体要求、改革管理制度、完善管理办法、提高培养质量、支持创新创业以及做好保障工作六个方面为今后一段时期做好博士后工作提出明确的指导意见，加大改革与创新力度成为博士后政策的显著标志。2017 年，人力资源社会保障部、全国博士后管理委员会印发《关于贯彻落实〈国务院办公厅关于改革完善博士后制度的意见〉有关问题的通知》（人社部发〔2017〕20 号），从优化博士后工作平台建设、严格博士后人员招收管理、提升博士后工作服务水平、发挥博士后设站单位主体作用四个方面提出具体要求。政策规定博士后科研流动站在五年内获得过综合评估优秀等次的，其设站单位中具有博士学位一级学科授予权或建有国家重点科研平台的非设站学科，经省级博士后管理部门推荐、全国博士后管委会办公室备案后，可招收博士后人员。

二是出台了资助力度更大的博士后政策。2015 年 11 月，在我国实施博士后制度 30 周年之际，中国科学院与中国博士后科学基金会共同出资，探索设立"联合资助"项目，坚持"培养与使用相结合、在科技创新实践中培育人才"的原则，采取"站前资助"新模式遴选优秀博士，每年择优遴选 50 名优秀博士毕业生，给予每人 20 万元的基金资助，为国家实施"博新计划"积累经验。2016 年 4 月，《人力资源社会保障部、全国博士后管委会关于印发博士后创新人才支持计划的通知》发布，启动实施"博新计划"，这是在博士后正常经费资助、中国博士后科学基金资助和"3 个 100"计划后的又一资助新政策。其申请和遴选条件极为严格：申请者必须是年龄在 31 周岁以下的应届毕业生或获博士学位 3 年内的全日制博士毕业生;研究领域及学科须是国家重大战略、战略性高新技术、基础科学研究的 28 个国家重点学科之一;博士后合作导师应为该研究领域知名专家,学术造诣深厚;入选者每年获 30 万元资助,资助两年共60 万元,其中 40 万元为博士后日常经费、20 万元为博士后科学基金。"博新计划"从国际人才竞争及未来高精尖人才储备进行战略布局,与其他博士后人才计划相比,该计划资助对象为国内优秀博士生,同时提出"四高"要求:高水平平台、高水平导师、高水平人选、高资助标准,这是争取加速培养一批国际一流的创新型人才而采取的创新举措。2019 年,中国科学院人事局《关于印发〈中国科学院特别研究助理资助项目实施细则〉的通知》(人字〔2019〕28 号),实施以博士后为主体的"特别研究助理项目",采取院、所两级共同资助方式,中国科学院给予每位资助人员 60 万元资助,资助经费分 2 年下达,各单位 2年内给予每位资助人员匹配 20 万元经费。各单位可根据工作实际,适当提高匹配经费额度。

三是博士后国际化进程进一步加深。2019 年,随着"澳门青年学者计划"开始实施,博士后交流项目已设立了引进项目、派出项目、学术交流项目、"香江学者计划"、中德博士后交流项目、"澳门青年学者计划"6 个子项目,开辟了博士后国际化培养新途径。

第二节 我国博士后政策的主要作用

关于我国博士后政策的作用，可以从不同维度去总结和评价，如有的是直接作用，有的是间接作用；有的是国家层面的作用，有的是区域、单位和个人层面的作用。总体来看，我国博士后政策的核心价值集中体现在人才培养、科技创新、经济发展和国家战略等方面。

一、我国博士后政策在人才培养中的作用

我国博士后政策对海外人才归国发挥了重要作用，一定程度上避免了高层次人才流失。1985年国家科委出台的《关于建立博士后科研流动站若干问题的通知》（〔85〕国科发干字第1187号）指出，"为使留学毕业博士尽早回国工作，各建站单位在招收博士后研究人员时，应当优先吸收留学毕业博士生"，"凡未被批准建站的单位，如果有两名以上国外留学获得博士学位愿到该单位做博士后研究人员，可随时按申请办法向我委科技干部局申请建站"。留学归国人员在我国科学和技术领域占有非常重要的地位，其中，相当一部分留学人员回国通过博士后形式进行过渡。

在促进留学人员归国的同时，博士后政策已成为我国有计划、有目的地培

养高层次创新型青年人才的一项重要政策。"人民英雄"、军事科学院博士后合作导师陈薇在中国博士后制度实施35周年座谈会上作了题为"为培养新时代博士后青年才俊做出积极贡献"的报告,"博士后制度的建立,对于突破学科壁垒、发展交叉学科具有积极的作用。以我自己为例,在浙江大学获得工学学士,化学工程专业;在清华大学获得工学硕士,生物化学专业;在军事医学科学院获得医学博士,基因工程专业;之后完成了3年的博士后工作,微生物方向。这些经历,使得自己从微观探究到宏观战略、从医学基础研究到理工科思维的工程应用,得到了系统的学习和交叉的培育。"[1]"从比例维度看,有博士后经历的科研人员在晋升副教授、副研究员和教授、研究员的比例上都要明显高于没有博士后经历的,特别是在晋升到教授、研究员的比例上要高出19.4%。此外,在入选人才计划方面,有博士后经历的科研人员的入选比例也是要比没有博士后经历的高出12.9%。"[2]"党的十八大以来,博士后招收培养规模逐年扩大,博士后进站人数由2012年的1.25万人增长到2020年的2.8万人,2021年突破3万人,平均进站年龄31岁。""到2021年,具有博士后经历的院士达150人,其成为院士的平均年龄较其他院士年轻3岁。"[3]两院院士是中国学术最高水平的代表,博士后群体中不断涌现出院士这样的高端人才,充分表明了我国博士后制度是培养造就高层次人才的一项重要制度,博士后制度的实施对促进优秀青年科技人才成长起到了重要的促进作用。实践证明,博士后制度已成为各地区各部门培养、吸引高层次人才的重要渠道,成为开放合作和人才吸引的重要窗口;博士后人员已成为高校科研院所补充师资和科研人员的重要来源,成为国家重点科研平台和重大科技项目团队中科研创新的

---

[1] 王修来.中国博士后发展报告(2021)[M].北京:中国人事出版社,2022:311.

[2] 周建中,闫昊,孙粒.我国科研人员职业生涯成长轨迹与影响因素研究[J].科研管理,2019(10):126-141.

[3] 李肖璨.厚植高质量发展的青春创新力量——党的十八大以来博士后事业发展综述[N].中国组织人事报,2022-10-11(1).

主力军。[①]

近年来，党和国家积极利用博士后政策来加强高校师资队伍建设，这成为一种新趋势。2012年9月20日，教育部、中央组织部、中央宣传部、国家发展改革委、财政部、人力资源社会保障部发布《关于加强高等学校青年教师队伍建设的意见》（教师〔2012〕10号），发挥博士后流动站培养青年教师的作用，注重把具有博士后研究经历的优秀人才充实进高等学校教师队伍；扩大国家公派留学"高等学校青年骨干教师出国研修项目"（包括在站博士后研究人员）选派规模，名额分配向中西部地区高校倾斜。2021年《关于加强新时代高校教师队伍建设改革的指导意见》、2022年《教育部、财政部、国家发展改革委关于深入推进世界一流大学和一流学科建设的若干意见》《教育部教师工作司2023年工作要点》等文件都提到，鼓励高校扩大博士后招收培养数量，将博士后人员作为补充师资的重要来源。有学者建议，为了实现我国博士后规模发展的目标，又避免人才浪费，需要政府出台一个权威性的引导性文件，使更多的研究型大学把博士后经历作为招聘教师的必要条件。[②] 在此背景下，诸多高校纷纷推出相应的博士后政策，来加强高层次人才的集聚。利用博士后政策来加强高校师资队伍建设与我国高校现行人才管理体制机制存在的问题有着显著的内在关联。"事实上，高校师资队伍缺乏流动，引进后无法淘汰，已成为目前教师队伍缺乏活力的最大制约因素。甚至存在'某种假象'，有些人才'昙花一现'或像'塑料花'成为摆设，增加了高层次人才的选拔风险和使用上的不确定性。在这种信息不对称条件下，博士后制度不仅为刚刚毕业的博士提供了人力资本再积累的机会，而且成为高校科研院所培养教学科研人员和降低人才引进交易成本的重要方式。实际上，博士后制度已经成为高校引进人才的重要考核机制，开启了高校科研院所用人的新模式，从而改变了现行人

---

① 中国博士后制度实施35周年座谈会在北京召开[EB/OL]. (2021-01-13). http://www. mohrss. gov. cn/zyjsrygls/ZYJSRYGLS gongzuodongtai/202101/t20210113_407588. html.

② 姚云. 中国博士后制度的制度分析与时代变革[M]. 重庆：西南师范大学出版社，2012：180.

事制度在人才引进方面的诸多困境。"①

二、我国博士后政策在科技创新中的作用

从内在关联度来看,博士后政策与科技创新有着与生俱来的紧密联系,支撑引领科技创新既是博士后政策的重要价值取向,也是其能够发挥核心竞争力的用武之地。我国博士后政策在整个国家科技创新体系中发挥着重要作用,主要体现在以下两个方面。

一是形成分布广泛的博士后科研网络。我国的博士后从无到有,从小到大,从弱到强,已形成独具特色和相对独立、完善的人才培养和使用机制,形成了学科专业齐全、部门和地区分布广泛的博士后流动站、科研工作站体系。从最初主要集中在中央所属单位,发展到几乎囊括所有重点高校和主要科研院所;从最初的理学、工学,发展到全部 13 个学科门类的 111 个一级学科;从最初高等院校和科研院所扩大到企业、园区,覆盖国家经济社会发展的主要领域。② 在区域分布上,广大的中西部地区努力克服区域经济社会发展和高校发展水平的限制,不断实现博士后政策的突破。2001 年 7 月 11 日,人事部为新疆大学数学学科、新疆农业大学畜牧学学科、新疆医科大学临床医学学科,新疆第一批博士后科研流动站正式授牌,标志着新疆博士后流动站实现零的突破。2011 年 5 月 20 日,专门研究高原病防治的西藏军区总医院博士后科研工作站成立,这是西藏首家博士后科研工作站。2019 年 9 月,人力资源社会保障部、全国博士后管委会批准,同意在青海师范大学中国史专业、青海师范大学地理学专业、青海大学作物学专业设立 3 个博士后科研流动站,实现了

---

① 冯支越.中国博士后制度改革创新的实证研究[M].北京:北京大学出版社,2013:87.
② 刘祖华,李肖璨,谢鹏.锻造高质量发展的"博士后力量"——中国博士后制度实施 35 周年记[N].中国组织人事报,2020-12-02(4).

青海博士后科研流动站"零"的突破。

二是博士后研究人员成为推动科技创新的重要力量。长期以来，博士后研究人员在经济、科技、国防等领域取得一批高水准、有影响的科研成果，为国民经济和社会发展做出了突出贡献，这些科研成果提升了我国的科研实力和自主创新能力，在国内外产生了重大影响。从"嫦娥五号"到"慧眼"卫星，从高速磁悬浮列车到"京华号"盾构机，再到无人植物工厂水稻育种加速器，党的十八大以来，一批基础前沿、战略高技术和社会民生领域取得的重大成果引人注目，这些成就的背后都闪耀着博士后群体的智慧光芒。[①] "十三五"时期，全国在站博士后研究人员共承担国家级项目 9 万个、省部级项目 8 万个、其他各类项目 12 万个，平均每位博士后人员承担 2 个以上研究项目。博士后在站期间人均发表科研成果近 3 篇，在《科学》《自然》等国际顶级学术期刊上发表高水平论文共计 200 余篇。博士后作为主要参加人员，申请获得国家级基金项目 4.2 万项，获得国家级科技奖项 539 项。[②] 截至 2020 年，我国共设立 3318 个博士后科研流动站、3850 个博士后科研工作站。[③]

三、我国博士后政策在经济发展中的作用

作为教育、科技与人才的高度结合体，博士后政策在我国社会经济发展不同阶段发挥作用的程度有显著差异。在改革开放初期，我国经济发展刚刚起步，招收博士后人数较少，形不成强有力的规模效应，两者之间的关系并不是十分紧密；随着我国经济的腾飞和综合国力的大幅提升，对高新科技和高端人

① 李肖璨.厚植高质量发展的青春创新力量——党的十八大以来博士后事业发展综述[N].
中国组织人事报,2022-10-11(1).

② 刘祖华,李肖璨,谢鹏.锻造高质量发展的"博士后力量"——中国博士后制度实施 35 周年记[N].中国组织人事报,2020-12-02(4).

③ 江琳,龚菊.博士后制度实施 35 周年累计招收 25 万多人[N].人民日报,2020-12-08(13).

才的需求与日俱增,与此同时,博士后招收规模不断跃升,两者之间的紧密度越来越突出,主要表现在以下几个方面。

一是体现在企业博士后工作站的发展规模和发展质量上。我国博士后设站方式经历了从博士后科研流动站到企业博士后工作站在形式上不断拓展的过程。从华为、腾讯、科大讯飞、宁德新能源等民营科技型企业到西湖大学、之江实验室、鹏城实验室等新型研究机构,博士后科研工作站的建设,为产学研结合探索了新的有效模式,形成了企业与高等学校、科研院所的合作新机制,使人才培养、成果转化、企业技术进步融为一个有机整体。[①]

二是体现在推动创新创业、促进科技成果转化上。博士后政策不再局限于单一的人才政策,它更加服务于党中央、国务院的统一决策部署,服务于创新创业。《国务院办公厅关于改革完善博士后制度的意见》(国办发〔2015〕87号)规定:把扶持创新创业作为改革完善博士后制度的着力点,制定扶持政策,引导博士后研究人员到企业创新创业,把科研成果转化为生产力。2017年12月,国务院办公厅印发《关于深化产教融合的若干意见》(国办发〔2017〕95号),"深化产教融合,促进教育链、人才链与产业链、创新链有机衔接,是当前推进人力资源供给侧结构性改革的迫切要求"。在国家宏观政策引领下,我国博士后政策加大了对创新创业、科技成果转化的支持力度。2022年6月27日,全国博士后管委会办公室、中国博士后科学基金会发布《关于开展全国博士后揭榜领题常态化活动的通知》(博管办〔2022〕65号),总体目标是大力实施人才强国战略、创新驱动发展战略,探索建立博士后揭榜领题长效机制,搭建企业和博士后科研攻关、成果转化对接平台,开展全国博士后常态化揭榜领题活动,促进博士后科研成果转化落地,推动产学研深度融合,促进博士后创新创业,为解决企业关键技术难题和科技自立自强贡献博士后力量。

---

① 刘祖华,李肖璨,谢鹏.锻造高质量发展的"博士后力量"——中国博士后制度实施35周年记[N].中国组织人事报,2020-12-02(4).

三是体现在各地纷纷出台支持博士后创新创业、促进科技成果转化政策上。我国博士后政策进入与区域经济社会发展同频共振期，面向经济社会发展主战场找准自身优势与经济社会发展的结合点，推动科研成果加速向现实生产力转化，不断提升自身对区域经济社会发展的支撑力和贡献度。博士后政策改革的力度与区域经济社会发展呈显著的正相关，即越是区域经济社会发展势头好的地区，越是重视博士后政策的改革，持续加大对博士后事业的投入；与此同时，博士后事业有了较大的发展，对区域经济社会发展的支撑度和科技提升的贡献度呈显著增长的态势，如广东省、江苏省和上海市等地，博士后品牌成为促进区域和城市发展新的亮丽名片。

四、我国博士后政策在国家战略中的作用

我国博士后政策从实施之初，就不是作为单一的人才政策在发挥作用，而是更多地服务于国家的战略需求，这从我国博士后政策"培养和使用相结合，在使用中培养，培养和使用中发现更高级的人才"的发展定位就可以看出，与欧美国家普遍注重博士后的使用价值相比，我国博士后政策更加注重人才的培养价值，从深层次上看，其更加服务于可靠的社会主义事业的建设者与接班人的战略定位。随着改革开放的不断深入和国家综合国力的不断提升，我国博士后政策从战略上更加强调服务于国家发展的大局，进入与国家重大发展战略深度融合期。

一是在党和国家实施的科教兴国、人才强国、创新驱动发展、共建"一带一路"等重大战略及国家领导人的重要讲话中，博士后政策被赋予特殊的价值和使命。2021年9月，习近平总书记在中央人才工作会议上发表重要讲话时强调，要造就规模宏大的青年科技人才队伍，把培育国家战略人才力量的政策重心放在青年科技人才上，支持青年人才挑大梁、当主角。

近年来，西安交通大学契合国家战略需求，在中国西部科技创新港建设

"博士后创新示范中心"取得良好成效。2018年10月,人社部批准在西安交通大学设立"中国西部海外博士后创新示范中心"。这是人力资源和社会保障部批准的首家位于西部的国家博士后创新平台,是国家在高校设立的以博士后国际交流为特色的第一个全国博士后创新示范中心,是贯彻落实"一带一路"倡议和区域协调发展战略,推动以创新引领发展的重要举措。"中国西部海外博士后创新示范中心"以西安交通大学发起的"丝绸之路大学联盟"和"中国西部科技创新港"为依托,旨在打造青年科技工作者创新创业和文化交流的国际平台,建立博士后人才体制机制改革试验区;同时将人才工作关口前移,着力为优秀青年人才搭建事业平台,吸引海内外优秀博士毕业生来"中心"工作,构建中国西部人才高地。为吸引和培养一批在学术或工程领域取得显著业绩、具有突出科技创新能力的海外青年人才,中国博士后科学基金会和西安交通大学共同设立博士后国际交流计划"中国西部海外博士后创新示范中心"引进项目,资助优秀外籍(境外)和海外留学博士在"中国西部海外博士后创新示范中心"从事博士后研究工作,目前已从海外引进大批优秀博士后研究人员。

二是在制定实施的博士后政策文本中,突出强调瞄准国家重大战略、服务国家战略需求。在博士后政策实施20周年之际,有学者建议:"博士后工作要牢固树立服务于经济社会发展的大局观念。国家急需的人才,就是博士后的培养方向。博士后流动站、工作站的设立、科研项目的确定、博士后的招收,都要紧紧围绕国家需要来展开。当前要重点选择影响国家地位和国家安全的战略领域,比如基础理论、信息技术、生物工程、新材料新能源、航空航天技术、重大公共公益课题等重要科技研究领域,重点培养造就一批科技领军人才和富有创新能力的青年科学家,加快提升我国的综合国力和科技竞争力。"[①]2014年6月20日,《教育部关于"临床与转化医学"等三个国际合作联合实验室立项建设的通知》(教技函〔2014〕32号)指出:着力加快国际化进程。联合实验

---

① 李建华.中国博士后辉煌二十年:1985—2005[M].北京:中国画报出版社,2008:313.

室要继续深入开展国际化科学研究,积极推进国际化人才培养,扩大留学生和访问学者、博士后规模,广泛吸引国际一流学者到实验室长期工作。探索国际化运行和管理。有关高校要支持联合实验室深化体制机制改革创新,加快人事聘用制度和收入分配制度改革,建立国际通行的博士后和访问学者制度,建设高水平技术支撑队伍和专业化管理服务队伍,实行国际一流实验室的运行和管理机制。2015年11月30日,国务院办公厅颁布《关于改革完善博士后制度的意见》(国办发〔2015〕87号),其指导思想强调:按照党中央、国务院决策部署,牢固树立并切实贯彻创新、协调、绿色、开放、共享的发展理念,深入实施创新驱动发展战略和人才优先发展战略,推进人才发展体制改革和政策创新。2016年4月14日,人社部、全国博士后管委会启动实施"博新计划",其定位高远,目的意义在于结合国家实验室等重点科研基地,瞄准国家重大战略、战略性高新技术和基础科学前沿领域,瞄准国际人才竞争及未来高精尖人才储备进行战略布局,通过制度机制着力为国留才、为国选才、为国育才。2017年9月29日,《教育部关于"转化医学与临床研究"等国际合作联合实验室立项建设的通知》(教技函〔2017〕52号)指出:着力加强国际合作与交流。联合实验室要积极响应国家"一带一路"倡议,继续深入开展国际化科学研究,积极推进国际化人才培养,扩大留学生和访问学者、博士后规模,广泛吸引国际一流学者到实验室长期工作。探索国际化运行和管理。有关高校要支持联合实验室深化体制机制改革创新,加快人事聘用制度和收入分配制度改革,探索建立与国际接轨的博士后和访问学者制度,建设高水平技术支撑队伍和专业化管理服务队伍,实行国际一流实验室的运行和管理机制。

第三节　我国博士后政策的历史经验

正所谓"仁者见仁，智者见智"，我国博士后政策历经 40 年的发展，从不同视角出发可以得出不同的历史经验。回顾我国博士后政策的发展历程，有自己鲜明的中国特色和时代烙印。冯支越认为，我国博士后制度的特色：一是政府规划、国家主导、大力推动；二是观念常新、体系独立、管理高效；三是制定规划、加强管理、保证质量；四是增加投入、引导参与、积极协调；五是在培养和使用中，力求产学研结合。[①] 王修来认为，中国博士后发展的基本经验：必须不断凝聚思想共识；必须切实加强组织领导；必须创新完善制度机制；必须强化相关理论研究。[②]

2015 年 12 月 1 日，时任人力资源社会保障部副部长汤涛在全国博士后工作会议上指出："30 年来，我国的博士后工作积累了宝贵的经验：坚持服务经济社会发展大局，推进人才强国和创新驱动发展战略，是博士后事业发展的正确方向；坚持体制机制创新，不断完善具有中国特色的政策体系，是博士后事业发展的根本动力；坚持培养和使用相结合，尊重创新型人才成长规律，是博士后事业发展的有效途径；坚持产学研相结合，推动企业成为市场创新主体，是博士后事业发展的重要方向；坚持加强党和政府的领导，调动发挥各方

---

① 冯支越.中国博士后制度沿革及发展[M].北京:经济科学出版社,2003:35-38.
② 王修来.中国博士后发展报告(2016)[M].北京:中国人事出版社,2017:11-14.

积极性，是博士后事业发展的根本保证。"①2020年12月2日，时任人力资源社会保障部副部长、全国博士后管理委员会主任汤涛在中国博士后制度实施35周年座谈会上进一步指出："35年来，我国博士后工作积累了宝贵的经验。一是坚持服务大局是博士后事业发展的正确方向。35年来，博士后工作紧紧围绕着国家经济社会发展的大局，不断改革创新、发展完善，同国家发展战略紧密结合，与区域经济社会发展布局相互协调，为经济、社会、科学发展提供了有力的人才支撑。二是坚持培养与使用并重是博士后事业发展的有效途径。培养和使用相结合，在使用中培养，培养和使用中发现更高级人才，这是我国博士后制度的巨大优势和突出特点。这种育才模式既遵循人才的成长规律，又坚持实践标准和以问题为导向的科学精神，是培养创新型人才的成功之道。三是坚持改革创新是博士后事业发展的根本动力。唯改革者进，唯创新者强。35年来，我国博士后制度正是在不断改革创新中体现出强大的生命力，逐步形成了具有中国特色的博士后制度体系、工作体系和服务体系，有效激发了广大博士后研究人员的创新创造创业活力。四是坚持加强党的领导是博士后事业发展的根本保证。邓小平同志亲自决策建立博士后制度。江泽民同志、胡锦涛同志均对博士后工作有过明确指示。党的十八大以来，习近平同志多次对高层次人才工作和青年科技人才工作提出明确要求，强调要发挥年轻科学家作用，使优秀青年人才脱颖而出。博士后事业取得的显著成绩，也离不开包括全国博士后管理委员会成员单位在内的各有关部门的支持配合，离不开各级博士后管理部门和管理人员的辛勤付出，离不开广大博士后研究人员的刻苦钻研、拼搏创新。"②

总结专家学者、政府官员的观点，我们认为，我国博士后政策的发展根植于中国大地，兴起于改革开放的伟大历史洪流中，与整个社会经济的发展同节

---

① http://www.mohrss.gov.cn/SYrlzyhshbzb/zwgk/dongtaixinwel1/buneiyaowen//201512/
t20151201_227344.html(人力资源和社会保障部网站).

② 王修来.中国博士后发展报告(2021)[M].北京:中国人事出版社,2022:306-307.

拍、共命运,无论是创新与特色,还是不足与弊端,都打上了深深的时代烙印,其主要经验可以归纳为以下五个方面。

一、规划引领,政府主导

从 1953 年至 1957 年中华人民共和国实施第一个五年计划开始,通过计划和规划来制定发展目标、发展举措深入全国各行各业,社会主义市场经济体制确立以后,这个政策得以延续。"无论是文化教育发展还是产业发展政策,我国采取的是'大规划、小市场'发展思路,即通过各行各业在重要时间节点都需要制订规划,规划制订在先,通过规划来引导市场与社会事业的发展。博士后制度的发展也不例外,按照我国对教育科技事业管理的惯例,每到一个国民经济发展 5 年期间的时间节点都需要对未来的各领域发展做出规划。由此,博士后发展规划的时间节点更能反映出博士后发展的政策性。"①

规划引领、政府主导是我国博士后政策的鲜明标志。1994 年,全国博士后管委会通过《1994—2000 年博士后工作发展规划》。2001 年,为贯彻落实党的十六届五中全会精神,全面实施党中央提出的人才战略,推动博士后事业的进一步发展,根据全国博士后工作会议精神,制订《博士后工作"十五"规划》。② 2006 年,为贯彻落实《中华人民共和国国民经济和社会发展第十一个五年规划纲要》,全面实施科教兴国和人才强国战略,推动博士后事业的进一步发展,根据全国优秀博士后表彰暨博士后工作会议精神,制订《博士后工作"十一五"规划》。③ 2011 年,为贯彻落实《中华人民共和国国民经济和社会发

---

① 姚云,方芳,等.博士后发展年度研究报告(2015)[M].北京:学苑出版社,2016:10.
② 人事部,全国博士后管委会.关于印发《博士后工作"十五"规划》的通知:人发〔2001〕82 号[2].
③ 人事部,全国博士后管委会.关于印发《博士后工作"十一五"规划》的通知:国人部发〔2006〕114 号[2].

展第十二个五年规划纲要》《国家中长期人才发展规划纲要（2010—2020 年）》《专业技术人才队伍建设中长期规划（2010—2020 年》和《人力资源和社会保障事业发展"十二五"规划纲要》精神，根据我国博士后事业发展现状和未来趋势，进一步改革完善博士后制度，发挥博士后制度在增强自主创新能力、壮大创新人才队伍、培养高层次专业技术人才中的重要作用，制订《博士后事业发展"十二五"规划》。① 将博士后的 4 个发展规划进行比较，主要在四个方面具有相似点：一是国家主导，政府统一决策。二是政府对博士后制度采取了政策倾斜的指导方针。三是资助以国家财政支持为主，同时不断加大非中央财政投入的比重。四是对博士后采用了"培养和使用相结合"的培养思想。②

规划引领不仅体现在国家层面，许多省（区、市）和设站单位也因地制宜地制订了相应的博士后工作发展规划。如为贯彻落实全国博士后事业发展规划精神，《福建省博士后工作发展现状及"十五"发展思路》《江苏省博士后工作"十一五"发展规划》《河南省博士后事业发展"十二五"规划》《浙江省博士后事业发展"十二五"规划》《湖南省博士后工作"十二五"规划》《江苏省博士后工作"十二五"规划》等纷纷出台。在规划引领的同时，政府主导体现在博士后政策的每一个重要环节。一是从博士后政策的产生来看，政府起着举足轻重的作用。1984 年 5 月，党中央和国务院对李政道的《如何安排"博士后"科技青年的一些建议》做出明确指示，要求有关部门加以落实。为了贯彻落实党中央、国务院领导同志的指示精神，与这项工作直接有关的国家科委、教育部和中科院立即行动，制定博士后政策。③ 二是从博士后政策的发展来看，政府主导了博士后政策的进程。政府一方面通过体制机制创新，强化了顶层设计和统筹

---

① 人力资源和社会保障部，全国博士后管委会.关于印发《博士后事业发展"十二五"规划》的通知：人社部发〔2011〕91 号［2］.
② 姚云.中国博士后制度的制度分析与时代变革［M］.重庆：西南师范大学出版社，2012：36-41.
③ 国务院批转国家科委，教育部，中国科学院.关于试办博士后科研流动站报告的通知：国发〔1985〕88 号［2］.

谋划;另一方面,通过颁布一系列政策,强化了政策执行、政策评估等环节,推动政策落地见效。

二、领导重视,特区模式

中国特殊的历史传统、文化底蕴和现实国情决定了领导层在政策产生与实施过程中具有独特的价值与能量。在发展中国家或共产主义国家这样一些政治系统中,杰出人物理论在分析和解释政策形成中的有效性,可能超过其他的一些政治系统,如美国、加拿大这样多元化的民主制度的国家。[1] 在政治舞台上,政治领袖作为决策系统的核心,其对政策议程的影响力往往来自制度的授权,他们常常扮演政策议程主要决定者的角色,其政策建议几乎可以自动地提上政府议程。[2]

对于中国博士后政策,李政道先生是倡议者,邓小平同志是奠基人,众多领导人是助推者。"1984 年春,邓小平同志认真听取李政道教授关于国外博士后情况的详细介绍,为给中国在国外的科研人员回国后工作创造有利条件,以及有关在中国境内建立同样研究制度的迫切性和可行性的具体分析。当李政道教授提出可先建立十几个博士后科研流动站做试点的时候,邓小平同志表示:'设立博士后科研流动站,这个办法很好,我赞成。培养和使用相结合,在使用中培养,培养和使用中发现更高级的人才。10 个博士后科研流动站太少,要建立成百上千个流动站,要成为制度,看准了就要行动。'一年后,中国开始实行博士后制度。这次历史性的会见,奠定了实施中国博士后制度的基石,标志着中国人才强国战略驶入快速发展的轨道。"[3]江泽民同志强调,要"有重

---

① 詹姆斯·E.安德森.公共决策[M].北京:华夏出版社,1990:27.

② 朴贞子,金炯烈.政策形成论[M].济南:山东人民出版社,2005:72.

③ 李建华.中国博士后辉煌二十年:1985—2005[M].北京:中国画报出版社,2008:9.

点地支持一批基础性科研机构，并进一步办好国家实验室和博士后流动站"①。1995 年，博士后政策实施 10 周年之际，许多国家领导人纷纷题词，表达了对博士后政策的高度支持。江泽民同志题词："实施科技兴国战略，建设高水平的科技队伍。"李鹏同志题词："实施博士后制度，培养跨世纪人才。"乔石同志题词："努力做好博士后工作，为青年人才脱颖而出创造良好条件。"2005 年 10 月 21 日，博士后政策实施 20 周年之际，温家宝同志指出：中国的现代化建设需要大批的高级科技人才，博士后科研流动站制度就是培养高级科技人才的一种好的方法。② 2015 年 11 月 30 日，博士后政策实施 30 周年之际，李克强同志提出三点希望：一要争做创新突破的探索者；二要争做创业创新的践行者；三要争做世界创新潮流的弄潮者。

　　我国博士后政策规划之初，走的是一条政策特区式的"绿色通道"，在人事调动、户籍迁移、人员编制、待遇落实、配偶和子女安置、资金支持、项目落实、科研环境、留学生照顾和国际交流等方面，国家采取特事特办的方式为博士后政策保驾护航。博士后制度突破了传统人事管理体制在户籍管理、人事关系、职称评定、人员编制、学科交叉等方面的限制，打通了博士后在高校、科研院所、企业之间，在不同地域和所有制单位之间，以及不同学科和科研领域之间的流通渠道，促进了人才的合理流动，为高层次人才培养和使用开辟了一块"制度特区"。③ 原清华大学校长顾秉林认为，最初的博士后制度可以说是计划经济体制下建立的"人事制度特区"，我们为博士后制度实施了一系列特殊的和保护性的发展政策，使得博士后工作有了一个良好的生存和发展环境。④

① 全国博士后管委会办公室，中国博士后科学基金会.博士后工作文件资料汇编(1985—2016)[M].北京：中国人事出版社，2017：23.

② 李建华.中国博士后辉煌二十年：1985—2005[M].北京：中国画报出版社，2008：20-21.

③ 刘祖华，李肖璨，谢鹏.锻造高质量发展的"博士后力量"——中国博士后制度实施 35 周年记[N].中国组织人事报，2020-12-02(4).

④ 武洁.鼓励自主创新，积极搭建平台——清华大学博士后工作成果丰硕[N].中国人事报，2008-04-07(3).

为解决博士后住房问题,1984 年邓小平同志批准拨款 2000 万元,其中 1000 万元用来给博士后研究人员建造公寓。1985 年国家计委另批 1000 万元基建投资,后来又增拨 2000 万元。对于博士后及配偶、子女户口问题,原来全国博管办把子女范围限制在未成年子女,通过协商,公安部主动把子女范围扩大到农村户口及城市户口未就业子女。财政部预先将专款和博士后日常经费准备好,一旦文件正式下达,立即拨款。教育部规定博士后子女可在暂住户口所在地报考重点中学和普通中学以及高等学校或中等专业学校。国家外汇管理局、原商业部、原劳动人事部都在各自职权范围内积极解决博士后有关问题。正是本着"特事特办"的原则,打破许多条条框框的限制,在短期内迅速解决了涉及博士后政策的诸多难题。中国科学院院士欧阳钟灿认为:"博士后制度改变了我的人生轨迹!""1985 年清华大学博士毕业留校任教的欧阳钟灿,进入理论物理所博士后。每月能拿到 200 元的生活补助,当时博士毕业每月工资只有 56 元,研究员每月也只有 100 多元,家属随调政策还帮他解决了困扰已久的两地分居问题。"①

三、注重培养,特色发展

价值是政策的灵魂与统帅,是隐藏在政策背后发生潜移默化影响的力量。邓小平同志在 1984 年将博士后政策价值取向高度概括为"培养和使用相结合,在使用中培养,在培养和使用中发现更高级人才"。我国博士后政策设立之初的价值取向是着重"培养社会主义事业的建设者和接班人",从培养和使用的关系来看,培养是目的,使用是方法和手段。培养侧重人才的培育和选拔,使用侧重科研工作任务的完成。与我国过分注重培养的价值取向相比,欧

---

① 刘祖华,李肖璨,谢鹏. 锻造高质量发展的"博士后力量"——中国博士后制度实施 35 周年记[N]. 中国组织人事报,2020-12-02(4).

美国家更加强调使用的价值取向，每个用人单位通常只从需求出发设置岗位、招聘相应博士后研究人员完成工作任务。原全国博士后管委会主任徐颂陶认为，"培养、使用，使用、培养，使用和培养相结合，在使用中再培养，这就是我国博士后制度的重要特色之一。我们强调对博士后的使用，目的就是要促进博士后脱颖而出，多出、快出高级人才，多出、快出优秀成果。如果不以出人才、出成果为前提，招收博士后的动力就无法存在。"①

在注重培养的同时，各地、各部门在遵循国家政策的基础上，发挥博士后政策的多样性和灵活性，因地制宜地采取了诸多灵活政策举措。如《国务院办公厅关于改革完善博士后制度的意见》强调："全面推开分级管理。逐步健全国家、省（区、市）、设站单位三级管理体制。""支持设站单位对不同学科领域、不同研究类型的博士后研究人员实施分类培养、分类评价。"国家博士后政策改革传递进一步权力下放、鼓励各地特色化发展的信息。在国家宏观政策指引下，全国各地立足本区域、本单位的实际，纷纷通过"一省（区、市）一策""一市（县）一策""一校一策""一企一策"等举措，因地制宜地制定出灵活多样、富有特色的博士后政策，推动全国博士后政策呈现百花齐放、竞相争艳的新格局。

四、深化改革，创新发展

我国博士后政策是一项富有远见的政策创新，尽管它基于旧政策体系，对旧政策体系有一定的依附关系，具有旧政策体系力量，但又允许有例外，从变革的视角对旧政策体系多方否定，它是政府运用行政权力在计划经济体制中开辟出的一块新型高层次人才培养特区。我国博士后政策从一开始就外在于体制，是旧体制的否定因素，具有内在转型力，这就决定了坚持与时俱进、不断

---

① 吕东伟.在培养和使用中发现更高级人才——全国博士后管理委员会主任徐颂陶谈中国特色博士后制度[J].中国高等教育,2005(20):28-30.

创新和变革是博士后政策的灵魂和基调。政府强制性和市场诱致性作为我国博士后政策变迁进程中的两种力量,一直在进行权力、利益和效能的博弈。如博士后招收类型,由单一的国家资助招收发展到自筹经费招收、流动站与工作站联合招收、工作站招收、留学博士计划外招收、留学非设站单位招收、依托项目招收等不同类别,其背后是市场这只看不见的手在不断激发与推动的。

实践证明,凡是适应市场发展需求、在国家宏观政策指引下大胆进行博士后政策创新探索与实践的地区和单位,博士后事业发展得都比较顺利;凡是固守旧的政策体系、畏惧市场改革风险的地区和单位,博士后工作都显得举步维艰。以博士后住房安置为例,以市场化为导向采用货币补贴等方式效果非常好,受到博士后设站单位、博士后等多方欢迎;相反,固守政策规定采用集中建设博士后公寓方式不仅没有赢得博士后的好感,还因为其位置偏僻、与设站单位距离远、工作和学习都不方便等原因,引发大家的不满。近年来,广东、上海、江苏等省(市)的博士后工作一直走在全国前列,与其市场化改革取向有显著关联。

五、政策试点,渐进推进

"稳定压倒一切"是中国治理变革的一条基本原则,这就决定了中国的治理改革也必定遵循"渐进改革"或"增量改革"的途径,在治理变迁的进程中不时会有一些突破性的举措,但整个治理状况不可能发生整体性的突变。[①] 有些问题,中央在原则上决定以后,还要经过试点,取得经验,集中集体智慧,成熟一个,解决一个。[②] 我国博士后政策也遵循政策试点、走小步、走快步、稳步推进的总基调,通过量的不断积累最后实现质的突破。为解决博士后管理体

---

① 俞可平.论国家治理现代化[M].北京:社会科学文献出版社,2014:104.
② 邓小平文选:第2卷[M].北京:人民出版社,1994:341.

制过于僵化的弊端，1990 年国家首先在吉林省进行博士后工作管理体制改革的试点工作。① 探索由"国家—设站单位"二级模式向"国家—地方（部门）—设站单位"三级管理模式转变。1992 年，党的十四大确立社会主义市场经济体制改革目标，同时做出"下决心进行行政管理体制和机构改革"的决策，改革的重点是转变政府职能。在党的十四大方针政策指引下，博士后工作管理体制改革加大了试点工作。国家在辽宁、黑龙江、上海、广东、湖北等五省（市）同时进行博士后工作管理体制改革的试点工作。② 后来，国家人事部发布一系列政策，先后在江苏、四川、山东、陕西、重庆、天津、浙江、湖南等多个省（市）开展试点工作。③ 通过总结局部地区成效，以利于在全国大范围推广。

2016 年 9 月 10 日，为进一步发挥博士后设站单位的主体作用，推动博士后管理服务的高效便捷，全国博士后管委会办公室发布《关于在部分单位开展博士后管理工作改革试点的通知》（博管办〔2016〕86 号），决定在北京大学、南开大学、天津大学、浙江大学、四川大学等部分单位开展博士后管理工作改革试点，今后视试点情况逐步扩大范围。各试点单位要在设站方式、招收方式、进出站手续等方面进行改革。试点改革后，学校博士学位授权点的所有一级

---

① 人事部，全国博士后管委会. 关于在吉林省进行博士后工作管理体制改革试点的通知：人专发〔1990〕7 号[2].
② 人事部，全国博士后管委会. 关于在部分省市进行博士后工作管理体制改革试点的通知：人专发〔1992〕15 号[2].
③ 人事部. 关于在江苏省进行博士后工作管理体制改革试点的通知：人专发〔1995〕161 号[2]. 人事部，全国博士后管委会. 关于在四川省进行博士后工作管理体制改革试点的通知：人发〔1997〕5 号[2]. 全国博士后管委会办公室. 关于在山东省进行博士后工作管理体制改革试点的批复：人函〔1998〕149 号[2]. 全国博士后管委会办公室. 关于在陕西省进行博士后工作管理体制改革试点的批复：人函〔1998〕150 号[2]. 人事部. 关于在重庆市进行博士后工作管理体制改革试点的批复：人函〔1999〕81 号[2]. 人事部，全国博士后管委会. 关于在天津市进行博士后工作管理体制改革试点的批复：人函〔2000〕99 号[2]. 人事部. 关于在浙江省进行博士后工作管理体制改革试点的批复：人函〔2001〕128 号[2]. 人事部. 关于在湖南省进行博士后工作管理体制改革试点的批复：人函〔2001〕129 号[2].

学科,无论是否设站均可以招收博士后研究人员;学校可根据各学科招收博士后的要求,自主确定招收条件、待遇、研究期限等;学校自主办理博士后研究人员进出站手续;人社部仍保留国家每年拨付的国家资助博士后研究人员日常经费,试点单位招收的博士后研究人员仍可以申报国家各类博士后项目及基金。随即,相关单位纷纷依据国家政策文本对本校的博士后政策进行修订。2017 年,《浙江大学关于进一步加强博士后队伍建设的若干意见》(浙大发人〔2017〕19 号)指出:改革博士后流动站设站方式,优化博士后招收条件。学校具有博士学位授权点的所有一级学科,经学校审核批准并报浙江省人力资源和社会保障厅及全国博士后管委会办公室备案后,均可以招收博士后研究人员。着力构建学校、合作导师、博士后研究人员所在学院(系)以及社会于一体的学科博士后资助体系,切实提高博士后收入待遇。设立学校博士后资助基金,实施分类资助。博士后资助基金采用年度预算制管理,实施分类资助,包括特别资助项目(最高每年 20 万元)、重点资助项目(每年 10 万～12 万元)和一般资助项目(每年 6 万～8 万元)三个类型。积极探索建立参照博士后管理的创新创业队伍。探索在学校重点建设或急需发展的学科、承担国家和地方重大科研任务的团队中设立专职从事创新创业的岗位,校内参照博士后研究人员进行管理,其研究工作年限可根据需要灵活确定,简化招收、考核、退出等程序。聘用人员工资待遇原则上高于本科获学校重点资助的博士后研究人员,聘用经费由科研团队或合作导师承担。

在我国很少有一项政策像博士后政策一样，能够长时间引起国家领导人、政府官员、专家学者和社会大众等众多阶层的广泛关注，追根溯源，一方面是由于博士后从事高深知识探究，人们对博士后群体知之甚少，具有强烈的好奇心；另一方面最根本的还是知识经济时代博士后居于人才金字塔顶端，是国家的战略性资源。党的二十大报告指出：加快建设国家战略人才力量，努力培养造就更多大师、战略科学家、一流科技领军人才和创新团队、青年科技人才、卓越工程师、大国工匠、高技能人才。当前，国际国内发展环境发生了深刻变革，构建以国内大循环为主、国内国际双循环相互促进的新发展格局是党中央面向未来做出的带有全局性的战略决策。作为培养高层次人才的博士后政策，新时期如何服务国家发展大局，直面发展困境，通过体制机制改革和政策创新，使得自身进一步焕发生机与活力，是一项富有挑战性和创造性的工作。

第二章

我国博士后政策的发展状况与现实困境

第一节　我国博士后政策的发展状况

当今世界正经历百年未有之大变局，我们正处于世界新一轮科技革命和产业变革同我国加快转变发展方式的历史交汇期，创新发展成为时代主题。创新驱动本质上是人才驱动，谁拥有人才，谁就拥有未来。人才竞争的关键在于政策竞争，如何通过制定科学、合理的人才政策来实现人才的培育、引进和集聚是一项带有全局性、战略性的任务。40 年来，我国博士后政策取得了历史性成就，已经成为我国有计划、有目的地培养高层次创新型青年人才的一项重要政策，博士后群体覆盖国家经济社会发展的主要领域，担当高水平科技自立自强的生力军，在新时代背景下博士后也肩负着新使命。

一、新时期我国博士后政策改革背景

长期以来，与我国改革开放总体战略相一致，我国博士后政策遵循"摸着石头过河"的渐进主义发展模式。如在日常经费资助上，分阶段逐步提高金额，年度资助从 1985 年的 8000 元、12000 元，到 1988 年的 15000 元、1994 年的 2 万元、2001 年的 3 万元、2006 年的 5 万元、2015 年的 8 万元；在招收形式上，从国家统一资助博士后到项目博士后、自筹经费博士后、外籍博士后、地方博士后等模式;在设站方式、招收申请学科范围、管理体制改革、配偶和子女安置等方面,采取试点先行、稳步推进策略。这种政府强力主导、稳步发展的思路契合我国博士后政策在起步及之后相当长一段时间的发展需求,促进了博士后规模快速发展和影响力显著提升。

国以才立,政以才治,业以才兴。党的十八大以来,党中央、国务院高度重视博士后政策和青年科技人才培养。2016 年 3 月,中共中央《关于深化人才发展体制机制改革的意见》(中发〔2016〕9 号)指出:树立全球视野和战略眼光,充分开发利用国内国际人才资源,主动参与国际人才竞争。改革博士后制度,发挥高校、科研院所、企业在博士后研究人员招收培养中的主体作用,有条件的博士后科研工作站可独立招收博士后研究人员。拓宽国际视野,吸引国外优秀青年人才来华从事博士后研究。2018 年 1 月,国务院《关于全面加强基础科学研究的若干意见》(国发〔2018〕4 号)指出:完善博士后制度,吸引国内外优秀青年博士在国内从事博士后研究。2018 年 8 月,教育部、财政部、国家发展改革委制定的《关于高等学校加快"双一流"建设的指导意见》指出:为建设一流师资队伍,打造高水平学科团队和梯队,要加强博士后等青年骨干力量的培养。2020 年 12 月 24 日,《教育部等六部门关于加强新时代高校教师队伍建设改革的指导意见》(教师〔2020〕10 号)指出:鼓励高校扩大博士后招收培养数量,将博士后人员作为补充师资的重要来源。2021 年 3 月,《中华人民共和国国民经济和社会发展第十四个五年规划和 2035 年远景目标纲要》指出:遵循人才成长规律和科研活动规律,培养造就更多国际一流的战略科技人才、科技领军人才和创新团队,培养具有国际竞争力的青年科技人才后备军,注重依托重大科技任务和重大创新基地培养发现人才,支持设立博士后创新岗位。党和国家高瞻远瞩的人才建设战略为我国的博士后制度发展提供了倾斜性的政策环境和绝好的发展机遇,同时也对我国的博士后事业提出了更高、更新的要求。[①]《教

---

① 刘宝存,袁利平.博士后制度的国际比较[M].北京:党建读物出版社,2016:348.

育部教师工作司 2023 年工作要点》提出：推动扩大博士后培养规模，推动高校将博士后作为教师重要来源。2023 年 8 月，中共中央办公厅、国务院办公厅发布《关于进一步加强青年科技人才培养和使用的若干措施》，要完善自然科学领域博士后培养机制。提升博士后培养质量，合理确定基础前沿和交叉学科领域博士后科研流动站和工作站数量，合理扩大自然科学、工程技术领域博士后规模。国家科技计划项目经费"劳务费"可根据博士后参加项目研究实际情况列支，统筹用于博士后培养。强化博士后在站管理，设站单位和合作导师应创造条件支持博士后独立承担科研任务，培养和提升博士后独立科研能力。支持符合条件的企业设立博士后工作站，扩大数量和规模，强化产学研融合，在产业技术创新实践中培育青年科技人才。

在一个统一的国际人才环境下，世界人才争夺呈现这样一种"马太效应"：发达国家经济富裕，对人才投入大，因此人才众多，能有力地促进该国的进一步繁荣，因而也更有能力以更多的投入得到更多的人才；发展中国家经济贫困，对人才投入有限，因此人才较少，这就影响了经济的进一步发展，也就没有能力去争夺和培养人才，最终导致人才匮乏。[①] 近年来，随着建设创新型国家和人才强国战略的实施，缺少能够跻身国际学术前沿的战略科学家和首席科学家是我国现代化建设中突出的短板，也是教育界和科技界的"痛点""难点"，如何破解诸如"钱学森之问"话题不时考问着我国的人才培养体系。2021 年 8 月 27 日，《中国科技人才发展报告（2020）》发布，"从总体上看，我国科技人才发展仍然存在不足之处，科技人才队伍结构有待优化，R&D人员投入强度仍然较低，高端科技人才缺乏的问题仍然突出"。在此背景下，博士后政策被寄予厚望，作为科技排头兵和生力军的精英人才，博士后肩负着重要历史使命。

---

① 段异兵，穆荣平.改善博士后工作环境的政府行为[J].科学学研究，2002(3)：266-271.

二、新时期我国博士后政策发展概要

2015 年 11 月 30 日,国务院办公厅颁布《关于改革完善博士后制度的意见》(国办发〔2015〕87 号),这是我国博士后政策实施以来,第一次以国务院办公厅的名义发布的博士后政策文本,政策"以解决制约博士后事业发展的重大问题为导向,以提高博士后研究人员培养质量为核心,创新符合青年人才成长规律及博士后研究人员特点的管理制度",推动全国高度重视和深入开展新一轮博士后政策修订和推进工作,体现了新时期党和国家对博士后政策的高度重视,标志着我国博士后政策进入新一轮政策调整期。国家层面陆续推出《博士后国际交流计划》与《博士后创新人才支持计划》等项目,进一步加强对海内外优秀博士毕业生的吸引力度。

为加快推进落实国务院办公厅的相关要求,全国各地因地制宜,颁布了相应的政策文本,对原有博士后相关政策进行了调整。主要特点有:一是反应快,紧跟国家政策发展变化。全国 31 个省、自治区和直辖市的博士后政策几乎与国家政策同步进行修订。二是站位高,服务区域重大发展战略。《甘肃省人民政府办公厅关于改革完善博士后制度的实施意见》(甘政办发〔2016〕161 号)指出:围绕实施"大众创业、万众创新"和甘肃省打造"丝绸之路经济带"黄金段、兰白科技创新改革试验区建设等重大发展战略。三是创新多,善于统筹规划"打组合拳"。广东省出台《关于加快新时代博士和博士后人才创新发展的若干意见》(粤组通〔2017〕46 号),从拓宽培养途径、加大引进力度、推进顺畅流动、搭建发展平台、加强服务保障等方面提出一系列创新举措,如规定留粤工作的博士后,在限牌地区购车可享受一次性小型汽车免费上牌指标。四是特色强,立足区域强化"一省一策""一市一策"。近年来,福建省利用毗邻台湾海峡和港澳的地缘优势,频频出台相关博士后政策,深度对接粤港澳大湾区建设。2017 年 5 月 27 日，福建省出台《海峡博士后交流资助计划（试行）》（闽人社发〔2017〕3 号），充分发挥海峡两岸学科和产业优势，引进或选送一批承担有重要科研创新和产业化价值项目的优秀博士来福建省或赴台湾地区从事博士后研究工作，推动两岸博士后学术技术和人才项目交流。2018 年 9 月 12 日，福建省出台《关于实施"闽港澳博士后交流项目"有关事项的通知》（闽人社文〔2018〕219 号），积极对接粤港澳大湾区建设，深化闽港澳三地青年人才交流合作，实现闽港澳学科人才优势互补和良性互动。项目方式：资助引进或选送一批承担有重要科研创新和产业化价值项目的优秀博士来福建省或赴港澳地区从事博士后研究工作，主要包括资助引进招收优秀港澳博士来福建省做博士后研究，闽港、闽澳高校（科研机构）联合培养招收博士后人员，以及在站博士后人员到港澳开展短期访学研究或参加国际学术会议等三种方式。五是投入大，注重综合保障效应的发挥。2020 年 3 月 2 日，江苏省人民政府办公厅出台《关于推动博士后工作高质量发展的意见》（苏政办发〔2020〕8 号），实施万名博士后集聚计划，聚焦优势学科建设和高新技术产业、战略性新兴产业发展，发挥博士后设站单位主体作用，每年引进培养 2000 名海内外优秀博士后人才，用 5 年时间集聚培养博士后人才 1 万名。

进入新时代，人才强校成为高水平大学改革与发展的核心理念，许多高校立足校本，注重强化"一校一策"，对该校博士后政策进行了修订，纷纷将博士后研究人员定位为学校学科建设和科技创新的"生力军"、师资队伍的"蓄水池"，制定分层分类、富有国际竞争力的博士后薪酬制度和政策配套体系，争相吸引优秀博士加盟，如清华大学的"水木学者"计划、北京大学的"博雅博士后项目"、上海交通大学的"晨星博士后激励计划"、武汉大学的"卓越博士后"计划、上海大学的博士后"泮池计划"、郑州大学的博士后"千人计划"、浙江工业大学的"超级博士后"计划、南京工业大学的博士后"百人计划"、上海理工大学的"沪江博士后"资助计划等。

2019 年 1 月，清华大学推出"水木学者"计划，它是专门为博士后政策重点打造的高层次青年人才项目,旨在引进和培养一批潜心学术、勇于创新、具有强烈社会责任感和国际视野的优秀青年学者。申报条件为在国外(境外)世界大学综合排名或学科排名前 100 的高校获得博士学位,且尚未回国工作的博士毕业生;或在国内双一流建设学校、学科获得博士学位的全日制博士毕业生;35 周岁以下;获得博士学位不超过 3 年,应届博士毕业生优先;进校后须全职在清华大学工作;另外,在站博士后中期考核优秀,且合同截止日期距申报截止日期 6 个月之内的也可以申请。"水木学者"计划不但为青年人才提供了一个高起点的发展平台,还针对青年人才的自身需求制定了全方位的培养与保障体系,年薪 30 万元(税前),院系、合作导师可根据申请人的综合情况给予额外资助。学校统一组织选拔,每年 3 次,初期每年支持人数不超过 100人,目前每年支持人数不超过 200 人,支持期限为 2 年。

2019 年,上海交通大学为进一步推进人才强校主战略,推出博士后政策改革新方案。《上海交通大学博士后队伍发展改革实施方案》(沪交人〔2019〕44 号)强调"博士后定位为学校研究队伍重要组成",薪酬待遇:(1)自主招收博士后待遇。博士后实行基本年薪制,基本年薪由学校支持部分和合作导师交纳部分组成。鼓励合作导师视博士后的工作和科研产出情况,提高合作导师发放部分,以补充年薪形式发放。工科博士后基本年薪 20 万元,理科、生农医药博士后基本年薪 18 万~20 万元,文科博士后基本年薪 16 万~20 万元。(2)在职博士后待遇。不分学科,合作导师交纳 2 万元/年,学校以津贴的形式按月发放给在职博士后。鼓励合作导师视博士后的工作和科研产出情况,提高合作导师发放部分,以补充津贴形式发放。在职博士后工资等待遇均由其在职工作单位承担。为吸引优秀博士后来上海交通大学工作,校特设立"晨星博士后激励计划",学校给出宏观指导意见,具体如下:(1)应为优秀博士毕业生,具有成为长聘教轨教职的潜力。优先考虑毕业于综合排名前 100 的高校、ARWU 全球学科排名前 50 的学科、教育部学科评估 A＋和 A 的学科。综合排名参照 ARWU、QS、U. S. News、泰晤士报世界大学排名,教育部学科评估参照最新一轮学科评估。(2)"晨星博士后激励计划"在原薪酬基础上每人每年增加4万元。(3)资助人数一般不超过在站人数的20%,资助经费4万元由学校与学院、研究院1∶1分担。按博士后实际工作学院、研究院统计人数,不含在职博士后、企业博士后。(4)由学院、研究院制定具体遴选办法。(5)在同等情况下,获得"晨星博士后激励计划"的支持者,在教师岗位申请评估中具有优先权。调整管理模式:将博士后管理工作纳入组织人事管理体系,博士后工作日常管理由实际工作学院、研究院负责;健全考核评估机制:新增对学院、研究院博士后工作的评估,对全部流动站和招收博士后且未设流动站学院进行评估,将评估结果等纳入学院考核内容。[①]

2019年12月24日,《浙江工业大学推进本硕博一体化人才培养模式改革实施办法(试行)》(浙工大发〔2020〕5号)指出,本硕博一体化人才培养模式改革的任务是建立"本科生选拔、研究生培养、青年英才培育"的全链条、国际化的人才培养体系,强化本科阶段至博士(后)的贯通培养,以及与海外知名高校的联合培养,培养一批拔尖创新人才,扩大学校优势师资储备,力争将改革成果形成全国地方高校人才培养改革的示范典型;入选学生博士毕业后,经学校考评,优秀者可作为学校师资培养对象选送至海内外知名高校(学术机构)从事博士后研究,特别优秀者可直接入职学校工作;入选学生入职学校工作后将作为青年拔尖人才和学术骨干予以重点培养。

2020年3月27日,苏州大学发布2020年统招博士后招收公告,绩效评估优秀者总薪酬将超过100万元,引发社会各界的众多热议。2020年3月31日,《郑州大学博士后"千人计划"实施办法》(校人事〔2020〕3号)实施,"千人计划"博士后分为青俊博士后、项目博士后、联合培养博士后和卓越博士后四种类型,薪酬采取"工资＋科研绩效"方式,科研绩效分为税前20万元/年、10万元/年、6万元/年三档。2021年,南方科技大学发布博士后招聘:年薪不低

---

① 复旦大学面向海内外青年英才推"超级博士后"制度[EB/OL]. (2019-11-13). https://www.eol.cn/rencai/201911/t20191113_1692638.shtml.

于33.5万元,优秀博士后可申请"校长卓越博士后",年薪不低于50.7万元。[1]有全球竞争力的薪酬是吸引国内外一流大学优秀博士选择博士后、潜心从事前沿性和原创性研究的基础和前提,但要真正帮助他们未来成长为跻身国际学术前沿的战略科技人才和科技领军人才,需要改革整个博士后政策体系及发挥有效作用。

第二节　我国博士后政策的现实困境

随着中国特色社会主义进入新时代,我国博士后政策的内外部发展环境发生重大转变,契合发展环境、发展需求、发展方式、发展动力等方面的转变,我国改革发展进入"速度变化、结构优化、动力转化"的新阶段,如何契合新时期我国社会经济发展的需求是我国博士后政策需要着重考虑的问题。当前,我国博士后政策在政策目标、政策内涵、政策形式、政策领域等方面展现了许多新特点,同时在政策导向、政策制定、政策实施、政策效果等方面也出现了一些新矛盾。政策实行初期一些富有创新的政策思路、有特色的政策举措逐渐丧失了时代性,政策红利不断消解,一些原有优惠政策逐渐失去吸引力,体制性障碍逐渐显现;在现实利益因素刺激下,一些博士后政策逐渐走了样,这种

---

[1]　南方科技大学商学院 2021 年全球诚聘博士后[EB/OL].（2021-01-21）. http://www.shuobozhaopin.com/News/50202112185415.html.

现象不仅引起决策者的关注，也引发诸多学者对现行博士后泛精英化发展模式的理性思考，政策的制度供给出现了障碍和瓶颈。

姚云等人认为，必须认识到目前的博士后制度还存在着一些问题，如博士后身份定位、管理制度、资助制度和博士后培养质量等问题，特别是随着我国经济改革的逐步深入和高校科研与人事制度的改革，博士后制度面临前所未有的巨大挑战，《意见》的出台正是利用这一庆祝 30 周年的有利时机，国务院尝试对博士后制度做出系统性改革和制度性完善。①

冯支越认为，在博士后职位所创造的价值束中，人们对博士后头衔、户籍福利和工作转换等"附带价值"的追求削弱了对科研能力提升和学术兴趣等"核心价值"的追求。

苌光锤、刘信阳认为，当前博士后制度的人才培养模式落后于国家整体改革进程，使得曾经作为造就青年拔尖人才重要途径的博士后制度，因广而全的泛精英化发展模式，已不能再很好地维持其制度供给优势，而走向了式微。②

牛凤蕊、张紫薇认为，随着我国博士学位授予规模的稳定增长和科研环境的不断改善，博士后制度生发的社会宏观环境不断"解构"。在当前学术职位日益供不应求、部分一线城市落户指标缩紧的背景下，博士后制度的附加功能成了部分学术人"曲线救国"的方式。这些非学术的动机损害了该制度本身所构建的政策秩序以及提升人力资本储备的功能，对博士后制度建设产生了较为负面的影响。③

张洋磊、于晓卉认为，体制化的技术治理下，形成了一个由制度规训为主导、项目支撑为载体、技术化治理为手段的"铁三角"模式，将学术生产者围困

① 姚云,方芳,曹昭乐,等.博士后发展年度研究报告(2016)[M].北京:学苑出版社,2017:2.
② 苌光锤,刘信阳."超级博士后"制度及其运行机制研究[J].现代教育管理,2021(11):89-95.
③ 牛凤蕊,张紫薇.中国博士后制度演进中的路径依赖及其突破——基于新制度经济学理论的分析视角[J].高校教育管理,2018(1):20-26.

其中。在策略选择的限制下,博士后人员的学术选择受到制度环境、管理手段等限制而渐趋功利化、短期化。现实的围困限制了博士后人员学术旨趣的实现,导致其自我发展定位的"靶向偏离"。①

马立超认为,一流高校博士后管理制度面临多重实践困境,如人才引进功利化、浮躁化和工具化,个体价值被湮灭;博士后角色定位不明晰,行政性事务烦琐;学术交流平台不健全,造成"单兵作战"和"学术孤岛"现象;科研经费资助渠道单一,资助力度空间差异大;科研决策秉持"就原则",放弃突破"舒适区"。② 当前博士后科研创新赖以生存的学术环境、组织环境和制度环境在发展变革过程中面临诸多瓶颈,如人才引进的"割韭菜"取向、政策执行的形式化色彩、角色定位的模糊性设计、行政事务烦琐冗杂、课题资助"黯然失色"、学术创作"单兵作战"及科研评价浮躁功利,这些博士后职业发展容易陷入难以"自我解放"和"自我救赎"的"科研围城"。③

王修来认为,当前博士后事业仍然面临着地区间发展不平衡、国际化水平不高、缴费投入不足等问题;我国科研团队由博士后担当主力的局面尚未形成,与欧美发达国家相比仍有差距;部分博士后科研工作站重设站轻建设、站均招收人数少,作用发挥不明显等。④

宋佳等认为,与博士后制度设立初衷"培养和造就高级专业人才"相比,如今高校大量招收博士后人员呈现出一定的功利取向,受高等教育审计文化与绩效问责影响,博士后科研绩效被视为提升院校科研声誉的重要途径,对博士后科研绩效考核的日趋短期化和频繁化再次印证了院校

① 张洋磊,于晓卉.“双一流”建设背景下博士后质量保障困境与治理策略[J].中国高教研究,2021(7):84-89.
② 马立超.一流高校博士后管理制度实施成效、困境与优化路径——基于博士后个体视角的混合研究[J].大学教育科学,2022(2):54-63.
③ 马立超,姚昊.“双一流”建设高校博士后如何突破“科研围城”——博士后科研创新能力影响因素的实证研究[J].湖南师范大学教育科学学报,2022(5):68-79.
④ 王修来.中国博士后发展报告(2021)[M].北京:中国人事出版社,2022:307.

的功利心态。①

蒋贵友认为，在现实图景中，博士后仍遭遇诸多学术发展困境，主要表现为权利义务层面的关系失衡、知识生产层面的劳动剥削与角色建构层面的身份困境。②

高晓清、杨洋认为，基于 *Nature* 2020 年全球博士后调查数据展开实证分析发现：博士后培养单位的心理支持水平不高，而对学术职业持较高认同度的博士后占比不足 50％；组织心理支持能正向预测博士后学术职业认同；博士后的学术自我效能和职业前景预期在组织心理支持和学术职业认同之间的单独中介效应显著、链式中介效应显著。③

综合诸多学者对于我国博士后政策发展困境的认知，我们认为，当前我国博士后政策存在定位之困、导向之困、质量之困、运行之困和保障之困等不同层面的发展困境。

一、定位之困

对博士后究竟属于什么性质，长期以来一直存在很多误区，连博士后对自身定位也存在一定的困惑："我们是谁？我们不是学生、不是老师、不是公务员、不是打工者，我们到底是谁？"博士后是一个特殊的群体，"他们没有满满的课程表，没有指定的教材，甚至没有明确的阶段性学习目标和任务。他们有更多的自由时空，是一个更自主的学习群体。他们在学校、研究所中的社会地位

---

① 宋佳，张运吉，郑亦成.艰难的进阶者：大学博士后工作时间分配与角色身份认知[J].中国人民大学教育学刊，2022(4)：51-68.

② 蒋贵友.全球博士后学术发展困境的现实表征与生成机理[J].比较教育研究，2022(4)：69-77.

③ 高晓清，杨洋.社会认知职业理论视角下博士后学术职业认同的影响因素研究[J].大学教育科学，2022(4)：64-73.

明显高于普通学生包括博士生,至少在名义上已经同教师群体一样的平等。他们拥有广泛的获得信息的渠道,享有更真实的自主权利,有着更多的发展机遇。对他们的评价也不再是以知识为中心、以考试为手段、以分数为目标,而更多地考察其研究能力、创新能力、质疑能力"[①]。研究发现,"博士后在工作中经常会有自己是'场内人'还是'局外人'的困惑。对自身称呼'老师'、享受与正式教师同样的社会保障待遇、从事教学科研工作、参加新教师培训、参与学院工作甚至治理等,博士后是'场内人';区别正式教师单独管理、没有编制、短期合同、高频考核与高标准出站要求等,又让博士后认为自身是'局外人'"[②]。

当前,最常见的误区是将博士后当作比博士更高一级的学位,甚至一些媒体在宣传时也会不经意写出某人攻读博士后之类的话语;或是将博士后看作类似于教授、副教授的专业技术职务,博士后出站通常享受副教授待遇,社会上一些公众人物在印刷名片时通常在职务和职称后面加上博士后;或是将博士后看作没有毕业的学生,因为博士后依然有合作导师,博士后通常也称自己的合作导师为老师;或是将博士后看作一定程度的帮工、学徒,除了国家规定的基本工资外,一些单位的合作老师通常会按照工作业绩给博士后发放一定的科研津贴或劳务费,合作导师也常常私下里被一些博士后称为"老板",尤其是项目博士后,其资金来源于合作导师申请的项目,合作导师与博士后之间存在一定程度的合同雇佣关系,等等。

很长时间内国家从政策层面一直要求博士后一切待遇应按建站单位正式职工对待,享受建站单位同职级正式职工同等的福利待遇,但实践层面常常存在很多壁垒。《关于试办博士后科研流动站的报告》指出:博士后研究人员在流动站工作期间计算工龄,一切按国家正式工作人员对待。《博士后研究人员

---

① 俞家栋.中国博士后制度研究[D].北京:中国社科院,2006:5.

② 宋佳,张运吉,郑亦成.艰难的进阶者:大学博士后工作时间分配与角色身份认知[J].中国人民大学教育学刊,2022(4):51-68.

管理工作暂行规定》指出：博士后在站工作期间，属国家正式工作人员，应计算工龄。《博士后管理工作规定》(2001)指出：博士后研究人员在站期间的工资待遇，按照不低于设站单位同岗位同条件人员工资标准的原则，由设站单位和本人协商确定。《博士后管理工作规定》(2006)指出：各设站单位应将博士后人员纳入本单位人事管理范围，其人事、组织关系、福利待遇等比照本单位同等人员对待，或按协议执行。博士后人员实行岗位绩效工资制度。尽管国家政策三令五申，但博士后正式职工待遇政策基本流于形式。"'国家正式职工'的定义已经不能完全表明博士后与单位的关系，因为单位实行的是聘用制，'正式'一词已没有存在的基础。'国家正式职工'的定义只能说明博士后是具有国家正式职工的身份，而这种身份的成立需要依附在职工与单位建立一种人事关系上，如果没有聘用单位，则无法保留其身份。博士后大多是应届毕业生，他们在从事博士学位攻读之，或者没有参加过工作，或者与单位解除了关系。在他们毕业以后以国家正式职工的身份参加流动站的科研工作，人事关系必然应该与设立流动站的单位建立。而设站单位试行的聘用制，所聘用的员工与单位之间是聘用关系，经过设站单位招聘、考核各环节招收的博士后，进站后与设站单位所建立的关系也必然是聘用关系（博士后原来有单位的除外），即劳动关系。"[1]"有许多设站单位并未执行国务院和博士后管委会的规定，把博士后研究人员当作非正式职工（类似'临时工'），或者'学生'看待。在发放奖酬金、申请科研资助、申报成果奖励、享受工会福利等方面，将博士后人员排除在外。在对博士后人员的管理方面，缺乏规范的管理制度，或放任自流，或增加非科研工作负担。"[2]"中国博士后管委会也看到了这种情况，出台的文件一再强调对博士后待遇要与在编人员同等对待，但由于博管会的政策对高校没有强制约束力，绝大多数单位没有参照执行。如果博士后

---

① 庄子健，潘晨光.中国博士后(1985～2005)[M].北京:经济管理出版社,2006:265.
② 王建民.中国博士后制度的现状与创新[J].高等教育研究,2001(3):20-24.

自己去维权,实际上是与在站单位职工'争利',最终可能'头破血流'而自讨苦吃。"①

尽管《关于改革完善博士后制度的意见》第一次对博士后的身份进行了明确界定,"博士后研究人员是国家有计划、有目的培养的高层次创新型青年人才,在站期间是具有流动性质的科研人员",但是这样的政策规定过于笼统,对博士后身份没有作细致的分类界定,导致在社会评价和大众认知上对博士后的定位并没有太多改变,一些单位基本上还是将它当作一种隐性的文凭来看待,常常在职称评定、课题申报、人才培养和科研资助等方面给予特殊待遇,博士后招收过程中呈现出的功利化倾向引起学者的广泛关注。"中国,博士后身份没有作细致的分类界定,日常所做的工作多是跟着导师做项目,且流动站较少设置课程对博士后进行相关教学、科研技能的培训。正是因为博士后身份界定不清,产生了一系列的管理问题:如签订什么样的协议,进站以后权利、义务的界定,科研成果的评定等。"②此外,有些人直接把博士后出站报告等同于博士论文把博士后异化为准学位属性。正是由于政策认同的缺失,有的单位或个人把博士后研究工作看作博士学位后的又一新的更高阶段的"学位",想当然地认为获得博士学位后再继续"读博士后",造成申请者趋之若鹜,在人文社会科学的有关专业更甚;另外一些人受个人利益驱动,把做博士后作为解决户口、重新就业或子女上学的捷径,等等,这些非学术行为损害了制度本身创造的政策秩序,对博士后制度建设产生了负面影响。③

---

① 姚云.中国博士后制度的制度分析与时代变革[M].重庆:西南师范大学出版社,2012:190.

② 王修来.中国博士后发展报告(2019)[M].南京:江苏人民出版社,2020:19.

③ 冯支越.中国博士后制度沿革及其发展[M].北京:经济科学出版社,2003:188.

二、导向之困

我国博士后政策的初衷是吸引更多的留学博士回国工作，培养国家建设所急需的高层次人才。邓小平同志在 1984 年将博士后政策导向高度概括为"培养和使用相结合，在使用中培养，在培养和使用中发现更高级人才"。"培养"与"用工"本来并不是一对此消彼长的矛盾体，而现实中的逻辑悖论导致了两者之间开始呈现相互消解的特征。① 有学者认为，博士后科研流动站对博士后更多的是"培养"，而博士后科研工作站对博士后更多的是"使用"。②

作为一项培养高层次青年人才的特殊政策，培养和使用何为重、如何统筹兼顾是当前博士后政策发展进程中绕不过去的研究课题。培养侧重人才培养和选拔，使用侧重科研工作任务的完成，两者之间存在较大差异。全国博士后管委会发布《博士后管理规定》的第一章就明确表示：国家建立博士后制度，旨在吸引、培养和使用高层次特别是创新型优秀人才。在市场化、利益化、局部化和短视化的片面影响下，"重使用、轻培养"、博士后缺少应有的学术训练是很多博士后基层单位面临的带有共性的问题。一些学者发出发人深省的感叹和质问："'双一流'建设下的师资博士后：'青椒生力军'还是'学术临时工'"，在"双一流"建设背景下，师资博士后实际扮演了"学术临时工"的角色，与高校对其"青椒后备军"的期望不一致，即产生角色差距；③中国博士后：是学者"摇

---

① 高建东.培养抑或用工：我国高校博士后制度的现实与反思[J].河北师范大学学报（教育科学版），2020(4)：109-117.
② 姚云.中国博士后制度的制度分析与时代变革[M].重庆：西南师范大学出版社，2012：172.
③ 李晶，李嘉慧."双一流"建设下的师资博士后："青椒生力军"还是"学术临时工"[J].教育发展研究，2019(23)：42-48.

篮",还是论文主力军?① 莫让博士后成短期科研政绩工具,部分地方和高校将快速甚至超速扩大博士后规模作为提高科研产出的捷径,让受聘博士后拿到高薪酬,也以所在高校的名义留下一批自然科学、社会科学项目和核心期刊论文;②大学对博士后的"使用"远大于"培养",结果导向的考核甚于过程性工作指导;③博士后日常经费投入主体的变化,必然会引起在站博士后的身份发生新的变化,如博士后与出资人的合作由指导或合作关系转向雇佣关系,这会冲击现有的博士后制度,因为出资招收博士后的项目负责人不会再以合作者的身份出现;④从制度设计的初衷来看,博士后类似于一种学术领域的学徒制,它并不是一种完全的、典型的职业形态,而是更接近于劳动力市场的劳动教育阶段,同时具有培养和用工的诉求;⑤等等。

三、质量之困

博士后作为国家高层次人才,是宝贵的人才资源,但在现实生活中,却时而出现不能胜任工作岗位的状况。一些博士后的功利性色彩增强,不是"以学术为志业",而是将博士后研究作为一个跳板,在站期间不认真开展研究,导致被设站单位勒令退站,取消博士后资格。"当然,促使个人做博士后的动机不是或不仅仅是单一的,博士后会将各种动机要素进行综合协调,以满足自己多方面的

① 中国博士后:学者"摇篮",还是论文主力军[EB/OL].(2019-12-30). https://www.sohu.com/a/363647258683950.
② 张端鸿.莫让博士后成短期科研政绩工具[N].中国科学报,2020-3-31(5).
③ 宋佳,张运吉,郑亦成.艰难的进阶者:大学博士后工作时间分配与角色身份认知[J].中国人民大学教育学刊,2022(4):51-68.
④ 冯支越.中国博士后制度改革创新的实证研究[M].北京:北京大学出版社,2013:99.
⑤ 高建东.培养抑或用工:我国高校博士后制度的现实与反思[J].河北师范大学学报(教育科学版),2020(4):109-117.

需求。因此，动机要素反映在个人或不同个体的身上，产生的刺激和影响作用也不同。但是无论外在因素和内在动机在相互作用上发生怎样的互动，我们依然认为，自在、自为层次更多满足了个人的利益，只有达到自觉层次才能实现对个人需求的超越，才能显示出探索自然奥妙、执着进行学术追求的人格魅力。"[1]

近年来，"翟天临事件""贺海波事件""王天旭事件"等更是将我国博士后招生和培养过程中的一些弊端暴露无遗，博士后学术失范、就业难和下岗等一度成为关注度较高的社会新闻。随着专业分化越来越强，相比中低层次人才就业，博士后就业面相对狭窄，很容易形成"高不成、低不就"的现象。面对博士后培养质量中存在的问题，国家和设站单位加大了退站处理的力度。2017年3月13日，人力资源社会保障部、全国博士后管理委员会发布《关于贯彻落实〈国务院办公厅关于改革完善博士后制度的意见〉有关问题的通知》，强调"规范博士后人员退站管理。具有下列情形之一，设站单位在告知本人或公告后须予以退站：进站半年后仍未取得国家承认的博士学位证书的；提供虚假材料获得进站资格的；中期或出站考核不合格的；严重违反学术道德，弄虚作假，影响恶劣的；被处以刑事处罚的；因旷工等行为违反所在单位劳动纪律规定，符合解除劳动（聘用）合同情形的；因患病等原因难以完成研究工作的；出国逾期不归超过30天的；合同（协议）期满，无正当理由不办理出站手续或在站时间超过6年的；其他情况应予退站的"。2018年，中国博士后基金会发布《关于对违反规定博士后人员办理退站的通知》（中博基字〔2018〕15号），规定在站时间超过6年的博士后人员，设站单位在告知本人或公告后须予以退站。在国家宏观政策指导下，各设站单位按照"谁招收、谁负责"的清理原则，加强了对超期博士后及长期在站博士后的清理工作。2018年1月22日，吉林大学人力资源和社会保障处发布《关于对向×等50名超期滞站博士后研究人员作退站处理的通知》（校人字〔2018〕第20号），对向×等50名在站时间超过6

---

① 冯支越.从事博士后研究的动机与能力之间关系的探讨[J].北京大学教育评论,2005
(S1):35-39.

年的博士后研究人员作退站处理。2018 年 10 月 25 日,江苏大学人事处博士
后管理科发布《关于清理超期在站博士后人员的通知》,清理对象:在站时间超
过 3 年的博士后人员;清理方式:在站时间超过 6 年的博士后人员(26 名),直
接清退;在站时间超过 4 年未到 6 年的博士后人员(82 名),须在 2018 年 12 月
14 日前完成答辩,办理出站手续;在站时间超过 3 年未到 4 年的博士后人员
(101 名),填写《江苏大学博士后研究人员超期出站申请表》,申请时间最长 1
年。2019 年 1 月 17 日,中央财经大学人事处发布《关于对部分超期在站博士
后研究人员作退站处理的公告》,对周×等 7 名博士后研究人员作出退站处
理。2019 年 3 月 11 日,中国矿业大学(北京)人事处发布《关于对马××等 10
名博士后退站处理的公告》,对马××等 10 名未按规定时间出站的博士后作
退站处理。2019 年 12 月 17 日,南京农业大学人事处发布《关于对我校部分
在站博士后执行退站处理的公告》,对该校存在超期在站未出站及出国逾期不
归超 30 天的马××等 12 名在站博士后予以退站处理。2020 年 9 月 14 日,东
南大学博士后管理办公室发布《关于对违反规定超期在站博士后人员办理退
站的公示》,对代××等 27 名博士后研究人员作退站处理。2020 年 11 月 12
日,南京医科大学研究生院发布《关于对违反规定超期在站博士后人员办理退
站的公示》,对闫××等 9 名博士后研究人员作退站处理。2022 年 1 月 6 日,
西南大学人力资源部发布《关于对 2021 年超期在站博士后人员作退站处理的
公告》,对朱×等 28 名博士后进行退站处理。2022 年 9 月 28 日,华中科技大
学化学与化工学院发布《关于对超期在站博士后人员作退站处理的公告》,对王
××等 7 名超期在站博士后作退站处理。2023 年 6 月 14 日,南华大学博士后
管理办公室发布《关于对 2017 年超期在站博士后人员作退站处理的公告》,对
2017 年超期在站的博士后人员沈××作退站处理。2023 年 10 月 17 日,重庆大
学经济与工商管理学院发布《关于对超期在站博士后人员办理退站的公告》,对
流动站独立招收进站超 3 年未出站博士研究人员张×,流动站超期 6 年未出站
博士研究人员田××等 8 人予以退站处理。2024 年 1 月 5 日,西南大学人力资

源部发布《关于对 2023 年超期在站博士后人员作退站处理的公告》，对 2023 年 11 名超过 6 年在站的博士后人员予以公告作退站处理。2024 年 3 月 12 日，南开大学人事处发布《关于对超期在站博士后人员作退站处理的公告》，对林××等 19 名超 6 年在站的博士后人员予以公告作退站处理。

四、运行之困

在政策运行上，我国博士后政策还没有脱离"特区"色彩，自引进、创建以来就一直在相对封闭的空间中运作，从中央到地方走的是"绿色通道"，实行与现行人才、科研体制等不相一致的超常规模式。作为一种自国外引进的培养高层次人才的政策，在政策运行初期，实行一定的保护措施加速其运行和成长，有比较强的合理性和说服力，但是经过 40 年的发展，还要采取与整个社会体制相脱节的政策体系，一些做法值得探讨。在体制转换过程中，由于过多权力和功利因素注入，博士后政策运行遇到许多障碍。一些博士后政策逐渐变了味，解决户口等"隐性福利"造成"寻租"行为上升，"荣誉化""学位化"的异化效应造成在职人员做博士后现象从无到有、欲管还难。这些现象倒逼一些地方的博士后管理部门出台相关政策，加强对户口迁移的监控。2020 年，上海市人力资源和社会保障局发布《上海市博士后管理工作实施办法》（沪人社专〔2020〕379 号）第二十八条指出："人事档案转至设站单位的全职博士后人员进站报到后，按照本市博士后落户相关要求，可凭市博管办出具的落户证明材料在设站单位所在地落单位集体户口，在站期间不可在上海市内迁移博士后户口。博士后人员进站时及在站期间不予办理配偶和子女户口随迁手续。在职身份进站的博士后人员，进站时不予办理户口迁移及人事档案调转。工作站可根据公安部门相关规定申请设立博士后工作站集体户。"

由于时代变迁，博士后政策原有的一些显性价值逐渐消解，甚至走向反面，当初作为博士后政策优势的灵活性正逐渐成为阻碍优秀博士从事博士后研究的绊脚石。"30年,正是一个人从婴儿成长为壮年的时间,博士后制度在我国也早已成为一项人才培养和使用的重要制度。然而,岁月的增长虽然让这名'壮汉'有了成熟的躯体,但在他的头脑中,一些'困惑'也油然而生。……在高校和科研单位的人事制度已经发生重大变化的新情况下,之前的改革创举反倒成为很多人口中'僵化'的代名词。这种制度曾经具有的'灵活性''高福利''少干扰'等优势,反而成为当下人们对博士后制度口诛笔伐的最主要依据。"[①]

国家颁布的博士后政策和基层设站单位实际运行的政策有较大偏差,设站单位管理权限不足与权力行使无序时常交织在一起,责、权、利三者存在不同程度的分离。在具体工作的落实过程中,部分博士后设站单位,对资助经费规定不完善,导致各设站单位在具体的经费政策落实过程中没有完全按照规定执行,甚至出现违规行为。据调查,15%的入选者表示设站单位提取了部分管理费。[②] 博士后招收过程中流站人数的增多也是政策运行过程中一个比较突出的问题。"毁约博士后占了博士后招收指标,他们的毁约将导致其他博士后无法进站,还可能造成导师科研项目研究中断以及中国博士后科学基金资助绩效出现低效等。大面积流站,要么反映的是博士后制度设计出现问题,要么是博士后自身缺少职业素养,'脚踏两只船'来做博士后,一旦有更好的发展机会就毁约流站。"[③]

五、保障之困

作为后发追赶型国家,我国博士后政策资助力度创立之初具有很强的竞

---

① 陈彬. 而立之年 博士后制度出路何在[N]. 中国科学报,2015-03-19(5).

② 姚云,方芳,刘雪倩,等. 博士后发展年度研究报告(2018)[M]. 北京:学苑出版社,2019:93-94.

③ 姚云,方芳,曹昭乐,等. 博士后发展年度研究报告(2016)[M]. 北京:学苑出版社,2017:14.

争力(见表 2-1)，40 年过去了，尽管从资助的绝对值来看，不断有阶段性的提升，但是从相对比较优势来分析，我国博士后政策吸引力已今非昔比。1985 年博士后资助经费每年有 8000 元、12000 元，已超过当时高级专业技术人员的平均工资。1985 年博士后日常经费标准为 12000 元，全国职工平均工资为 1148 元，两者之比为 10.45：1；2019 年博士后日常经费标准为 80000 元，全国职工平均工资为 82461 元，两者之比为 0.97：1。长期以来，由于受待遇较低的影响，

表 2-1　39 年来博士后研究人员日常经费标准统计

项目 年份	政策来源	博士后研究人员日常经费标准（每人每年）	全国职工平均工资	博士后日常经费标准与全国职工平均工资比例
1986	《博士后研究人员管理工作暂行规定》(〔86〕国科发干字155 号)	12000 元	1329 元	9.03：1
1988	《全国博士后管委会办公室关于提高博士后研究人员日常经费标准的通知》(〔1988〕博管办字 10 号)	15000 元	1747 元	8.59：1
1994	《全国博士后管委会办公室关于提高博士后日常经费标准的实施办法和经费管理问题的通知》(博管办〔1994〕11 号)	20000 元	4538 元	4.41：1
2001	《人事部、全国博士后管委会关于调整博士后日常经费标准的通知》(人发〔2001〕68 号)	30000 元	10870 元	2.76：1
2006	《人事部、财政部关于调整博士后日常经费标准的通知》(国人部发〔2006〕112 号)	50000 元	21001 元	2.38：1
2015	《人力资源和社会保障部、财政部关于调整博士后日常经费标准的通知》(人社部函〔2015〕185 号)	80000 元	61240 元	1.31：1

来源：国家统计局数据库。

难以留住优秀的科技领域人才在国内从事博士后研究,尤其是那些从事第三次和第四次科技革命前沿领域研究的青年创新人才,无形中成为制约我国博士后人才培养的瓶颈。①

在"重引进、轻培养"氛围的影响下,近年来国内一些地方、高校和研究机构纷纷出台相当优惠的人才引进政策。博士后政策与之相比,资助力度黯然失色,在一些功利性很强的博士后看来,进行博士后研究徒劳无益,很多流动站和工作站纷纷反映难以招收到优秀的博士后人员。与此同时,随着企事业单位人事制度改革和养老保险制度改革的全面推进,社会保障不同步也在某种程度上将博士后沦为"弱势群体"。2020年,《自然》杂志从角色身份、薪资报酬、工作时间、新冠疫情影响、工作满意度与种族歧视、身心健康与工作前景等维度,对全球博士后展开了大规模调查。在工作满意度方面,整体状况良好,但仍存在一部分博士后面临诸多发展困境,其中,关于工作现状"满意"的比例在整体博士后群体中仅为12%,"正如其所预期"的比例达56%,而表示"不满"的比例达到了32%。②《自然》杂志三年一度的"全球薪酬和满意度调查"在2021年度新增了疫情因素。抽取该调查中关于博士后的数据,以资源保存理论为指导,探讨疫情背景下的组织支持对博士后学术职业倦怠的影响。研究发现:第一,疫情下全球博士后超五成样本表现出较高的学术职业倦怠;第二,疫情下的组织支持负向预测博士后学术职业倦怠;第三,疫情下博士后的工作意义感和工作满意度在组织支持和学术职业倦怠之间的单独中介效应显著、链式中介效应显著。③

① 赵硕.超级博士后:我国高层次人才培养的新视角[N].中国科学报,2019-12-18(7).
② WOOLSTON C. Postdoc survey reveals disenchantment with working life[J]. Nature, 2020 (7834): 505-508.
③ 蔡剑桥,杨洋,张楚廷.疫情下的组织支持与全球博士后学术职业倦怠的关系研究——基于《自然》杂志2021年对全球博士后的调查数据[J].中国人民大学教育学刊,2022(5): 43-60.

第三节　我国博士后政策的困境缘由

　　作为后发追赶型国家，我国博士后政策从创立之初就以服务国家发展大局为导向，具有很强的时代性、功利性和目的性，然而随着时代的变迁，政策的负面效应逐渐显现出来。"就中国博士后制度'异化'现象及其所造成的问题来说，审批供给、过度管束、评估机制失灵、多重委托代理问题以及偏离博士后制度本质和动机异化，都是主要的因素。从深层次来看，中国博士后制度的'异化'现象与整个大的制度框架有关，尤其是与中国的社会文化有关。因为最优博士后制度取决于一个国家的政治、经济、文化、自然资源和其他因素，而这些因素尤其是文化因素在各个国家中存在显著差异，所以不同的文化可能诱致不同的制度模式，进而为人们追求制度价值中的某种利益提供合理性根据。就此而言，中国博士后制度的'异化'现象既是中国特殊国情的产物，也是博士后制度本质属性的必然结果。"①综合分析，我国现行博士后政策受到较多质疑、陷入一定的路径依赖不是单一原因造成的，追根溯源，固然与政策僵化、利益固化等因素有一定关联，但从深层次来看，还是我国的政治、经济、文化、社会等因素发挥着更为重要的作用，可归结为时代变革、政策体系、社会评价和博士后本身等多种因素的综合效应。

---

① 　冯支越.中国博士后制度改革创新的实证研究[M].北京:北京大学出版社,2013:27.

一、时代变革因素：博士后政策导向发生了重大调整，各种人才支持计划纷纷出台

我国博士后政策初衷是通过制度化的平台设计，在整体计划体制下打造"人才管理特区"，吸引更多留学博士回国，解决国家和社会经济发展青黄不接的高层次人才匮乏问题。因而，从某种意义上来看，我国博士后政策是在特殊发展阶段、特殊时间节点，由特殊人物推动实施的一项特殊人才政策。它的特殊在于与同时代人才政策的格格不入、自上而下的强力推进。经过40年的政策变迁，时代发展的整体环境发生了翻天覆地的变革，我国博士后政策导向发生了重大调整，吸引留学博士回国早已不是我国博士后政策的主要目标，博士后政策也不再是吸引留学博士回国的主渠道，取而代之的是更有力度的各种引智计划。

为了吸引高层次留学人员回国，国家和地方纷纷出台极具人文特色的人才引进政策，资助强度远远大于博士后政策支持力度，例如，北京市的中关村"高聚工程""海外人才聚集工程"，上海市的"东方学者计划""曙光计划"，江苏省的"特聘教授计划""双创引才计划"，浙江省的"海外高层次人才引进计划"、杭州市的"521计划"和"5050计划"，福建省的"引进高层次创业创新人才计划"、"闽江学者奖励计划"，山东省的"泰山学者攀登计划"、济南市的"5150引才计划"，广东省的"珠江学者计划"、深圳市的"孔雀计划"，江西省的"井冈学者奖励计划""赣鄱英才555工程"，安徽省的"皖江学者计划"、百人计划，重庆市的"百名海外高层次人才集聚计划"等。

二、政策体系因素：政策环境发生了巨大变化，市场取代政府发挥主导作用

我国博士后政策脱胎于计划经济体制，契合自上而下、层层落实的政府强力主导的发展模式。由于中国"博士后"体制"借种"于国外，"催生"于国内，"寄养"于大学，造成它先天不足：它没有经过在大学与市场的对接中自然产生；它存在计划约束，这种约束存在科学管理的残缺和漏洞；它缺少明确的方向性，在国家人才战略布局中，处于游离状态，在政策规制中呈现出边缘化趋势。① 40 年来，我国改革开放事业发生翻天覆地的变化，政府与市场作为影响博士后政策成效和发展走向的最重要的两个变量，有着不同的价值取向和运行轨迹。在计划体制下，国家下订单，"博士后"生产——即研发；而在市场体制下，是"博士后"根据市场需求自己研发并出售智力成果；"博士后"在出售自己成果的同时也在一并出售自己的创造力；检验博士后研究人员的生存力、研发力和创造力，需要通过市场化的知识产权及相关成果交易完成。② 对比博士后政策制定之初和现今运行的两种体系，政府和市场的角色与地位发生质的转换，从政府主导、市场辅助到逐步让位于市场主导、社会参与、政府监管。"博士后建立之初，政府为该制度提供了两项公共产品：制度流动性和'指标人头费'。随着转型期社会改革的不断深化，这两种公共产品所依赖的社会条件不断'解构'，其优势已不仅为博士后制度所独有。"③

生产力与生产关系相一致是马克思主义的基本规律，当生产力发展了，变

---

① 文艳林，于惠芳. 一流大学建设与中国博士后制度的嬗变[J]. 中国高教研究，2011(4)：30-33.

② 文艳林，于惠芳. 一流大学建设与中国博士后制度的嬗变[J]. 中国高教研究，2011(4)：30-33.

③ 刘丹华，陈谷纲. 试论中国博士后制度发展模式的转型[J]. 中国科技论坛，2004(5)：141-144.

革生产关系就成为一种必需,部分博士后政策根据时代发展需求做出适时调整正是这种关系的反映。哪些政策解构了,为什么会解构,如何重新建构,解构与建构之间有怎样的内在关联？政策没有适时对相应条款做出修订。新旧政策发展格局的转换是一个比较长的你升我降、此消彼长的动态发展过程,旧的政策体系红利逐渐消解,新的政策体系尚在建构。通常,政策终结会遇到政策本身惯性、利益团体阻碍、社会舆论压力和终结成本支付等多重障碍的干扰。从博士后政策来看,维系政府主导的旧政策体系的惯性依然比较强大,同时市场导向的新政策体系的生产力要素没有得到充分释放,后者对前者并没有形成压倒性优势,新旧政策体系转换面临艰难的质的蜕变。

三、社会评价因素：社会评价标准从单一走向多元，对博士后认知产生重大差异

社会评价犹如一根指挥棒,不同评价主体、多重评价标准会导向差异化极大的评价结果。在改革开放初期,人才评价标准相对单一,"知识就是力量"格言重新焕发无限生机,加上"万般皆下品,唯有读书高"的传统思想影响,引进异域国度的博士后政策激发人们强烈的好奇心,博士后研究人员笼罩着神秘的光环效应,作为学术顶尖人才是"天之骄子"中的"骄子"。在国家相关人才政策叠加支持下,一批博士后陆续出站走上科研工作岗位,逐步成长为院士和各个行业的科技领军人才,众多高水平科研成果产生了良好的经济效益和社会效应,博士后成为社会认知度非常高的"金名片"。

随着社会转型步伐的加快,整个社会对科技和人才的评价更加多元化,人们对成功的定义也发生了深刻变化。这些折射在博士后研究人员身上,就是他们作为一个群体逐渐褪去了光环效应,人们不再用仰视和高不可攀的视角来看待他们,取而代之的是将他们作为普通人群来对待,能够比较客观、理性

地看待他们存在的一些问题。面对世界新一轮科技革命和产业变革，博士后作为高层次创新人才的价值得到国家和社会的进一步认同；与此同时，博士后学术失范、就业难、下岗和老赖等问题频频出现，一些博士后科研流动站招不到优秀博士后被称为"就业中转站"，一些博士后科研工作站长期招不到合适博士后沦为空壳与花瓶等，都是社会关注度比较高的问题。

四、博士后本身因素：规模快速扩张带来供求关系转换，博士后群体核心竞争力呈下降态势

时代不一样了，就业环境也不一样了，我们的政策却没有改变。[①] 我国博士后政策实行初期，作为国家重点投入、优先支持的对象，能获得博士学位已凤毛麟角，如果能进一步接受博士后的科研训练，那无疑拥有得天独厚的优质资源，做过博士后和没有做过博士后相比较，工作能力差别很大，博士后占据绝对的供不应求的卖方市场。随着社会经济多元化的发展和博士后招收规模的扩大，博士后供求关系的发展态势发生重大逆转，由供不应求的卖方市场逐渐向供大于求的买方市场转变。

由于博士后群体是高端学术型人才，就业面比较窄，博士后期望的岗位主要是高校和科研院所，而高校和科研院所定编定岗后的人员编制数基本固定，这就造成人才市场上供求关系的日益失衡，"皇帝的女儿不愁嫁"局面被打破，众多高校积极推行师资博士后政策就是这种供求关系的直接反映。"考虑到就业环境的变化，博士后最终能否获得教职很难准确估计。从这一角度来说，从事博士后工作并不是一次简单的学术晋升之旅，而更像是学术表现优秀者

---

① 陈彬.而立之年 博士后制度出路何在[N].中国科学报,2015-03-19(5).

的一场冒险活。"①当前,伴随市场竞争的日益加剧,最优秀的博士基本已经将就业代替做博士后作为毕业去向的首选,博士后政策所依赖的社会环境不断解构;与此同时,博士后群体从事博士后研究的动机更加复杂,面对学术职位供不应求状况,追求学术、探究科学变得不再纯粹,一些人将博士后平台作为跳板和镀金进行政策投机,进行变相的"借梯登高""曲线救国"。趋利避害是市场经济条件下作为理性人的自然选择,在特定条件下作为个体面对竞争日益激烈的市场环境,为了生存自然会做出对其自身利益最大化的本能选择,但作为政策的设计者,必须站在全局发展的高度,统筹规划、全盘考量政策的负面效应。

---

① 沈文钦,许丹东.优秀的冒险者:中国博士后的职业选择与职业路径分析[J].中国高教研究,2021(5):70-78.

随着我国博士后管理体制改革权力的下放、底部承重的不断深化，逐步形成由国家、地方(省、市、县等)、设站单位组成的三级管理体系，以及由国家级博士后科研流动站和工作站领衔，省级博士后站、博士后创新实践基地、博士后创新联合体等协同推进的分层分类培养体系，作为承上启下的枢纽，省级层面治理在整个博士后政策体系中承担着越来越重要的角色与使命。在系统梳理我国省级博士后政策的历史变迁的基础上，以新时期国家和区域经济社会发展的新形势和新需求为切入点，系统总结在国家博士后政策改革引领下省级博士后政策改革的新特点，客观分析存在的问题，并着眼未来提出若干建设性的改革思路。

第三章

我国省级博士后政策的历史变迁与改革探索

第一节 我国省级博士后政策的历史变迁

　　总结我国省级博士后政策的历史变迁，离不开对我国博士后工作管理体制的分析。我国博士后政策制定初期，其发展模式是小而精，全国范围内博士后科研流动站只有100多个，其中99％集中在中央所属的高等院校和科研院所，在站的博士后研究人员只有几百人，经费全部由国家财政负担。在博士后工作管理体制上实行二级管理，组织机构是高度扁平式的，最高机构是全国博士后科研流动站管理协调委员会（以下简称全国博士后管委会或博管办），直接同最基层的招收单位进行直线联系。在这种高度集权的行政管理体制下，不需要也不存在省级博士后管理部门。随着博士后规模的扩大和招收类型的增多，尤其是大量企业博士后科研工作站的建立，二级管理显得力不从心，尤其是省级博士后站的设立，推动省级博士后管理部门在整个博士后政策体系中发挥着更加重要的作用。

一、我国博士后管理体制由二级管理向三级管理的演变历程

　　为提高管理效能，国家陆续在博士后工作发展比较好、规模比较大的14

个省、市进行改革试点,其中,吉林省(1990 年)、辽宁省(1992 年)、黑龙江省(1992 年)、上海市(1992 年)、广东省(1992 年)、湖北省(1992 年)、江苏省(1995 年)、四川省(1997 年)、山东省(1998 年)、陕西省(1998 年)、重庆市(1999 年)、天津市(2000 年)、浙江省(2001 年)、湖南省(2001 年),探索由"国家—设站单位"二级模式向"国家—地方(部)—设站单位"三级管理模式转变,由当地省级人力资源社会保障部门承担本地区的博士后日常管理工作。以上海市为例,1993 年 7 月 7 日,上海市人事局发布《关于印发〈上海市博士后工作管理暂行办法〉的通知》(沪人〔1993〕10 号),上海市博士后工作办公室是管理上海市博士后工作的职能部门,接受全国博管会办公室的业务指导,负责督促和指导各设站单位贯彻落实国家有关博士后工作的方针政策,做好博士后工作,负责拟订本市博士后管理的有关规定,协调处理本市博士后管理工作的具体事务等。2007 年 12 月 21 日,上海市人事局发布《关于印发〈上海市博士后管理工作实施办法〉的通知》(沪人〔2007〕239 号),上海市人事局是上海市博士后管理工作的职能部门,下设上海市博士后工作办公室,具体承担以下职责:制订上海市博士后工作发展规划、政策措施和管理办法;督促和指导设有流动站、工作站的单位和创新实践基地贯彻落实国家有关博士后工作的方针政策,做好博士后工作;承办上海市的博士后设站申报、博士后创新实践基地设立申报、博士后工作评估、博士后人员进出站手续、博士后公寓管理等事宜;指导上海市博士后联谊会开展工作;协调处理上海市博士后管理工作的其他日常事务。市博管办接受全国博士后管委会办公室的业务指导。

2009 年 12 月 15 日,历经 20 年探索实践,人力资源和社会保障部、全国博士后管理委员会发布《关于推进博士后工作管理体制改革的意见》(人社部发〔2009〕174 号),全面推进博士后工作管理体制改革,逐步建立健全国家、地方(部门)和设站单位的分级管理体制。政策高度肯定试点工作的成效性,"实践证明,博士后工作管理体制改革试点,充分调动了各地区的工作积极性,发挥了地方人力资源社会保障、财政、科技、教育等部门的作用,制定了地区性的优惠政策,形成了多元化的投入机制,加快了博士后事业的发展,推动了高层次人才队伍建设工作,促进了各地区经济社会发展和科技进步"。与此同时,政策也强调了推进博士后工作管理体制改革的必要性,"博士后科研流动站和博士后科研工作站不仅在数量、专业和行业领域上有了很大发展,在地域分布上也更加均衡。目前,地方院校和科研院所设立流动站的数量已占流动站总数的40％,而博士后科研工作站则大部分建在地方企业"。

2012年11月14日,人力资源和社会保障部、全国博士后管理委员会发布《关于同意在北京市和江西省开展博士后工作分级管理的通知》(人社部函〔2012〕351号),同意在北京市和江西省开展博士后工作分级管理,从2013年1月1日起,在人力资源和社会保障部、全国博士后管理委员会指导下,统一开展本地区的博士后管理工作。2013年,江西省人力资源和社会保障厅根据国家批复,发布《关于博士后工作分级管理改革有关事项的通知》(赣人社发〔2013〕35号),从2013年6月1日起,实施博士后工作省级管理。江西省范围内(含中央驻赣单位)博士后研究人员进出站手续办理和博士后证书发放工作,统一到省人力资源社会保障厅办理。

2015年11月30日,国务院办公厅颁布《关于改革完善博士后制度的意见》(国办发〔2015〕87号),全面推开分级管理。逐步健全国家、省(区、市)、设站单位三级管理体制。国家博士后工作管理部门负责制订全国博士后工作发展规划、政策法规、管理制度,组织实施国家重点项目、资助计划,开展设站审批、交流服务等工作。省级博士后工作管理部门负责制定本省(区、市)博士后工作管理实施细则,开展进出站管理、经费资助、评估考核、服务保障等工作。设站单位负责博士后研究人员的招收、培养、考核、管理、服务等具体工作。

2017年3月,人力资源和社会保障部、全国博士后管理委员会出台《关于贯彻落实〈国务院办公厅关于改革完善博士后制度的意见〉有关问题的通知》,按照国务院推进简政放权、放管结合、转变政府职能的要求,进一步优化博士后工作平台建设。博士后科研流动站在5年内获得过综合评估优秀等次的,其设站单位中具有博士学位一级学科授予权或建有国家重点科研平台的非设站学科,经省级博士后管理部门推荐,全国博士后管委会办公室备案后,可招收博士后人员。博士后科研工作站设站 3 年以上、近 3 年累计招收博士后人员不少于 6 人、博士后工作成效突出的,经省级博士后管理部门推荐、全国博管办核准,可独立招收博士后人员。园区类工作站设立、注销分站,由省级博士后管理部门核准,报全国博管办备案。流动站、工作站严重违反博士后工作有关规定或丧失设站条件的,可由相应博士后管理部门提出建议,报全国博管办注销。

二、我国省级博士后站的探索与实践

我国博士后政策在相当长时间里,一直是由全国博士后管委会或博管办直接负责国家层面的博士后招收、出站等相关工作,并不存在省级博士后站的概念,转折点出现在 21 世纪初。伴随区域经济的崛起,许多企业产生招收博士后的强烈需求,但受国家统一招收博士后名额的限制,于是省级博士后站应运而生。总结省级博士后站的发展历程,有浙江省和云南省两种模式。浙江模式的省级博士后站是省级博士后科研工作站,主要是企业博士后科研工作站;云南模式的省级博士后站分为省级博士后科研流动站和省级博士后科研工作站。

(一)浙江模式的省级博士后站

2001 年 7 月 6 日,浙江省人民政府办公厅发布《关于转发省人事厅等部门关于加快我省博士后事业发展若干意见的通知》(浙政办发〔2001〕45 号),大力发展企业博士后科研工作站。今后一个时期,在争取人事部扩大浙江省企业博士后工作站规模的同时,要积极创办一批省级博士后科研工作站,使更多具有研究实力和条件、有充足科研课题以及能够作为长期培养基地的大型企业、科研生产型事业单位逐步建立博士后科研工作站。同时，要在高新技术产业开发区（园区）和留学人员创业园区建立综合服务性的博士后工作站，使工作站成为区内企业发展的"智囊团"和提高企业科技含量的服务站，促进高新技术产业的发展。

2008年12月25日，浙江省博士后工作办公室发布《关于印发〈浙江省博士后试点工作管理实施办法〉的通知》（浙博办〔2008〕1号），开展博士后试点工作，旨在通过指导、扶持有条件的企事业单位试运行博士后机制，积累博士后工作经验，为争取设立博士后科研工作站奠定基础。博士后工作试点单位是指经省人事厅授权后，依托博士后科研流动站合作招收博士后研究人员，试验性地开展博士后工作的企事业单位或高新技术开发、经济技术开发区等特殊区域性机构。

2014年12月5日起，浙江省实施省级博士后科研工作站"先设站、后授牌"备案制管理，把设站审批权限下放给各设区市，省人社厅重点做好招收情况的监管、评估等工作，推动企业博士后工作重点从建站审批转到招收服务。全省784家省级博士后科研工作站，90％设在企业，55％集中在数字经济、高端装备制造、新能源、新材料等战略性新兴产业，高度契合产业发展人才需求；同时，打通高校、企业人才创新链，吸引756名高校教师到企业从事博士后研究工作，成为博士后工作一道亮丽的风景线。[①]

2015年，浙江省人力资源和社会保障厅公布了万事利、贝达药业股份有限公司等74家具有浙江省博士后工作站设站资格的单位名单，这些单位可招收优秀博士毕业生、高校青年博士教师，进站开展博士后研究工作。招收进站后，省人力社保厅将授予"浙江省博士后工作站"牌子。

2018年11月4日，《中共浙江省委组织部等6部门关于印发〈进一步加强博士后工作培养高层次创新型青年人才意见〉的通知》（浙人社发〔2018〕120号）

---

① 王修来.中国博士后发展报告（2021）[M].北京：中国人事出版社，2022：47-48.

下发，积极推进设站管理改革。一是实施省级博士后工作站"先设站、后授牌"备案管理。符合博士后工作站建站条件的企事业单位，经设区市人力社保部门审核同意、报省人力社保厅日常备案后，可设站开展博士后研究人员招收工作。对设站单位首次招收博士后研究人员进站的，授予"浙江省博士后工作站"牌子，并统一发文公布授牌名单。二是优化设站结构布局。建立博士后设站引导目录，围绕加快培育发展新动能，以支持重点学科建设和产业创新发展为立足点开展设站工作。在人工智能、大数据等数字经济发展重点领域、战略性新兴产业、急需改造提升的传统制造业中，培育支持一批设站单位。支持之江实验室等重大创新平台博士后工作站建设，加大省级重点企业研究院等重要平台设站支持力度。三是开展地方院校博士后设站工作。在符合条件的地方高校设立省级博士后工作站，依托省内外高校博士后科研流动站学科资源开展博士后工作，为浙江省地方院校引人育人、师资储备、培养骨干青年教师搭建平台。四是推进园区类工作站分站建设。加强高新技术园区、经济开发区、省留学人员创业园、千人计划产业园等园区类工作站建设，支持特色小镇博士后工作平台建设，积极为成长型科技创新企业提供博士后工作服务。做好园区类国家级博士后工作站分站设立、注销的审批核准工作。五是建立健全设站考核评估机制。制定博士后工作站建设管理地方标准，完善博士后管理考核评估办法。省博士后工作管理部门定期开展新设博士后流动站、工作站评估工作，对评估结果优秀的单位按有关规定予以表扬，对评估不合格的单位予以警告、限期整改直至撤销设站资格。新设站评估和整改验收结果报全国博管办备案。政策同时强调健全省、市、县分级管理。健全完善由党委人才领导小组牵头，人力社保部门具体实施，教育、科技、财政等部门共同配合的博士后工作管理协调机制。

2019 年 1 月 21 日，浙江省市场监督管理局批准发布《博士后科研工作站建设管理规范》省级地方标准。这是全国首个省级博士后科研工作站建设管理规范地方标准，为企业建站提供了标准化的浙江模板；开发全国首个博士后工作管理系统,博士后管理工作事项实现一网通办。① 浙江省开发全国首个省级博士后工作管理系统,博士后管理工作事项实现一网通办;发挥博士后联谊会作用,不定期举办学术技术交流和科技服务活动;通过政府购买服务等方式,支持社会组织为工作站提供个性化服务。② 除企业,浙江省级博士后工作站也逐渐在向高校拓展、延伸。2019 年 5 月,浙江大学城市学院设立博士后工作站,这是浙江省首个省级高校博士后工作站,以浙江大学博士后流动站为依托和浙江大学母体师资支撑,联合招收优质博士后。2021 年 1 月,浙江中德生命健康教育研究院获得省博士后工作办公室批准,成为浙江科技学院首个博士后工作站。

在浙江省级博士后工作站的示范效应下,江苏、安徽、山东、重庆等省(自治区、直辖市)也纷纷出台相应的省级博士后工作站政策。2008 年,为完善博士后工作体系,充分发挥博士后制度在高层次人才队伍建设和技术创新工作中的重要作用,加快建立以企业为主体的技术创新体系,促进产学研结合,促进科技成果转化为生产力,《江苏省博士后科研工作站管理工作实施办法》(苏人通〔2008〕286 号)实施,开始在全省范围内实施博士后科研工作站(以下简称省级博士后工作站)创建工作。2010 年,安徽省人力资源和社会保障厅发布《关于开展省级企业博士后科研工作站申报设立试点工作的通知》(皖人社秘〔2010〕416 号),开始在全省范围内实施省级企业博士后科研工作站创建工作。2010 年 12 月 28 日,安徽省人力资源和社会保障厅发布《关于批准安徽安利合成革股份有限公司等 12 个单位设立安徽省企业博士后科研工作站的通知》(皖人社秘〔2010〕531 号),经专家评审,安徽安利合成革股份有限公司等 12 个单位设立安徽省企业博士后科研工作站,开展博士后工作。2018 年 12 月 24 日,山东省人力资源和社会保障厅、山东省财政厅发布《关于印发山东省博士后资助项目及经费管理办法的通知》(鲁人社规〔2018〕21 号),博士

---

① 浙仁轩.浙江引导博士后向创新一线集聚[N].中国组织人事报,2020-12-07(3).
② 王修来.中国博士后发展报告(2021)[M].北京:中国人事出版社,2022:48.

后资助项目主要包括:省博士后创新项目;省博士后创新人才支持计划;省企业博士(后)集聚计划;省博士后设站招收补贴;经省人力资源社会保障厅、省财政厅审核确定的其他资助项目。省博士后创新项目是指对省内在站(基地)博士后研究人员自主创新项目研究择优支持。申报项目应为原创性、基础性、前瞻性、战略性课题研究,选题范围紧密结合山东经济社会与科技发展重点领域及方向,聚焦山东省新旧动能转换重大工程、海洋强省建设、乡村振兴等重大发展战略,具有较大的理论创新意义和较好的市场应用转化前景。省博士后创新人才支持计划是指结合山东省高校、科研院所、国家或省重点实验室等科研基地,聚焦国家、省重大发展战略、战略性高新技术和基础科学前沿领域,择优遴选应届或新近毕业的优秀博士,专项资助其从事博士后研究工作,争取加速培养一批国际一流的创新型人才。省企业博士(后)集聚计划是指对在省内企业博士后科研工作站进行科学研究的博士后研究人员给予生活补贴;对出站后留(来)鲁到企业工作的博士后研究人员给予一次性补贴,旨在引导和支持博士后等青年优质人才资源向企业集聚,打造产学研用完整链条,促进山东省人才与产业协同发展。2020 年 9 月 3 日,《重庆市人力资源和社会保障局办公室关于开展 2020 年市级博士后科研工作站申报工作的通知》(渝人社办〔2020〕249 号)发布,决定设置一批市级博士后科研工作站,吸引集聚一批博士后青年创新人才从事科研工作。

(二)云南模式的省级博士后站

2017 年 7 月 12 日,云南省人力资源和社会保障厅发布《关于印发〈云南省设立省级博士后站实施办法〉的通知》(云人社发〔2017〕110 号)。省级博士后站是指经省人力资源和社会保障厅批准,可以招收博士后研究人员,围绕创新进行科学研究、技术开发、成果转化的组织,分为省级博士后科研流动站和省级博士后科研工作站。满足下列条件之一的高等院校或科研院所,可申报设立省级博士后科研流动站:①具有相应学科的博士学位授予权;②具有相应学科的硕士学位授予权，并已培养出一届以上的硕士毕业生。符合下列条件并具备独立法人资格的企事业单位，可申报设立省级博士后科研工作站：①具有一定的生产经营规模、经营管理状况良好的企业；②从事技术开发和生产经营型的事业单位；③州市以上高新技术开发区、经济技术开发区、创业园区。除此以外，建有省部级以上重点实验室、省级工程技术研究中心、人文社科研究基地等科研平台或者承担省部级以上重点项目的单位也可申请设立省级博士后站。2018 年 4 月 11 日，《云南省人力资源和社会保障厅 云南省财政厅关于印发〈云南省博士后科研基金管理办法〉的通知》（云人社发〔2018〕20 号）发布，省财政从 2017 年起投入 300 万元，设立省级博士后科研基金，以后年度根据基金使用绩效对投入资金规模进行调整，投入期限不超过 5 年，接受社会各机构、团体、单位或个人的赞助和捐赠，严禁任何组织、部门、单位、个人截留、挤占、挪用博士后基金。鼓励各地区、各部门、各设站单位予以配套资助；对根据《云南省设立省级博士后站实施办法》批准设立的省级博士后站，一次性给予 10 万元资助。

2018 年 8 月 6 日，云南省人力资源和社会保障厅发布《关于开展 2018 年省级博士后站申报认定工作的通知》（云人社通〔2018〕116 号），云南省具有博士学位授予权的高等院校（科研院所）、具备独立法人资格的各类企业、从事科学研究和技术开发的事业单位以及州市以上高新技术开发区、经济技术开发区、创业园区，符合申报条件的，均可以申报设立省级博士后站。2023 年，云南省人力资源和社会保障厅发布《关于印发〈云南省博士后工作管理细则〉的通知》（云人社通〔2023〕30 号），云南省级内的流动站、工作站，按层次分为国家站（国家级流动站、工作站）和省级站（省级流动站、工作站），省级站又称博士后创新实践基地。省级站（博士后创新实践基地）是省人力资源和社会保障厅审核确认设立的流动站和工作站。2023 年 10 月 30 日，云南省人力资源和社会保障厅发布《关于开展云南省 2023 年度省级博士后站申报备案工作的通知》，省级博士后站设站实行"条件控制、动态管理"的方式，采用"招收即设站"备案管理制度。

第二节　我国省级博士后政策的改革探索

新时期,随着《关于改革完善博士后制度的意见》《关于贯彻落实〈国务院办公厅关于改革完善博士后制度的意见〉有关问题的通知》等一系列政策文件的颁布,各省、自治区、直辖市(以下简称"省级")纷纷制定相应的改革完善博士后制度的实施意见,推动省级博士后政策改革如火如荼,形成你追我赶、蓬勃发展的态势。立足国家和区域经济社会发展的新形势,以近年来我国31个省级博士后政策文本为基础,以各省级生动的博士后政策改革实践为观照,直面发展中存在的问题,积极探寻新时期我国省级博士后政策改革的有效路径。

一、我国省级博士后政策改革的现实背景

(一) 国家博士后政策的调整对省级博士后政策改革提出新要求

近年来,随着我国博士后管理体制改革的进一步深化,一大批省级博士后站、博士后创新实践基地、博士后创新联合体等纷纷建立,以省级统筹为主的新型博士后管理体制正在悄然形成。但无论省级博士后政策主管部门的自主权扩展到多大,它对于上位政策——国家博士后政策都有无条件执行的

义务,它的所有规定原则上都不能与国家博士后政策文本和精神相抵触。伴随国家博士后政策发生重大变动,省级博士后政策也必然要进行相应的调整与改变。

(二)区域经济社会转型发展对省级博士后政策改革提出新需求

近年来,随着我国经济发展已由高速增长转向高质量发展阶段,区域经济"腾笼换鸟"转型发展的步伐逐渐加快,由此带来更加激烈的科技之拼、人才之争,尤其是围绕高层次人才的竞争日趋白热化。众多省(区、市)适时出台人才新政,如上海市"人才新政 30 条"、广东省"人才新政 24 条"、江苏省"人才新政 26 条"、浙江省"人才新政 25 条"、山东省"人才新政 32 条"、山西省"人才新政 12 条"、吉林省"人才新政 18 条"等,纷纷将博士后政策作为集聚高层次人才的重要抓手,吹响"人才集结号"(见表 3-1)。与此同时,许多地方把深入实施博士后政策作为推动区域经济转型、产业升级的一项重要举措。

表 3-1　新时期部分省(区、市)出台人才新政涉及的博士后政策

序列	省(区、市)	人才政策	涉及博士后政策相关内容	文号
1	上海市	中共上海市委、上海市人民政府《关于进一步深化人才发展体制机制改革　加快推进具有全球影响力的科技创新中心建设的实施意见》	探索将来沪外籍博士后纳入外国人来华工作许可申办范围。优化博士后培养机构运作机制。推动博士后科研"两站一基地"(流动站、工作站、创新实践基地)和企业科技创新"四平台"(企业工程研究中心、工程实验室、工程技术研究中心、企业技术中心)协同发展。通过政策、资金、人才、服务叠加,在高端人才发现、博士后人才培养、技术项目研发、院所与企业导师互聘、青年科研人才实践等方面,形成人才、项目、产品相互融合的产学研用合作机制。深入实施企业博士后工作站独立招收博士后科研人员。鼓励支持研发能力强、产学研用结合成效显著的企业独立招收博士后。吸引国外优秀青年人才来沪从事博士后研究,扩大外籍博士后招生规模	沪委发〔2016〕19 号

续表

序列	省(区、市)	人才政策	涉及博士后政策相关内容	文号
2	广东省	中共广东省委印发《〈关于我省深化人才发展体制机制改革的实施意见〉的通知》	实施海外青年人才引进计划,支持外籍(境外)和有留学经历的博士毕业生在我省从事博士后研究工作,省财政分2年给予进站博士后每人60万元生活补贴,出站后留在我省工作的,省财政给予每人40万元住房补贴	粤发〔2017〕1号
3	江苏省	中共江苏省委印发《〈关于聚力创新深化改革 打造具有国际竞争力人才发展环境的意见〉的通知》	实施优秀博士后培育计划,着力资助培养符合我省重点学科、产业发展方向的博士后,不断提高培养质量	苏发〔2017〕3号
4	浙江省	中共浙江省委、浙江省人民政府《关于深化人才发展体制机制改革 支持人才创业创新的意见》	强化博士后科研工作站(流动站)评估管理,鼓励招收外籍博士后研究人员,允许有条件的博士后科研工作站独立招收博士后研究人员,实现省级重点企业研究院博士后工作站全覆盖	浙委发〔2016〕14
5	山东省	中共山东省委、山东省人民政府《关于印发〈关于实施"人才兴鲁"行动打造新时代人才聚集高地的若干措施〉的通知》	到山东省博士后科研工作站开展研究、首次入站且无工资收入的博士后,省财政统筹给予生活补助。全球TOP200高校、自然指数前100名高校、科研院所以及双一流建设高校博士后来(留)鲁工作且签订3年以上劳动(聘用)合同的,省财政统筹给予补助(视同省政府奖励)	鲁发〔2020〕2号
6	山西省	中共山西省委人才工作领导小组《关于印发〈山西省建设人才强省 优化创新生态的若干举措〉的通知》	对进站的博士后研究人员,专项补助由每人每年3万元提高到8万元,补助期限为2年。对出站后留(来)晋工作的博士后研究人员,一次性给予20万元安家费、10万元项目资助	晋人才〔2020〕1号
7	吉林省	中共吉林省委、吉林省人民政府《关于激发人才活力支持人才创新创业的若干意见》	国家或省级博士后研究人员和留学回国人才科研资助项目优秀主要完成人,直接列为省拔尖创新第三层次人才人选	吉发〔2018〕4号
8	辽宁省	中共辽宁省委、辽宁省人民政府《关于印发〈深入实施"兴辽英才计划" 加快推进新时代人才强省建设若干政策措施〉的通知》	支持民营企业积极申请设立博士后工作站和省级博士后创新实践基地,吸引和培养高层次青年人才来辽回辽创新创业	辽委发〔2022〕3号

序列	省(区、市)	人才政策	涉及博士后政策相关内容	文号
9	天津市	中共天津市委、天津市人民政府《关于深入实施人才引领战略加快天津高质量发展的意见》	广泛储备创新后备人才。以人工智能、新一代通信与智能网络、大数据、区块链、量子科技、生物医药、新能源、新材料、高端制造、金融科技等前沿领域为重点，每年面向世界排名靠前的高校(学科)遴选一批海内外优秀博士，依托博士后科研流动站、博士后科研工作站培养，在科研项目、导师带培、学术交流等方面给予重点支持，储备一批具有发展潜力的青年创新人才	津委发〔2021〕20号
10	内蒙古自治区	《内蒙古自治区党委自治区人民政府关于加强和改进新时代人才工作的实施意见》	吸引国内外优秀博士在内蒙古自治区开展博士后研究，对新进站的博士后给予为期2年、每人每年10万元生活补助；出站后留在内蒙古自治区工作的，一次性给予30万元科研经费支持。对新建立院士(专家)工作站、博士后工作站(流动站)和博士后创新实践基地的单位一次性分别给予100万元、30万元、10万元资金支持	—
11	安徽省	中共安徽省委、安徽省人民政府《关于实施新时代"江淮英才计划"全面夯实创新发展人才基础的若干意见》	到2025年，全省博士后科研流动站和工作站总数达到600个左右，累计招收博士后研究人员达8000人，进站外籍、留学回国博士和出站留皖博士后研究人员大幅增加，人才吸引效应显著增强，培养质量明显提升，为安徽省实现创新驱动发展提供有力的青年高端人才智力支持	皖发〔2018〕34号
12	河南省	中共河南省委、河南省人民政府《关于深化人才发展体制机制改革加快人才强省建设的实施意见》	强化国家和省级重点实验室、工程实验室、协同创新中心、制造业创新中心、企业技术中心、工程研究中心、工程技术研究中心、省优势特色学科、博士后科研流动站(工作站)及产业技术创新联盟等高层次创新创业平台集聚人才作用，将引才用才情况作为平台绩效评估、考核评价和项目申报重要指标。提高来豫留学博士生奖学金和博士后安家费标准，在现有财政安排博士后安家费基础上，高校可对博士后安家费再予补助。鼓励高校、科研院所和企业设立博士后科研流动站(工作站)和研发基地，积极推荐研发能力强、产学研结合成效显著的博士后科研工作站申报独立招收博士后研究人员	豫发〔2017〕13号

续表

序列	省(区、市)	人才政策	涉及博士后政策相关内容	文号
13	湖北省	中共湖北省委、湖北省人民政府《关于加强科技创新引领高质量发展的若干意见》	实施博士后人才倍增计划。加大招收力度,面向国内外知名高校,吸纳博士毕业生来鄂从事博士后研究工作;对国家日常经费保障以外的博士后研究人员,由财政按相同标准给予经费支持;企业引进博士后支付的住房补贴、安家费等,可按规定税前扣除。扩大设站数量,支持高校院所、医疗卫生机构、大型工业企业和高新技术企业等申报设立博士后工作站,由各级财政对新增设站的给予建站补贴;优化博士后创新实践基地运行机制,鼓励创新实践基地加大研究人员招收力度。完善支持政策,出站博士后在教学科研和企业研发等专业技术岗位工作满1年,经考核优秀的,可直接参评高级职称	鄂发〔2018〕28号
14	四川省	中共四川省委《关于深入推进创新驱动引领高质量发展的决定》	支持企业设立博士后科研工作站。设立省级博士后专项资金,加大博士后培养引进支持力度	—
15	陕西省	中共陕西省委印发《〈关于深化人才发展体制机制改革的实施意见〉的通知》	改革博士后制度,发挥高校、科研院所、企业在博士后研究人员招收培养中的主体作用,有条件的博士后科研工作站可独立接收博士后研究人员,加大对留陕博士后研究人员的激励力度	陕发〔2016〕11号
16	吉林省	中共吉林省委、吉林省人民政府《关于激发人才活力支持人才创新创业的若干意见》	加大对博士后人才培养激励力度。对科技成果突出、有发展潜力的在站博士后研究人员,可按规定推荐申报国家高层次人才支持计划,择优给予最高不超过20万元科研资助经费,可直接申报副高级职称。出站博士后研究人员与吉林省用人单位签订5年及以上聘用合同的,由省财政给予最高不超过10万元科研启动资金,评聘副高级职称后工作满3年,可申报正高级职称。对省内事业单位引进的或出站后留吉工作的博士后研究人员,经推荐可择优认定为D类人才。每年选派或引进5~10名优秀博士后研究人员开展国际交流,由省财政给予每人最高不超过20万元的资助。在全国博士后创新创业大赛获得金、银、铜奖项目的团队和选手,按照国家奖励标准匹配奖励;获奖项目在吉林省转化落地的,省财政给予最高不超过50万元奖励资金	吉发〔2022〕18号

序列	省(区、市)	人才政策	涉及博士后政策相关内容	文号
17	福建省	中共福建省委印发《〈关于深化人才发展体制机制改革的实施意见〉的通知》	省自然科学基金和省社科规划项目设立"青年科技人才创新项目"和"杰出青年项目"专项,用于支持博士后和优秀青年科技人才的科研工作。吸引国内外优秀青年人才来闽从事博士后研究。鼓励高校、科研机构和企业设立博士后科研流动站、工作站。支持有条件的博士后科研工作站独立招收博士后研究人员,不断加大博士后研究人员招收培养力度。探索设立海峡博士后交流资助计划	闽委发〔2016〕21号
18	西藏自治区	西藏自治区党委办公厅印发《关于加强和改进新时代西藏人才工作的若干措施(试行)》	院士工作站、博士后科研流动站(工作站),每进站1名院士、博士分别给予200万元、50万元支持	藏党办发〔2022〕22号

二、我国省级博士后政策改革的显著特点

(一) 反应快,紧跟国家政策发展变化

进入新时期,随着国家博士后政策的修订,各省(区、市)密集出台了相应的博士后政策(见表3-2)。一些省(区、市)甚至在新政策刚颁布不久又根据新情况、新问题及时"打补丁"。

重庆市在颁布全面落实国家博士后政策《关于改革完善博士后制度的实施意见》的基础上,相继出台《重庆市博士后创新人才支持计划》《重庆市博士后资助资金管理办法》《重庆市博士后研究人员职称评定办法》《进一步加快博士后事业创新发展若干措施》等,体现了重庆市对于博士后政策的高度重视。2020年7月31日,中共重庆市委组织部、重庆市人力资源和社会保障局、重庆市教育委员会、重庆市科学技术局、重庆市财政局、重庆市住房和城乡建设

委员会发布《关于印发〈进一步加快博士后事业创新发展若干措施〉的通知》（渝人社发〔2020〕70 号），推动实施"博士后倍增计划"，进一步完善博士后资助政策。提高重庆市"博士后创新人才支持计划""博士后研究项目特别资助"等资助数量，给予最高每人两年 60 万元培养经费资助。有条件的区、县和设站单位对市级资助可按 1∶1 进行配套资助。实施重庆大学博士后专项支持计划，支持 3 年内新增在站博士后 1000 名，市财政投入 3 亿元经费予以专项支持，在专项实施周期内市级博士后资助资金不再重复支持。以培养基础研究领域青年创新人才为目标，市科技局在自然科学基金中设立"博士后自然科学基金"项目，支持博士后自主开展探索性、原创性研究，鼓励博士后潜心科研，择优给予每人两年 10 万元科研资助。2020 年 9 月 3 日，重庆市人力资源和社会保障局办公室发布《关于开展 2020 年市级博士后科研工作站申报工作的通知》（渝人社办〔2020〕249 号），决定设置一批市级博士后科研工作站，吸引集聚一批博士后青年创新人才从事科研工作。2021 年 4 月 1 日，为促进博士后人才合理流动和高效集聚，助推成渝地区双城经济圈建设，四川省人社厅与重庆市人力社保局签订《川渝博士后人才发展战略合作协议》，成立川渝博士后人才发展联盟，进一步整合川渝两地博士后平台资源，形成资源效益，积极向人社部争取在川渝协同发展示范区设立国家级工作站（园区站）等。

表 3-2　新时期各省（区、市）落实国家博士后政策

序列	省（区、市）	政策	文号
1	北京市	全国博士后管委会办公室《关于进一步规范博士后研究人员及随迁人员办理北京市常住户口工作的通知》	博管办〔2018〕106 号
2	天津市	天津市人民政府办公厅《关于改革完善我市博士后制度的实施意见》	津政办发〔2017〕26 号
		天津市人力资源和社会保障局《关于印发〈天津市新医科和生物医药产业博士后创新联合体建设方案〉的通知》	津人社办发〔2021〕19 号
		天津市人力资源和社会保障局《关于印发〈天津市青年科学家培育支持措施〉的通知》	津人社办发〔2021〕94 号

续表

序列	省(区、市)	政策	文号
3	山西省	山西省财政厅、山西省人力资源和社会保障厅《关于印发〈奖励博士毕业生及博士后研究人员来晋工作实施办法〉的通知》	晋财教〔2020〕96号
4	河北省	河北省人民政府办公厅《关于改革完善博士后制度的实施意见》	冀政办字〔2016〕22号
		全国博士后管委会办公室、河北省人力资源和社会保障厅《关于印发〈中国(河北)博士后成果转化基地管理办法〉的通知》	冀人社发〔2016〕59号
		河北省人力资源和社会保障厅《关于印发〈河北省博士后创业基金管理办法〉的通知》	冀人社规〔2018〕15号
5	内蒙古自治区	内蒙古自治区人力资源和社会保障厅《关于印发〈内蒙古自治区博士后工作管理办法〉的通知》	内人社〔2018〕40号
6	上海市	上海市人力资源和社会保障局、上海市财政局《关于印发〈上海市"超级博士后"激励计划实施办法〉的通知》	沪人社专〔2018〕194号
		《关于本市单位招收的博士后研究人员参加社会保险有关问题的通知》	沪人社养〔2018〕113号
		上海市人力资源和社会保障局《关于印发〈上海市博士后管理工作实施办法〉的通知》	沪人社专〔2020〕379号
		上海市人力资源和社会保障局、上海市财政局《关于印发〈上海市"超级博士后"激励计划实施办法〉的通知》	沪人社专〔2020〕223号
		上海市人力资源和社会保障局《关于开展本市博士后揭榜领题常态化活动的通知》	沪人社专〔2022〕294号
7	江苏省	江苏省人力资源和社会保障厅《关于开展2016年省级示范博士后科研工作站评选工作的通知》	苏人社函〔2016〕417号
		江苏省人力资源和社会保障厅《关于设立江苏省(苏州)博士后创投中心的通知》	苏人社发〔2017〕163号
		江苏省人力资源和社会保障厅《关于举办首届江苏省博士后创新创业大赛的通知》	苏人社函〔2018〕485号
		江苏省人力资源和社会保障厅《关于组建江苏省专家和博士后服务团的通知》	苏人社函〔2018〕512号
		江苏省政府办公厅《关于推动博士后工作高质量发展的意见》	苏政办发〔2020〕8号
		江苏省人力资源和社会保障厅《关于进一步加强企业博士后创新实践基地建设的通知》	苏人社函〔2022〕448号
		中共江苏省委人才工作领导小组、江苏省人力资源和社会保障厅办公室、江苏省财政厅《关于印发〈江苏省卓越博士后计划实施办法(试行)〉的通知》	苏人社发〔2022〕33号

续表

序列	省(区、市)	政策	文号
8	浙江省	中共浙江省委组织部等6部门《关于印发〈进一步加强博士后工作培养高层次创新型青年人才意见〉的通知》	浙人社发〔2018〕120号
		浙江省人力资源和社会保障厅、浙江省财政厅《关于调整博士后研究人员日常经费等资助标准及范围的通知》	浙人社发〔2021〕1号
9	安徽省	《关于印发〈安徽省博士后工作经费管理办法〉的通知》	皖人社秘〔2017〕199号
		《安徽省博士后管理工作规定》	皖人社发〔2017〕64号
		安徽省人社厅发布《关于进一步加强博士后科研工作(流动)站建设工作的实施意见》	皖人社发〔2019〕12号
		安徽省人力资源和社会保障厅《关于印发〈安徽省博士后研究人员高级职称评审认定工作实施办法(试行)〉的通知》	皖人社秘〔2020〕230号
		安徽省人力资源和社会保障厅《关于举办安徽省博士后青年英才系列活动的通知》	皖人社明电〔2021〕83号
		安徽省人力资源和社会保障厅《关于开展2022年度博士后国际交流计划省部联合资助引进项目申报工作的通知》	皖人社明电〔2022〕62号
		安徽省人力资源和社会保障厅、安徽省财政厅《关于进一步做好博士后工作的通知》	皖人社秘〔2022〕136号
10	山东省	山东省人民政府办公厅印发《关于改革完善博士后制度的实施意见的通知》	鲁政办发〔2017〕44号
		山东省人力资源和社会保障厅、山东省财政厅《关于印发〈山东省博士后资助项目及经费管理办法〉的通知》	鲁人社规〔2018〕21号
		山东省人力资源和社会保障厅《关于印发〈山东省博士后创新实践基地管理办法〉的通知》	鲁人社字〔2020〕91号
		《山东省推动建立博士后科研流动站和科研工作站(创新实践基地)稳定合作机制的若干措施》	鲁人社字〔2020〕102号
		山东省人力资源和社会保障厅《关于印发〈山东省博士后工作管理办法〉的通知》	鲁人社规〔2022〕1号
		山东省人力资源和社会保障厅、山东省财政厅《关于印发〈山东博士后科学基金管理办法〉的通知》	鲁人社字〔2022〕167号

续表

序列	省(区、市)	政策	文号
11	江西省	《关于印发〈江西省博士后创新实践基地评估办法(试行)〉的通知》	赣人社发〔2019〕40号
		江西省省委人才工作领导小组出台"博士后九条"	—
12	福建省	福建省人力资源和社会保障厅《关于贯彻国务院办公厅改革完善博士后制度的实施意见》	闽人社发〔2016〕2号
		福建省人力资源和社会保障厅、福建省财政厅《关于印发〈海峡博士后交流资助计划(试行)〉的通知》	闽人社发〔2017〕3号
		福建省财政厅、人社厅《关于印发〈海峡博士后交流资助计划专项资金管理办法(试行)〉的通知》	闽财社〔2017〕32号
		福建省人力资源和社会保障厅《关于实施"闽港澳博士后交流项目"有关事项的通知》	闽人社文〔2018〕219号
		福建省人力资源和社会保障厅《关于注销福州大学数学等2个博士后流动站和福建归真堂药业股份有限公司等10个博士后科研工作站的通知》	闽人社文〔2021〕15号
13	河南省	河南省人民政府办公厅《关于改革完善博士后制度的实施意见》	豫政办〔2017〕122号
		河南省人力资源和社会保障厅《关于印发〈河南省博士后创新实践基地管理办法〉的通知》	豫人社办〔2017〕59号
		河南省人力资源和社会保障厅、河南省财政厅、河南省教育厅、河南省公安厅《关于印发〈河南省博士后工作管理办法〉的通知》	豫人社规〔2020〕2号
14	湖北省	湖北省人民政府办公厅《关于实施博士后人才倍增计划的意见》	鄂政办发〔2019〕47号
		湖北省人力资源和社会保障厅《关于开展博士后创新实践基地申报工作的通知》	鄂人社函〔2019〕149号
		湖北省人力资源和社会保障厅《关于印发〈湖北省博士后工作经费使用管理办法(试行)〉的通知》	鄂人社函〔2020〕127号
		湖北省人力资源和社会保障厅《关于实施"湖北省博士后尖端人才引进计划""湖北省博士后优秀人才跟踪支持计划"的通知》	鄂人社发〔2023〕28号

续表

序列	省(区、市)	政策	文号
15	湖南省	中共湖南省委组织部、湖南省人力资源和社会保障厅《关于在我省中小微企业建立博士后科研流动站协作研发中心的指导意见》	湘人社发〔2016〕82号
		中共湖南省委组织部、湖南省人力资源和社会保障厅、湖南省教育厅、湖南省科学技术厅、湖南省财政厅、湖南省机关事务管理局《关于印发〈湖南省关于改革完善博士后制度的实施意见〉的通知》	湘人社发〔2017〕96号
		湖南省人社厅《关于改进博士后管理服务工作的通知》	湘人社函〔2019〕21号
		湖南省人力资源和社会保障厅《关于进一步加强企业博士后创新创业实践基地建设的通知》	湘人社规〔2022〕8号
16	广东省	广东省人民政府办公厅转发国务院办公厅《关于改革完善博士后制度意见的通知》	粤府办〔2016〕73号
		《关于加快新时代博士和博士后人才创新发展的若干意见》	粤组通〔2017〕46号
		广东省人力资源和社会保障厅《关于做好广东省博士后创新实践基地管理服务工作的通知》	粤人社规〔2017〕6号
		广东省人力资源和社会保障厅《关于做好广东省博士后创新实践基地管理服务工作的通知》	粤人社规〔2022〕8号）
17	广西壮族自治区	《关于印发〈广西博士后创新实践基地管理规定（试行）〉的通知》	桂人社发〔2016〕26号
		广西壮族自治区人民政府办公厅《关于印发〈广西加强博士后管理工作实施办法〉的通知》	桂政办发〔2017〕133号
18	海南省	海南省人民政府办公厅《关于改革完善我省博士后制度的实施意见》	琼府办〔2016〕166号
		海南省财政厅、中共海南省委组织部《关于印发〈海南省博士后资助资金管理暂行办法（修订）〉的通知》	琼财行规〔2019〕4号
		中共海南省委人才发展局、海南省财政厅《关于印发〈海南省博士后管理工作实施办法〉的通知》	琼人才局通〔2022〕4号

序列	省(区、市)	政策	文号
19	黑龙江省	黑龙江省人力资源和社会保障厅、黑龙江省财政厅《关于印发〈科技行业、产业园区设立博士后科研工作站财政补贴资金管理办法〉的通知》	黑人社规〔2017〕26号
		《关于开展2020年博士后国际交流计划引进项目(黑龙江专项)申报工作的通知》	黑人社函〔2020〕270号
		黑龙江省人力资源和社会保障厅《关于印发〈黑龙江省博士后创新实践基地实施办法(试行)〉的通知》	黑人社发〔2022〕33号
		黑龙江省人力资源和社会保障厅《关于印发〈黑龙江省博士后专项经费使用管理办法(试行)〉的通知》	黑人社函〔2022〕441号
20	辽宁省	辽宁省人民政府办公厅《关于改革完善博士后制度的实施意见》	辽政办发〔2016〕73号
		中共辽宁省委组织部、辽宁省人力资源和社会保障厅、辽宁省教育厅、辽宁省科学技术厅、辽宁省财政厅《关于印发〈辽宁青年英才储备计划实施办法〉的通知》	辽人社发〔2018〕7号
		辽宁省人力资源和社会保障厅《关于开展2022年度"兴辽英才计划"博士后培养平台资助项目申报工作的通知》	辽人社函〔2023〕179号
		辽宁省人力资源和社会保障厅《关于开展"兴辽英才计划"博士后储备项目申报工作的通知》	辽人社函〔2023〕180号
21	重庆市	《重庆市人民政府办公厅关于改革完善博士后制度的实施意见》	渝府办发〔2017〕20号
		《关于印发〈重庆市博士后创新人才支持计划〉的通知》	渝人社发〔2017〕65号
		重庆市人力资源和社会保障局、重庆市财政局《关于印发〈重庆市博士后资助资金管理办法〉的通知》	渝人社发〔2017〕85号
		重庆市人力资源和社会保障局《关于印发〈重庆市博士后研究人员职称评定办法〉的通知》	渝人社发〔2017〕161号
		中共重庆市委组织部、重庆市人力资源和社会保障局、重庆市教育委员会、重庆市科学技术局、重庆市财政局、重庆市住房和城乡建设委员会《关于印发〈进一步加快博士后事业创新发展若干措施〉的通知》	渝人社发〔2020〕70号
		重庆市人力资源和社会保障局办公室《关于开展2020年市级博士后科研工作站申报工作的通知》	渝人社办〔2020〕249号
		重庆市人力资源和社会保障局《关于印发〈重庆市博士后研究人员职称评定办法〉的通知》	渝人社发〔2023〕63号

续表

序列	省（区、市）	政策	文号
22	四川省	《四川省博士后创新实践基地管理办法》	川人社发〔2018〕38号
		《四川省博士后专项资金管理暂行办法》	川人社发〔2021〕28号
		四川省人力资源和社会保障厅、四川省财政厅《关于组织实施博士后创新人才支持项目的通知》	川人社办发〔2021〕69号
		四川省人力资源和社会保障厅等4部门《关于印发〈关于加快博士后工作创新发展的九条措施〉的通知》	川人社规〔2022〕2号
23	贵州省	贵州省人民政府办公厅《关于改革完善博士后制度的实施意见》	黔府办发〔2018〕6号
24	云南省	云南省人民政府办公厅《关于加强博士后人才培养的实施意见》	云政办发〔2017〕26号
		云南省人力资源和社会保障厅《关于印发〈云南省设立省级博士后站实施办法〉的通知》	云人社发〔2017〕110号
		云南省人力资源和社会保障厅《关于〈省级博士后流动站招收博士后研究人员有关事项〉的通知》	云人社通〔2018〕66号
		云南省人力资源和社会保障厅、云南省财政厅《关于印发〈"彩云博士后计划"实施细则〉的通知》	云人社通〔2023〕2号
		云南省人力资源和社会保障厅《关于印发〈云南省博士后工作管理细则〉的通知》	云人社通〔2023〕30号
25	陕西省	陕西省人民政府办公厅《关于加强博士后人才创新创业工作的意见》	陕政办发〔2016〕46号
		陕西省人力资源和社会保障厅《关于同意西部金属材料股份有限公司等9个单位设立博士后科研工作站、中航电测仪器股份有限公司等15个单位设立陕西省博士后创新基地的通知》	陕人社函〔2022〕486号
26	甘肃省	甘肃省人民政府办公厅《关于改革完善博士后制度的实施意见》	甘政办发〔2016〕161号
		甘肃省人力资源和社会保障厅《关于博士后科研工作站动态调整的通知》	甘人社通〔2023〕92号
27	宁夏回族自治区	宁夏回族自治区人民政府办公厅印发《关于改革完善博士后制度的实施意见》	宁政办发〔2016〕152号
		《宁夏回族自治区博士后工作分级管理实施细则（试行）》	宁人社发〔2023〕38号

续表

序列	省(区、市)	政策	文号
28	新疆维吾尔自治区	《关于贯彻落实〈国务院办公厅关于改革完善博士后制度的意见〉的实施意见》	新政办发〔2018〕98号
		《新疆维吾尔自治区博士后创新实践基地管理服务细则(试行)》	新人社规〔2023〕4号
29	青海省	青海省人力资源和社会保障厅《关于开展2022年博士后科研工作站设站申报工作的通知》	青人社厅函〔2022〕147号
30	吉林省	吉林省人力资源和社会保障厅、吉林省财政厅《关于开展2020年度吉林省博士后科研人员择优资助工作的通知》	吉人社联〔2020〕7号

（二）站位高，服务国家区域重大发展战略

纵观新时期各省级博士后政策，其显著标识在于站位比较高，即不仅仅将博士后政策作为一项人才政策来规划和考虑，更多的是站在服务国家区域重大发展战略的宏观视角来进行全局谋划，强化博士后政策与国家区域重大产业布局深度对接，着力解决国家区域经济社会发展中的重大"卡脖子"技术问题和企业发展中的关键性难题（见表3-3）。湖北省党委政府高度重视，高位推进，将博士后工作列入省委常委会工作要点和省政府工作报告。[1]

表3-3　新时期部分省(区、市)博士后政策对接国家区域重大发展战略

序列	省(区、市)	对接国家区域重大发展战略和重点产业	政策来源
1	河北省	按照党中央、国务院和省委、省政府决策部署，坚持创新、协调、绿色、开放、共享的新发展理念，深入实施京津冀协同发展、创新驱动发展和人才优先发展战略	《河北省人民政府办公厅关于改革完善博士后制度的实施意见》(冀政办字〔2016〕22号)

---

[1] 鄂仁轩.湖北不断激发博士后人才创新活力 加强平台建设 注重学研结合[N].中国组织人事报,2020-12-09(3).

续表

序列	省(区、市)	对接国家区域重大发展战略和重点产业	政策来源
2	福建省	积极对接粤港澳大湾区建设,深化闽港澳三地青年人才交流合作,实现闽港澳学科人才优势互补和良性互动	《福建省人力资源和社会保障厅关于实施"闽港澳博士后交流项目"有关事项的通知》(闽人社文〔2018〕219号)
3	河南省	积极实施郑州航空港经济综合实验区、中国(河南)自由贸易试验区、郑洛新国家自主创新示范区等河南省重大国家战略,推动河南省博士后"两站一基地"和企业科技创新"多平台"协同发展	《河南省人民政府办公厅关于改革完善博士后制度的实施意见》(豫政办〔2017〕122号)
4	山东省	围绕省委、省政府重大战略部署,优化设站(基地)域、行业和结构布局	《山东省人民政府办公厅印发〈关于改革完善博士后制度的实施意见〉的通知》(鲁政办发〔2017〕44号)
5	甘肃省	围绕实施"大众创业、万众创新"和甘肃省打造"丝绸之路经济带"黄金段、兰白科技创新改革试验区建设等重大发展战略,完善博士后创新创业激励政策	《甘肃省人民政府办公厅关于改革完善博士后制度的实施意见》(甘政办发〔2016〕161号)
6	浙江省	建立博士后设站引导目录,围绕加快培育发展新动能,以支持重点学科建设和产业创新发展为立足点开展设站工作。在人工智能、大数据等数字经济发展重点领域、战略性新兴产业、急需改造提升的传统制造业中,培育支持一批设站单位	《进一步加强博士后工作培养高层次创新型青年人才的意见》(浙人社发〔2018〕120号)
7	天津市	深入实施企业博士后创新项目择优资助计划,每年遴选32个具有创新性和前沿性、应用方向对天津市经济社会发展有重要影响、有助于解决企业生产经营中的关键性难题、能创造显著经济社会效益的企业博士后创新项目予以重点资助	《天津市人民政府办公厅关于改革完善我市博士后制度的实施意见》(津政办发〔2017〕26号)
8	黑龙江省	聚焦创新驱动发展战略,着眼"高精尖缺",坚持需求导向,围绕黑龙江省发展重大战略、重点领域和主导产业,重点引进关键共性技术、前沿引领技术、现代工程技术、颠覆性技术创新	《关于开展2020年博士后国际交流计划引进项目(黑龙江专项)申报工作的通知》(黑人社函〔2020〕270号)

（三）创新多，善于统筹规划"打组合拳"

新时期各省（区、市）博士后政策创新点多，在拿出"真金白银"薪酬的同时，注重从培养模式、平台载体、服务机制等方面着力提高培养和吸引人才核心竞争力。

广东省位于改革开放的前沿阵地，秉持"引得进、用得好、留得住、流得动、服务好"理念，大胆改革创新博士后政策，成效显著，走在全国前列，社会声誉很高。2017 年 12 月，中共广东省委组织部、省人力资源和社会保障厅等 13 个部门联合出台的《关于加快新时代博士和博士后人才创新发展的若干意见》，从拓宽培养途径、加大引进力度、推进顺畅流动、搭建发展平台、加强服务保障等方面提出一系列走在全国前列的创新性举措，含金量高，亮点纷呈，主要体现了"六个创新"（见表 3-5）：一是政策制度创新。创建博士工作站，设立博士和博士后创新创业基金（省财政投入 10 亿元），建立博士和博士后事业编制保障制度，建立全球博士和博士后人才招募机制等。二是培养模式创新。通过遴选青年拔尖人才，"广东特支计划"科技创新青年拔尖人才项目每年资助博士和博士后 200 名，每人给予 50 万元生活补贴；实施优秀人才国家培养计划，每年资助 100 名优秀在站博士后科研人员、申请进博士后流动站的应届博士毕业生到国外（境外）高校、科研机构、企业的优势学科领域，合作开展博士后研究工作，每人资助 40 万元；提高在站博士后资助标准，提高到每人每年 15 万元生活补贴，资助期限一般为 2 年，开辟职称评审绿色通道，推进科技成果转化等举措，聚焦国际、国内博士和博士后培养。三是引才模式创新。聚焦国际引才，通过加大资金投入、构建全球人才招募机制、建立海外人才工作站、打造离岸人才研发基地等举措，靶向引进海外优秀博士和博士后人才，采取"核实认定、不限名额"的方式，面向业内公认全球排名前 200 的高校引进国（境）外博士毕业生来粤从事博士后工作。省财政给予进站博士后每人每年 30 万元生活补贴，资助期限为 2 年；出站后留在广东省工作的，省财政给予每人 40 万元住房补贴。四是平台载体创新。聚焦产业发展,围绕创新驱动发展战略要求,积极搭建各种创新创业合作交流平台,加快科技成果转化,促进产学研深度融合发展,激励引导博士和博士后人才流向企业一线,对企业引进博士和博士后所发生的人才引进成本由财政按核定金额的 2% 进行奖补。编制博士和博士后专利发明成果转化蓝皮书,每年遴选 100 个转化成效突出的战略性新兴产业项目,省财政给予每个项目事后奖补 50 万元。五是扶持机制创新。聚焦均衡发展,强化人才向粤东西北流动的政策导向,对引进到粤东西北地区的博士和博士后人才予以倾斜,省财政在资金资助上给予大力支持,在科研、职称评审上给予特殊优惠,对引进或毕业(出站)后留在粤东西北地区及惠州、江门、肇庆市享受省财政转移支付县(市)工作的 40 岁以下博士、45 岁以下博士后,由省财政分别给予每人 20 万元、30 万元生活补贴。对国(境)外引进博士和博士后另给 10 万元生活补贴。对引进博士和博士后创新创业团队最高给予 2000 万元资助。六是管理服务创新。聚焦精准服务,针对当前博士和博士后公共服务的突出问题,从住房保障、子女入学、户口迁移、配偶就业等方面,提出务实管用、操作性强的政策措施,解决人才后顾之忧(来〈留〉粤工作的博士和博士后,在限牌地区购车可享受一次性小型汽车免费上牌指标)。此外,广东省还高规格打造国内首个博士、博士后创新创业赛事。牵头组织实施广东省"众创杯"博士、博士后创新赛,自 2018 年举办至今,该活动得到海内外众多博士、博士后人才的积极响应,共有 1400 多个博士、博士后项目报名,影响辐射上万名博士、博士后;连续 3 年发布《广东省博士博士后创新项目蓝皮书》,共 300 个创新项目入选,一半团队组的获奖项目落地广东。[①] 广东省还支持广州、深圳等市在博士后管理体制机制、经费投入等改革创新上先行先试。深圳市规定:流动站在站博士后生活补贴标准在省财政给予每人每年资助 15 万元基础上,给予每人每年 6 万元配套资助;工作站、创新基地及其他单

---

① 王修来.中国博士后发展报告(2021)[M].北京:中国人事出版社,2022:82.

位的，在站博士后生活补贴标准为每人每年18万元。中山市规定：博士后人员除享受国家、省的优惠政策外，还给予每人每年15万元的科研经费和生活补贴，资助期限为2年，其中研发经费5.4万元、生活补贴9.6万元。汕头市规定：对2018年5月14日起市直、区县的博士后科研工作站、博士后创新实践基地新进站博士后，由市财政给予每人每年15万元生活补贴，资助期限为2年。

2017年5月21日，山东省人民政府办公厅印发《关于改革完善博士后制度的实施意见的通知》（鲁政办发〔2017〕44号），探索下放博士后管理权限。省博士后工作管理部门负责建立博士后工作管理协调机制，研究制定博士后工作发展规划和配套政策、措施，开展进出站（基地）管理、经费资助、评估考核、服务保障等工作。在国家现行分级管理体制的基础上，对博士后事业发展速度较快、设站（基地）单位数量和博士后研究人员招收数量较多的市，探索下放博士后管理权限，扩大市级博士后工作管理部门开展进出站（基地）管理、评估考核、服务保障等工作的自主权，提升服务保障水平。2020年8月，试点组建了青岛市博士后平台协作联盟，这是全国首家融合"博士后站＋博士后创新创业实践基地＋创投风投机构"的博士后平台协作联盟。同年11月，发起成立胶东经济圈博士后平台协作"1＋5"联盟，推进跨地区博士后平台合作，支持建立区域内联合招收博士后工作机制。2020年9月2日，山东省人力资源和社会保障厅印发《关于〈山东省推动建立博士后科研流动站和科研工作站（创新实践基地）稳定合作机制的若干措施〉的通知》（鲁人社字〔2020〕102号），这是全国首个有关推动博士后科研流动站和科研工作站（创新实践基地）稳定合作机制的创新性政策文件，突破力度大、含金量高、操作性强，很多政策举措都是全国首创。① 在此文件中，从推动建立博士后招引联动合作机制、优化博士后联合培养使用机制和完善博士后跟踪服务协调机制三个方面推出了10条"硬核"改革创新政策举措（见表3-4）。

---

① 山东举行推动建立博士后平台资源共享机制新闻发布会［EB/OL］.（2020-09-21）. http://www.scio.gov.cn/xwfb/dfxwfb/gssfbh/sd_13840/202207/t20220715_227076.html.

表 3-4　新时期部分省级博士后政策主要创新点一览

序列	省(区、市)	创新形式	创新要点	政策来源
1	广东省	政策制度创新	省财政投入 10 亿元设立博士和博士后创新创业基金、建立博士后事业编制保障制度	《关于加快新时代博士和博士后人才创新发展的若干意见》(粤组通〔2017〕46 号)
		培养模式创新	遴选青年拔尖人才:"广东特支计划"科技创新青年拔尖人才项目每年资助博士和博士后 200 名,每人给予 50 万元生活补贴,实施优秀人才国际培养计划:每年资助 100 名优秀在站博士后科研人员、申请进博士后流动站的应届博士毕业生到国外(境外)高校、科研机构、企业的优势学科领域,合作开展博士后研究工作,每人资助 40 万元	
		引才模式创新	构建全球人才招募机制、建立海外人才工作站、打造离岸人才研发基地,靶向引进海外优秀博士后	
		平台载体创新	搭建各种创新创业合作交流平台,加快科技成果转化,激励引导和博士后人才流向企业一线,对企业引进和博士后所发生的人才引进成本由财政按核定金额的 2% 进行奖补,编制博士博士后专利发明成果转化蓝皮书,每年遴选 100 个转化成效突出的战略性新兴产业项目,省财政给予每个项目事后奖补 50 万元	
		扶持机制创新	聚焦均衡发展,强化博士后人才向粤东西北流动的政策导向	
		管理服务创新	聚焦精准服务,提出务实管用、操作性强的政策措施,如来(留)粤工作的博士后在限牌地区购车可享受一次性小型汽车免费上牌指标等	

序列	省(区、市)	创新形式	创新要点	政策来源
2	山东省	合作机制创新	推动建立博士后科研流动站与工作站(创新实践基地)之间的固定合作机制,并通过明确"双责任人"制度、使用固定格式内容的联合培养协议制度和落实博士后"同城待遇"制度等措施,将这种合作机制真正落到实处,实现省内流动站与工作站(创新实践基地)实质性的博士后联合招引	《山东省推动建立博士后科研流动站和科研工作站(创新实践基地)稳定合作机制的若干措施》(鲁人社字〔2020〕102号)
		知识产权制度创新	推动建立有明确权属的科技创新知识产权界定制度,使在工作站(创新实践基地)进行科学研究的博士后所取得的创新成果可以区分个人成果或职务成果取得收益,以此调动青年博士到工作站(创新实践基地)的积极性。特别是对职务成果,博士后同样有署名权和收益分配权	
		社会保障制度创新	推动建立以市为区域的博士后生活补助最低保障制度,落实好博士后在站期间的基础性待遇。以此为基础,为下步推动建立全省性的博士后最低生活保障制度提供经验积累	
		管理服务创新	推动将国家、省"博新"计划和国家国(境)外交流项目入选者等部分优秀博士后纳入"山东惠才卡"发放范围,其他博士后由各市有序纳入市级高层次人才服务范围,提供适应博士后创新创业和生活需求的绿色通道服务	

（四）特色强，立足区域强化"一省（区、市）一策"

各省级因地制宜地推出与本区域发展高度契合的博士后政策,呈现出"一省（区、市）一策"、百花齐放的局面,将区域文章做细做活。

2020年3月2日,江苏省人民政府办公厅出台《关于推动博士后工作高质量发展的意见》(苏政办发〔2020〕8号),实施万名博士后集聚计划。每年引进培养2000名海内外优秀博士后人才,用5年时间集聚培养博士后人才10000名。2021年7月28日,江苏省人力资源和社会保障厅发布《关于印发〈江苏省"十四五"人力资源和社会保障发展规划〉的通知》(苏人社发〔2021〕67

号），加大优秀青年科技人才培养引进力度，支持高校、科研院所和龙头企业设立博士后流动站、工作站和创新实践基地，推进紫金山实验室、姑苏实验室、太湖实验室等重大创新平台博士后工作。2021 年 9 月 2 日，江苏省人力资源和社会保障厅发布《关于印发〈江苏省"十四五"专业技术人才发展规划〉的通知》（苏人社发〔2021〕90 号），聚焦"卡脖子"领域，促进博士后工作与重大科研计划、重点产业发展及重点学科建设相结合，将博士后制度打造成为吸引、培养青年创新人才的重要渠道。2022 年 4 月 2 日，中共江苏省委人才工作领导小组办公室、江苏省人力资源和社会保障厅、江苏省财政厅发布《关于印发〈江苏省卓越博士后计划实施办法（试行）〉的通知》（以下简称"卓博计划"）。"卓博计划"是聚焦重点领域、重大平台的专项博士后资助培养计划，作为江苏省"双创计划"的子项目实施，主要围绕国家和省重大专项、前沿技术和重大科学研究、先进制造业产业集群发展需求，每年遴选资助 900 名优秀博士进站从事博士后研究工作。2022 年 5 月 23 日，江苏省人力资源和社会保障厅发布《关于印发〈全省人力资源社会保障系统服务数字经济发展若干措施〉的通知》（苏人社发〔2022〕59 号），支持国家第三代半导体技术创新中心等国家级创新平台建设，在博士后科研工作站建设、高端人才引进予以倾斜。将数字经济领域人才纳入各类人才计划支持范围，扩大高端数字人才在国务院政府特殊津贴、省有突出贡献的中青年专家入选比例，卓越博士后计划对数字经济领域予以倾斜。2022 年 7 月 21 日，江苏省人力资源和社会保障厅发布《关于印发〈江苏省人力资源社会保障部门优化营商环境实施意见〉的通知》（苏人社发〔2022〕98 号），实施江苏省卓越博士后计划，每年遴选资助 900 名国内外优秀博士后来江苏省创新创业。推进企业博士后工作站设站改革，支持优势产业链、卓越产业链重点企业优先设站。健全博士后招收信息全球发布机制，高质量举办"海归看江苏"系列直播和百名海外博士江苏行等系列活动，搭建企业与海内外人才线上线下沟通交流平台。2023 年 9 月 8 日，江苏省人力资源和社会保障厅等 14 部门发布《关于实施重点群体创业推进行动的通知》（苏人社发〔2023〕50 号），发挥省博士后创投中心作用，支持博士后人才创新创业。2023 年 12 月 1 日，江苏省人力资源和社会保障厅、省工业和信息化厅发布《关于实施江苏省专精特新企业就业创业扬帆计划的通知》（苏人社发〔2023〕63 号），支持专精特新企业设立博士后科研工作站或流动站，发布博士后招收"揭榜领题"需求，直接举荐符合条件的博士后人员。根据《2022 年度江苏省人力资源和社会保障事业发展统计公报》，创新实施省卓越博士后计划，遴选产生首批 900 名卓越博士后，新招收博士后 3005 人，新设省级博士后创新实践基地 28 个。引进海外留学回国人员 16973 名，办理省海外人才居住证 156 件。新建省级留学回国人员创新创业园 5 家、省级留学回国人员创新创业示范基地 6 家。

（五）投入大，注重品牌工程示范效应

新时期各省（区、市）在扩大博士后规模、增加对博士后投入的基础上，注重打造定位精准、规格较高的特色博士后品牌，成为彰显区域高层次人才发展的一张亮丽名片，比较典型的有四类（见表 3-6）。

一类是专门制定政策，着重提升博士后待遇和国际薪酬竞争力。如上海市的"超级博士后"激励计划、江苏省的卓越博士后计划等。

二类是将博士后资助纳入省级高层次人才统一支持体系。如广东省"广东特支计划"科技创新青年拔尖人才项目和青年优秀科研人才国际培养计划。

三类落实国家"博新计划"而推出的省级"博新计划"。如"山东博新计划""重庆博新计划""湖南博新计划""中原青年博士后创新人才计划""四川省博新项目""桂博新计划"等。

河南省从 2018 年开始实施"中原青年博士后创新人才"计划，按照省人才工作领导小组会议精神，结合国家和省实验室等重点科研基地，瞄准国家和省重大战略、战略性高新技术和基础科学前沿领域，遴选 10 名左右应届或新近毕业的优秀博士生，进入省博士后设站单位从事博士后研究，省财政给予每人 2 年 50 万元资助，其中 40 万元为博士后日常经费、10 万元为博士后科研经费。

2021 年 11 月 29 日,四川省人力资源和社会保障厅、四川省财政厅发布《关于组织实施博士后创新人才支持项目的通知》(川人社办发〔2021〕69 号),"博新项目"重点瞄准国家和四川省重大战略任务、战略性前瞻性高新技术、重大科技专项、现代产业技术和基础科学前沿研究等领域,重点依托国家级和省级科技创新平台,引领带动优秀青年科技人才开展博士后研究工作。从 2022年起,每年择优遴选 25 名左右应届或新近毕业的优秀博士生,专项资助其从事博士后研究工作。"博新项目"入选者资助期为 2 年,资助额 40 万元。设站单位对获得此项资助的博士后,应给予不低于省级财政资助标准的配套经费资助,有条件的市(州)、有关部门(单位)可根据实际情况给予配套投入。

2023 年 9 月 13 日,广西壮族自治区人力资源和社会保障厅、广西壮族自治区财政厅发布《关于印发〈加强企业人力资源服务支持实体经济发展若干措施〉的通知》(桂人社发〔2023〕72 号),支持企业申报广西人才小高地、博士后科研工作站及博士后创新实践基地。对新设博士后科研工作站给予 30 万元一次性经费资助,同时对博士后科研工作站招收的博士后给予每人每年 8 万元日常经费资助,连续资助 2 年;对新设博士后创新实践基地及基地委托代招或引进具有博士后经历人员给予经费支持;对入选"桂博新计划"的博士后,给予 15 万元经费资助,连续资助 2 年,所需资金纳入自治区本级财政预算。"桂博新计划"着眼国内外知名高校、高水平科研平台和优秀导师资源,目标是结合自治区重大战略、重点产业发展、重点学科建设及乡村振兴任务等需要。申报人员在站期间开展的科研项目要聚焦新一代信息技术、高端装备制造、节能环保、现代农业与食品、生物医药与大健康、现代物流、新材料、新能源等自治区重点产业领域,着力推动广西壮族自治区传统产业技术变革和优化升级,服务"一带一路"建设、中国(广西)自由贸易试验区高质量发展及全面对接粤港澳大湾区建设等自治区重大战略和乡村振兴任务等需要。

四类是创新博士后资助模式,与省(区、市)外博士后"两站"合作培养、对出站博士后跟踪培养等。2021 年,广西壮族自治区博士后启动联合培养"扶摇"计划。其"扶摇"计划总体思路是：按照依托区外高水平博士后"两站"，为广西引进一批优秀博士后人才、组建一批年轻科研队伍、搭建一批高水平科研平台、产出一批高质量科研成果，推动一批应用型科研成果落地转化，搭建北部湾经济区企事业单位和区外高水平博士后"两站"合作平台。"扶摇"计划主要针对在北部湾经济区地市、非博士后设站单位，依托区外高水平博士后"两站"（博士后科研流动站和工作站），采用联合导师、联合薪酬、联合课题的三联合做法，博士后的招收和管理以区外高水平博士后"两站"为主，双方签订联合培养协议，分别派出指导导师，共同提供具有行业竞争力的薪酬待遇，总体标准达到 25 万～40 万元/年，连续支持 2 年。2021 年计划投入经费约 1700 万元，2021—2023 年累计投入经费约 7000 万元。

2019 年 8 月，湖北省人民政府办公厅发布《关于实施博士后人才倍增计划的意见》（鄂政办发〔2019〕47 号），实施博士后卓越人才跟踪培养计划。每年择优资助 10 名期满出站并在国家重大战略、重大科技专项、战略性新兴产业等方面取得成绩、富有潜力的优秀博士后人才，每人每年资助 10 万元，跟踪培养 3 年，加快培养卓越的中青年科技领军人才。2023 年 8 月 2 日，湖北省人力资源和社会保障厅发布《关于实施"湖北省博士后尖端人才引进计划""湖北省博士后优秀人才跟踪支持计划"的通知》（鄂人社发〔2023〕28 号），"湖北省博士后尖端人才引进计划"，资助 40 名优秀博士进站从事博士后研究，给予每人每年 20 万元资助，资助期为 2 年。设站单位对获选人员应给予不低于1∶1 的配套经费支持。获选人员在资助期满、以优秀及以上等次考核出站，并与在鄂用人单位签订 3 年及以上从事科研工作的劳动（聘用）合同的，可直接纳入"湖北省博士后优秀人才跟踪支持计划"，每人每年发放 5 万元人才津贴，连续发放 3 年。鼓励各地和用人单位在省级政策基础上制定叠加优惠政策。认定条件：入选国家博士后创新人才支持计划；入选国家博士后重点专项；入选湖北省博士后尖端人才引进计划；获得国家自然科学基金青年科学基金项目资助或中国博士后基金特别资助，或获得国家或湖北省博士后创新创业大赛银奖及以上项目团队中的核心博士后,且出站后到在鄂企业或省属事业单位工作。

表3-5　新时期部分省(区、市)特色博士后品牌项目

序列	省(区、市)	博士后品牌	资助标准	政策依据
1	上海市	"超级博士后"激励计划(以下简称"超博"计划)	由上海市促进人才发展专项资金按照每人每年15万元、共资助2年的标准予以资助。设站单位对获得此项资助的博士后人员,应给予不低于1∶1的配套经费资助。对"超博"计划申报当年度入选国家"博士后创新人才支持计划"的博士后,直接列入"超博"计划资助,按照每人每年10万元、共资助2年的标准予以资助	《上海市"超级博士后"激励计划实施办法》(沪人社专〔2018〕194号)
2	江苏省	卓越博士后计划	每名入选者2年共30万元,分年予以资助,主要用于入选者的生活补助,不抵扣设站单位提供的工资等待遇。资助经费从入选者完成进站手续并到岗起按月计算。资助经费统一拨付至入选者所在的设站单位,设站单位专款专用、单独核算,不得提取管理费	《中共江苏省委人才工作领导小组、江苏省人力资源和社会保障厅办公室、江苏省财政厅关于印发〈江苏省卓越博士后计划实施办法(试行)〉的通知》(苏人社发〔2022〕33号)
3	云南省	"彩云博士后计划"	对符合重点产业需求的非在职博士后研究人员开展择优资助,资助标准为每人2年22万元;对进入博士后科研工作站的在职博士后研究人员,一次性给予5万元的科研经费资助	《关于印发〈"彩云博士后计划"实施细则〉的通知》(云人社通〔2023〕2号)
4	广东省	"广东特支计划"科技创新青年拔尖人才项目、青年优秀科研人才国际培养计划	科技创新青年拔尖人才项目每年资助博士和博士后200名,每人给予50万元生活补贴。青年优秀科研人才国际培养计划,每年资助100名优秀在站博士后科研人员、申请进博士后流动站的应届博士毕业生到国(境)外高校、科研机构、企业的优势学科领域,合作开展博士后研究工作,每人资助40万元	《关于加快新时代博士和博士后人才创新发展的若干意见》(粤组通〔2017〕46号)

序列	省(区、市)	博士后品牌	资助标准	政策依据
5	河南省	中原青年博士后创新人才("中原千人计划"—中原青年拔尖人才项目)	瞄准国家和省重大战略、战略性高新技术和基础科学前沿领域,每年择优遴选10名应届或新近毕业的优秀博士,进入河南省博士后设站单位从事博士后研究。省财政给予每人2年50万元的专项资助	河南省人才工作领导小组办公室《关于开展2019年度河南省高层次人才特殊支持"中原千人计划"申报工作的通知》(豫人才办〔2019〕4号)
6	山东省	山东省博士后创新人才支持计划(以下简称"山东博新计划")	山东省博士后创新人才支持计划,是指结合山东省高校、科研院所、国家或省重点实验室等科研基地,聚焦国家、省重大发展战略、战略性高新技术和基础科学前沿领域,择优遴选应届或新近毕业的优秀博士,专项资助其从事博士后研究工作,争取加速培养一批国际一流的创新型人才。省财政将给予每人2年40万元资助,其中30万元为博士后日常经费、10万元为科研经费资助	《山东省博士后资助项目及经费管理办法》(鲁人社规〔2018〕21号)
7	湖南省	优秀博士后创新人才项目(简称"湖南博新计划")	旨在瞄准湖南省重大战略、高新技术和基础科学前沿领域,结合湖南省重点平台和学科建设、产业发展,为湖南省吸引具有良好创造力的优秀博士后,培养一批科技前沿的青年创新人才。每项资助40万元(分2年安排)	《湖南省科学技术厅、湖南省财政厅关于2020年省科技创新人才计划项目申报的通知》(湘科发〔2020〕36号)
8	重庆市	重庆市博士后创新人才支持计划(以下简称"重庆博新计划")	资助每人每年30万元,2年60万元,其中40万元为博士后日常经费、20万元为科研经费资助	《关于印发重庆市博士后创新人才支持计划的通知》(渝人社发〔2017〕65号)
9	广西壮族自治区	"桂博新计划"	"桂博新计划"着眼国内外知名高校、高水平科研平台和优秀导师资源,目标是结合自治区重大战略、重点产业发展、重点学科建设及乡村振兴任务等需求,计划遴选20名应届或新近毕业的优秀博士,全职进入广西博士后设站单位从事博士后研究工作。自治区财政给予入选人员每人每年15万元日常经费补贴,连续资助2年	广西壮族自治区人力资源和社会保障厅、广西壮族自治区财政厅《关于印发〈加强企业人力资源服务支持实体经济发展若干措施〉的通知》(桂人社发〔2023〕72号)

序列	省(区、市)	博士后品牌	资助标准	政策依据
10	四川省	"博新项目"	"博新项目"重点瞄准国家和四川省重大战略任务、战略性前瞻性高新技术、重大科技专项、现代产业技术和基础科学前沿研究等领域,重点依托国家级和省级科技创新平台,引领带动优秀青年科技人才开展博士后研究工作。从 2022 年起,计划每年择优遴选 25 名左右应届或新近毕业的优秀博士,专项资助其从事博士后研究工作。"博新项目"入选者资助期为 2 年,资助额 40 万元	四川省人力资源和社会保障厅、四川省财政厅《关于组织实施博士后创新人才支持项目的通知》(川人社办发〔2021〕69 号)
11	湖北省	博士后卓越人才跟踪培养计划	每年择优资助 10 名期满出站并在国家重大战略、重大科技专项、战略性新兴产业等方面取得成绩、富有潜力的优秀博士后人才,每人每年资助 10 万元,跟踪培养 3 年,加快培养卓越的中青年科技领军人才	《关于实施博士后人才倍增计划的若干意见》(鄂政办发〔2019〕47 号)

三、我国省级博士后政策改革的不足之处

尽管从总体来看新时期我国省级博士后政策改革有许多创新点,推动了各省(区、市)博士后事业进入一个快车道,但是与社会经济高质量发展对高层次创新人才的旺盛需求相对照,省级博士后政策还存在许多值得提升之处:一些省(区、市)建站规模与经济社会发展水平还不相称;省级博士后经费投入力度还有待进一步加大;欠发达省份博士后体量小、招收难;博士后评估机制不够完善;优秀博士从事博士后研究的意愿不足;外籍博士后相对较少,国际化水平不高;博士后科研成果转化率偏低等。

(一)区域发展不平衡,不同省份之间差距明显

我国地域辽阔,各地经济发展不平衡,博士后地区发展差异明显,呈现一定

程度的"马太效应"。新时期在共建"一带一路"、西部大开发、中部崛起、振兴东北老工业基地等国家战略推动下，欠发达地区的博士后事业有了很大进步，但区域发展不充分、不平衡问题仍是我国博士后事业发展的一个重要问题。与浙江省、重庆市、湖北省等加快实施"博士后倍增计划"和江苏省实施"万名博士后集聚计划"热火朝天场面形成鲜明对比的是，2019年青海省博士后科研流动站实现"零"的突破，2020年青海省博士后科研平台刚进入"双位数"时代，西藏自治区更是省级博士后政策发展的洼地。截至2023年底，西藏自治区共设立博士后科研流动站3个、科研工作站4个，研究范围涉及生态学、民族学、藏医藏药、高原生物研究、交通工程、采矿冶炼、农业工程7个学科领域，在站博士后10人，出站博士后12人。①博士后发展与地区内经济发展水平、优质资源集中度紧密相关。沿海发达地区拥有的优质高等教育资源、不断发展扩大的新兴产业，对博士后人才提出了很大的发展需求，同时也增加了对博士后人才的吸引力。博士后科研流动站设站学科门类单一、博士后招收培养规模偏小、区域经济发展对高层次人才支持力度不足等问题，是欠发达地区省级博士后政策难以有效发挥作用的瓶颈。

（二）政策激励不充分，存在雷声大雨点小现象

新时期尽管各省（区、市）对博士后政策主观上都表示了要高度重视，客观上也采取了一些有针对性的措施，但从宏观层面来看，像广东省《关于加快新时代博士和博士后人才创新发展的若干意见》这样高质量的政策文本少之又少，一些省（区、市）几乎只是机械性地将国家颁布的政策条文原封不动地重复一遍，缺少有效的政策落地举措；一些省（区、市）在重大战略和人才计划中不时提及博士后政策，但很多是"高高举起又轻轻放下"，缺少强有力的政策保障；一些省级博士后品牌项目表面上看似乎力度很大，但政策覆盖面过窄，只有博士后塔尖部分被照顾到，以河南省的"中原青年博士后创新人才"、博士后

---

① 王莉.我区博士后培养成效日益凸显[N].西藏日报，2023-11-23(2).

国际交流计划引进项目(黑龙江专项)、湖北省的博士后卓越人才跟踪培养计划等政策为例,各项政策每年资助名额只有 10 名,对面广量大的整个博士后群体难以起到有效的激励作用。

(三) 薪酬竞争力不足,博士后缺少吸引力

按照薪酬支持力度,可以将省级博士后政策分为三类:一类是超一流,如广东省。广东省博士后资助标准为每人每年 15 万元生活补贴,加上省、市、县和设站单位资助叠加模式,年薪基本可以达到国际同类标准。二类是一流,如浙江省、上海市、江苏省、重庆市等。2020 年,江苏省发布《关于推动博士后工作高质量发展的意见》(苏政办发〔2020〕8 号),强调建立与地方经济发展水平相适应的博士后日常经费投入动态调整机制,加大财政投入力度,除国家下拨的博士后日常经费外,博士后日常经费由省财政择优资助。2021 年,浙江省发布《关于调整博士后研究人员日常经费等资助标准及范围的通知》(浙人社发〔2021〕1 号),博士后研究人员日常经费补助标准每人每年由 8 万元提高至15 万元。三类是普通标准,按照国家正在实施的博士后研究人员日常经费每人每年 8 万元补助标准执行。总体来看,现行各省级博士后资助标准偏低,博士后岗位面临薪酬不高、吸引力不足的问题。如陕西省级博士后资助力度与博士后群体期望值差距较大。2019 年以来,因陕西省博士后年度经费预算调整,2016 年省政府印发的《关于加强博士后人才创新创业工作的意见》中博士后资助项目未能全部实施,博士后群体意见较大,经常有设站单位或博士后来信来电提出意见,要求落实上述文件中的相关支持政策。①

(四) 政策体系不配套,政策执行出现梗阻

省级博士后政策是一个涉及多个领域和环节的复杂系统,博士后政策要

---

① 王修来.中国博士后发展报告(2021)〔M〕.北京:中国人事出版社,2022:113.

与其他政策相协调、相一致，才能形成政策合力。经过统计，我们发现新时期一些省（区、市）要么只是在其他人才政策中对博士后政策有些笼统、零星表述，要么只是发布个别孤零零博士后政策，欠缺从系统观念出发在人才过渡用房、经费补助、子女入学、就医、社保、就业、科研成果转化、创新创业等方面形成相应配套政策，从而出现政策孤岛和政策碎片化等现象，导致执行起来困难重重，需要不断地推出新政策进行"打补丁"。

第三节　我国省级博士后政策的发展趋向

改革与创新是我国博士后政策的灵魂。作为培养高层次人才的省级博士后政策，新时期如何服务国家区域发展大局，针对改革进程中的不足，通过体制机制改革和政策创新，加强资源的集中投入和政策的有效供给，进一步焕发政策的生机与活力，是一项富有挑战性和创新性的工作。

一、坚持战略性引领，从有效服务省（区、市）全面建设社会主义现代化的视角来规划博士后政策

省级现代化是国家现代化的基石，其核心是人和科技的现代化，博士后作为教育、科技与人才的集中交汇点，正处于大有作为的黄金期。

（一）提高认识站位，注重发挥博士后政策在省（区、市）振兴中的支撑引领作用

新时期，"博士后是科技创新工作的生力军、高校师资队伍的蓄水池、经济社会发展的新动能"的特征已经表现得越来越明显，反映了我国科研的主力军已经实现了从硕士生到博士生，再从博士生到博士后的转型。① 面向未来，我们要从全局、大处着眼，在建设创新强省、人才强省，实现省级振兴伟大进程中，在思想上要高度重视博士后的地位与作用，在注重发挥博士后作为"人才蓄水池"和"科研生力军"作用的同时，更要认清省级博士后政策的定位。

（二）立足省（区、市）实际，积极探索契合时代发展需求、富有自身特色的博士后发展模式

进入新时代，我国社会主要矛盾已经转化为人民日益增长的美好生活需要和不平衡不充分的发展之间的矛盾。具体到博士后政策上，不平衡不充分就表现得更加明显，这就需要各省（区、市）必须坚持本土化和市场化协同发展取向，创造出适合该省（区、市）的博士后政策。实践证明，凡是立足本土特色来制定省级博士后政策的，政策表现就会非常接地气，政策推进和实施起来也会富有成效；凡是面向市场需求来制定省级博士后政策的，政策就会迸发出强大的生命力和旺盛创造力，靠政府单项输血很难走得长、走得深。因此，未来可积极推行负面清单制度，深入落实《国务院办公厅关于改革完善博士后制度的意见》强调的"全面推开分级管理"的要求，切实调动基层单位的积极性和主动性。各地、各单位通过"一市（县）一策""一校一策""一企一策"等举措，制定灵活多样、富有竞争力的博士后薪酬制度和政策配套体系，抢占人才发展制高

---

① 陈德旺.博士后待遇超正教授，反映了啥[N].中国科学报，2019-10-28(8).

点。近年来，国家博士后政策改革力度越来越大，如针对网民关于博士后岗位招聘年龄设限问题，人力资源和社会保障部专技司回复：为落实用人单位自主权，博士后人员的招收工作具体由用人单位根据工作需要，在政策允许的范围内自行组织。[①] 博士后国家主管部门传递出来的政策信息很明确：只要是用人单位真的有需求，真正有利于高层次人才培养，年龄不是问题。这种勇于打破常规、注重寻求实效的改革思路对省级博士后政策的改革与发展有着很强的借鉴意义。

（三）拓宽国际视野，坚定不移地走国际化的发展路径

我国博士后政策脱胎于计划经济体制，一些做法与国际通行规则有很大差异，省级博士后政策也延续了这个特质。新时代许多省（区、市）在深入实施本区域博士后国际化计划的同时，也纷纷加强与国家博士后管理部门合作，探索设立博士后资助专项（见表3-6）。如博士后国际交流计划引进项目（黑龙江专项）和安徽省、福建省、湖南省的"博士后国际交流计划省部联合资助引进项目"等。未来省级博士后政策按照国际标准来进行更大力度的改革是大势所趋。某种程度上来说，在博士后制度实施30多年后，我国的博士后制度，与发达国家的博士后制度将全面接轨。[②] 没有国际化的视野和发展平台，省级博士后很难实现水平和层次的提升，要通过走出去、引进来，探索国际联合培养的新机制、新模式。

---

① 人力资源和社会保障部专技司. 人力资源社会保障部答网民关于"博士后岗位招聘年龄设限"的留言[EB/OL].（2021-03-04）. http://www.gov.cn/hudong/2021—03/04/content_5590207.htm.

② 熊丙奇. 如何解读博士后扩容[N]. 光明日报，2020-05-19(11).

表 3-6　新时期部分省(区、市)博士后国际化政策

序列	省(区、市)	形式	政策举措	政策来源
1	广东省	实施优秀人才国际培养计划	每年资助 100 名优秀在站博士后科研人员、申请进博士后流动站的应届博士毕业生到国(境)外高校、科研机构、企业的优势学科领域,合作开展博士后研究工作,每人资助 40 万元	《关于加快新时代博士和博士后人才创新发展的若干意见》(粤组通〔2017〕46 号)
		优化"珠江人才计划"海外青年人才引进博士后资助项目	采取"核实认定、不限名额"的方式,面向业内公认全球排名前 200 的高校引进国(境)外博士毕业生来粤从事博士后工作。省财政给予进站博士后每人每年 30 万元生活补贴,资助期限为 2 年;出站后留在广东省工作的,省财政给予每人 40 万元住房补贴	
		建立全球博士和博士后人才招募机制	整合广东省海外工作站点资源,建立海外人才工作站,收集当地人才信息,发布广东省人才政策和人才需求,举荐海外人才,省财政对每个人才工作站给予 50 万元建站补贴。打造离岸研发中心、海外孵化基地及人才创新创业基地,就地吸纳优秀博士和博士后,省财政给予每人 10 万元生活补贴	
2	浙江省	加大海外留学人才博士后工作	围绕浙江省重大产业领域、重点学科和重要平台建设需要,大力吸引优秀海外留学博士回国从事博士后研究工作。在招才引智活动中,统筹推进博士后研究人员招收工作。利用各种国际交流合作渠道,把招收博士后与国际项目开发、招商引资等结合起来,鼓励设站单位在实施国际化战略和设立海外科研机构中,积极培养国际化博士后人才	中共浙江省委组织部等 6 部门关于印发《进一步加强博士后工作培养高层次创新型青年人才意见》的通知(浙人社发〔2018〕120 号)
		扩大外籍博士后研究人员招收规模	支持设站单位从优秀外籍博士中招收博士后研究人员,鼓励有条件设站单位与国外高校和科研机构联合招收和培养外籍博士后研究人员。外籍来浙博士后研究人员按照在站时间办理签证、工作许可和居留手续,将来浙外籍博士后研究人员纳入外国人来华工作许可申办范围	

续表

序列	省(区、市)	形式	政策举措	政策来源
3	黑龙江省和全国博士后管委会办公室共同设立	博士后国际交流计划引进项目（黑龙江专项）	自2020年起，为期2年，全国博士后管委会办公室与省人力资源和社会保障厅资助每人每年10万元人民币，博士后设站单位配套资助每人每年10万元人民币	《关于开展2020年博士后国际交流计划引进项目（黑龙江专项）申报工作的通知》（黑人社函〔2020〕270号）
4	全国博士后管委会办公室、中国博士后科学基金会和安徽省共同组织	博士后国际交流计划省部联合资助引进项目	项目给予安徽省单独划分指标，资助2年共计60万元。申请人可自愿申报全国项目或安徽项目，不得同时申报。申报全国项目没有入选的，可参加安徽项目评选。博士后国际交流计划省部联合资助引进项目，是由全国博士后管委会办公室、中国博士后科学基金会与省人力资源和社会保障厅共同组织开展的博士后引进资助项目，目的是资助优秀的外籍（境外）和留学博士来华（回国）在国内博士后设站单位从事博士后研究工作，为期2年。资助经费由全国博士后管委会办公室、省人力资源和社会保障厅、博士后设站单位共同承担	安徽省人力资源和社会保障厅发布《关于开展2022年度博士后国际交流计划省部联合资助引进项目申报工作的通知》（皖人社明电〔2022〕62号）
5	湖南省和全国博士后管委会办公室共同设立	博士后国际交流计划联合引进项目	全国博管办、省人社厅、博士后设站单位分别按照每人每年10万元人民币的标准承担资助经费，连续资助2年，合计资助60万元。资助经费用途包括在华从事博士后研究期间个人生活开支、住房补助、社会保险及来华往返国际旅费等	湖南省人力资源和社会保障厅《关于开展2022年度博士后国际交流计划联合引进项目申报工作的通知》（湘人社函〔2022〕41号）
6	福建省继续与国家人社部共同开展	博士后联合资助引进项目	本年度计划资助5人，为期2年	《福建省人力资源和社会保障厅关于开展2022年博士后国（境）外交流项目申报工作的通知》（闽人社文〔2022〕42号）

二、坚持系统性思维，着力提升博士后政策合力

针对博士后政策发展过程中出现的问题，应坚持系统性和整体性思维，对博士后政策进行全局谋划，不能头痛医头、脚痛医脚，孤立地制定单个博士后政策，不停地"打补丁"，否则旧问题还没彻底解决、新问题又会冒出来，形成一定的路径依赖和恶性循环。

（一）强化部门协同，有效克服政策孤岛和碎片化

为克服政出多门、缺少协同弊端，新时期我国省级博士后在政策制定主体上已经做了一些探索，如 2017 年广东省制定《关于加快新时代博士和博士后人才创新发展的若干意见》，由组织部、人力资源和社会保障厅、机构编制委员会办公室、发展和改革委员会、经济和信息化委员会、教育厅、科技厅、公安厅、财政厅、住房和城乡建设厅、国资委、省地方税务局、国家税务局等 13 个部门联合发文。2018 年，浙江省出台《进一步加强博士后工作培养高层次创新型青年人才意见》，由组织部、人力资源和社会保障厅、财政厅、科技厅、经济和信息化厅、教育厅等 6 个部门共同制定。2024 年 1 月，上海市人力资源社会保障局会同市委组织部、市经信委、市教委、市科委、市公安局、市财政局和市房管局等 8 部门联合出台《关于优化上海市博士后发展综合环境的实施意见》，这是贯彻落实国家加强和改进新时代博士后工作要求的首个地方综合性文件，由加大投入、完善机制、健全保障 3 部分 17 条组成。与省级博士后政策早期单一的只是由人事部门制定政策相比，当前更多的是由组织部门、人事部门牵头，协同相关部门一起制定，这是由博士后政策涉及面广、高层次人才的战略地位和我国特殊的党管人才的国情所决定的。未来在深化政府部门合作的基础上，应进一步加强政府、高校、科研院所与企业相互之间的深度协同，形成

推进政策的合力。

（二）深化配套改革，加大对博士后工作支持力度

博士后富有发展潜力和创造力，同时也需要资源和关怀。如果高校和研究机构能够更多地关心他们，照顾到他们的个人生活、学术研究以及未来的职业生涯，那么，他们积累多年的学术成果甚至会以井喷的方式爆发出来，为学术界做出重大贡献；如果不能解决他们所面临的实际困难，无法使他们安心于学术研究，那么，他们中的大部分人会一事无成，或者事业平平，即使是小有成果，也无法达到社会对他们的期待。[①] 广东省"引得进、用得好、留得住、流得动、服务好"的政策导向带给我们许多深刻的启示。未来应通过深化改革、汇聚各方资源，为博士后提供强有力的社会保障，如遵循"省市有叠加、地方有配套"原则，构建上下联动、政企互动的工作格局，为博士后提供具有竞争力的岗位补助；提高重大项目经费中用于博士后的人员聘用经费的比例，提高资金有效利用率；建设博士后人才过渡用房，优先安排子女入学，解决后顾之忧；健全创新创业配套政策，打通博士后人才成果转化"最后一公里"等。

（三）注重政策成效，打通政策执行过程梗阻环节

事实表明，政策的有效执行不仅需要服从，还需要积极的合作，不仅需要相关行政部门的参与，还需要目标受益群体的参与。[②] 如果没有相关利益方的高度认同和有效参与，就会出现替换性执行、选择性执行、附加性执行、象征性执行、欺骗性执行和对抗性执行等执行梗阻现象。近年来，一些省（区、市）的企业博士后工作站"花瓶""空壳"现象引起社会的广泛关注。究其根源，一方面是重申报、轻建设、过分注重挂牌子和作秀的象征性执行、欺骗性执行带

---

① 郭英剑.博士后的苦与乐[N].中国科学报，2018-11-20(7).
② 菲利普・J・库珀，等.二十一世纪的公共行政：挑战与改革[M].王巧玲，李文钊.译.北京：中国人民大学出版社，2006：187.

来的恶果;另一方面,也与博士后管理部门在企业博士后工作站的审批和管理上疏于监管有关,权力的下放必须要和监督一致,这样才能体现政策成效。应进一步强化统筹,从政府、高校、科研院所、企业协同,联合招收和培养入手,形成推进博士后工作的合力;深入落实《国务院办公厅关于改革完善博士后制度的意见》中强调的"全面推开分级管理"的要求,切实调动基层单位的积极性和主动性,各地、各单位根据自身实际情况,通过"一市一策""一校一策""一企一策"等举措,制定灵活多样、富有竞争力的博士后薪酬制度和政策配套体系,抢占人才发展制高点;推动高校在科研博士后、师资博士后制度的基础上,重视项目博士后制度建设,发挥其在团队建设、学术梯队等方面的作用。

三、坚持科学性原则,通过评估工作优化推动博士后培养质量的提升

政策评估是政策体系的重要环节,它是省级博士后政策能够良好运行的有效保障。通过评估,好的政策得以保留和持续,有缺点的政策需要完善,不合时宜的政策加以废止。

(一)注重政策评估,完善绩效考核动态调整机制

从 1997 年开始,历经 2005 年、2010 年、2015 年、2020 年 5 轮实践,全国博士后工作综合评估已经形成每 5 年开展一次制度化模式,评估内容包括基础建设、招收选拔、培养使用、成果产出 4 个一级指标和 10 个二级指标,评估成绩分优秀、良好、合格、不合格 4 个等级。借鉴全国博士后工作综合评估常态化的工作思路,省级博士后政策评估也应早日提上议事日程。近年来,省级博士后站、省级博士后科研流动站协作研发中心、博士后科研创新实践基地、省级博士后成果转化基地、博士后创投中心、博士后创新创业基金、融合"博士后

站＋博士后创新创业实践基地＋创投风投机构"的博士后平台间的协作联盟等如雨后春笋般在全国各地涌现,如何对这些数目众多的博士后创新载体进行规范管理,逐渐成为省级博士后政策需要着力调整的范畴。通过政策评估,建立和完善相应的绩效考核、先行预警和动态调整机制,是推动省级博士后政策向规范化建设迈进的有效抓手。

2020年12月25日,江苏省人力资源和社会保障厅发布《关于撤销朗诗置业股份有限公司等50个单位江苏省博士后创新实践基地设立资格的通知》(苏人社函〔2020〕373号),决定撤销朗诗置业股份有限公司等50个长期"空站"无实质性运转的省博士后创新实践基地设站资格。2021年2月1日,江苏省人力资源和社会保障厅发布《关于注销南京斯威特集团有限公司等博士后站点的通知》(苏人社函〔2021〕32号),根据《全国博士后管委会办公室关于注销南京斯威特集团有限公司等22个博士后科研工作站、南京师范大学管理科学与工程等2个博士后科研流动站、江苏贝尔通信系统有限公司等42个园区类博士后科研工作站分站的通知》(博管办〔2020〕60号)和《全国博士后管委会办公室关于注销江苏河海科技工程集团有限公司等18个博士后科研工作站的通知》(博管办〔2020〕231号)精神,自2020年12月21日起注销南京斯威特集团有限公司等40个博士后科研工作站、南京师范大学管理科学与工程等2个博士后科研流动站、江苏贝尔通信系统有限公司等42个园区类博士后科研工作站分站。2021年12月6日,江苏省人力资源和社会保障厅发布《关于撤销部分单位江苏省博士后创新实践基地设立资格的通知》(苏人社函〔2021〕486号),决定撤销江苏省检验检疫科学技术研究院等64个省博士后创新实践基地和江苏西城三联控股集团有限公司等69个省博士后创新实践基地分站设立资格。2016年11月24日,江苏省人力资源和社会保障厅发布《关于开展2016年省级示范博士后科研工作站评选工作的通知》(苏人社函〔2016〕417号),强调为进一步发挥博士后制度在落实创新驱动发展战略、推进供给侧结构性改革中的重要作用,强化先进典型在博士后工作中的引领带动示范作用,江苏省将启动建设省级示范博士后科研工作站。全省 2014 年前经国家人力资源和社会保障部批准设立的博士后科研工作站均可推荐参加 2016 年省级示范博士后科研工作站评选,重点推荐对象是设在企业、研发型事业单位和高新技术开发区等区域性单位的博士后科研工作站。省级示范博士后科研工作站建设工作,将采取分批评选、省级命名、重点支持、省市协同推动的方式推进。2016 年全省将评选建设省级示范博士后科研工作站 10 家。2021 年 8 月 5 日,江苏省人力资源和社会保障厅发布《关于开展 2021 年度江苏省示范博士后科研工作站评选工作的通知》(苏人社函〔2021〕302 号),经评选,认定江苏省人民医院博士后科研工作站等 20 个单位为江苏省示范博士后科研工作站。

2020 年 9 月 22 日,安徽省人力资源和社会保障厅发布《关于 2019 年度省级博士后科研工作站评估结果的通报》(皖人社秘〔2020〕190 号),指出省人力资源和社会保障厅对 2016 年设站的已满 3 年的 30 个省级博士后科研工作站进行首次评估,对 2018 年度被评估不合格的 4 个省级博士后科研工作站进行整改验收(2015 年设立)。经评估,悦康药业集团安徽天然制药有限公司等 11 个站点被评估为“优秀”;中国能源建设集团安徽电力建设第一工程有限公司等 12 个站点被评估为“合格”;安徽蓝德集团股份有限公司等 5 个站点被评估为“不合格”。根据安徽状元郎电子科技有限公司和安徽省舒城三乐童车有限责任公司主动申请,即日起撤销其设站资格。2018 年评估不合格的 4 个整改验收单位中,安徽佳先功能助剂股份有限公司等 3 个站点验收合格,保留设站资格;淮南万泰电子股份有限公司验收不合格,即日起撤销其设站资格。

2021 年 1 月 29 日,福建省人力资源和社会保障厅发布《关于注销福州大学数学等 2 个博士后流动站和福建归真堂药业股份有限公司等 10 个博士后科研工作站的通知》(闽人社文〔2021〕15 号),对 2017 年以前设立的博士后科研流动站和工作站评估结果为不合格等级的 2 个博士后科研流动站和 10 个博士后科研工作站予以注销。

2023 年 2 月 17 日,甘肃省人力资源和社会保障厅发布《关于博士后科研工作站动态调整的通知》(甘人社通〔2023〕92号)，对新设站2年内未招收博士后且目前无博士后在站，同时也无明确招收和工作改进计划的兰州和盛堂制药股份有限公司、陇南市经济林研究院博士后科研工作站予以注销；对连续3年未招收博士后且目前无博士后在站，同时也无明确招收和工作改进计划的甘肃省医学科学研究院(甘肃省肿瘤医院)、天水星火机床有限责任公司博士后科研工作站予以注销。对连续3年未招收博士后的甘肃省祁连山水源涵养林研究院、中国石油润滑油公司兰州润滑油、兰州大成科技股份有限公司、甘肃省农业科学院、甘肃省化工研究院(有限责任公司)、甘肃省凯源生物技术开发中心、华龙证券股份有限公司7个单位博士后科研工作站给予1年整改期，如到期仍未整改到位则按规定予以注销。对光大兴陇信托有限责任公司博士后创新实践基地予以注销，设立光大兴陇信托有限责任公司博士后工作站。

(二) 打破惯性思维，着力深化人才评价机制改革

人才评价犹如指挥棒，对博士后就业选择乃至政策走向都有着重要的影响。针对一些博士后不愿到企业、欠发达地区工作的状况，浙江省、江苏省等积极深化分类评价的职称制度改革导向。2018年10月24日，浙江省人力资源和社会保障厅、浙江省科学技术厅发布《关于印发〈关于深化科研人员职称制度改革的意见〉的通知》(浙人社发〔2018〕115号)，鼓励博士后到企业从事科研工作，博士后留企业，全部确认为副研究员职务，博士后工作期间取得标志性重大成果的，可提交评委会直接晋升研究员职务。江苏省也出台相应政策：建立博士后职称评审绿色通道，在站博士后人员可直接申报副高级以上职称；出站博士后人员在教学、科研等专业技术岗位工作满1年的，可直接申报正高级职称；出站博士后在苏北地区工作满2年，工作成绩突出的，可直接认定为正高级职称。[①] 未来在深化省级博士后政策人才评价和激励机制的基础

---

① 潘玉娇.江苏深化人才分类评价改革不再"一把尺子量人才"[N].中国科学报,2019-08-03
(1).

上,可积极引导博士后就业等社会评价改革。2020年,中科院博士后缪元颖任职成都市公安局高新区分局当辅警、美国哈佛大学博士后罗林姣任职深圳南山区桃源街道办副主任等引发社会对人才评价的科学性和合理性的深度探讨。"中国改革走到今天,还认为创新的前沿仅仅局限在国字头的科研院所里,还认为高知人才必须在这些地方才能安身立命,这可能是小看改革给中国社会带来的深度变革了。选择在实践一线进行探索性研究,这实际上也是一种基于微观个体的革命性变化,未尝不是人才流动的一个乐观信号。"①

(三)强化内涵建设,注重提升博士后的培养质量

针对创新性研究成果偏少、规模不足、在区域创新体系中承担"科学研究主力军"的使命,省级博士后需要在内涵建设上深度发力,推动自身高质量发展。一是在培养定位上需要进一步精准。与国家博士后相对照,省级博士后应强化错位发展与特色发展,主要服务区域重大发展战略、区域重大产业和重大项目,着力解决区域经济社会发展重大技术性问题。二是在培养质量上严把"三关",注重进口关、培养关、出口关,着力提升博士后解决重大问题的能力。三是营造大气包容、积极向上的文化氛围。着力克服短视、急功近利、将博士后作为"学术临时工"等现象,为博士后全身心投入前沿创新研究创造良好氛围。中国科学院院士欧阳钟灿认为,博士后培养的成功与否,不在于发表文章的数量,而在于与生产力相结合,与自主创新相结合,要为实践服务。②

---

① 龙之朱."中科院博士后当辅警"上热搜的冷思考[N].光明日报,2020-10-13(2).
② 张春丽.博士后培养要"走出去、引进来"[N].光明日报,2012-07-01(5).

《企业博士后工作管理暂行规定》(博管发〔1997〕5号)指出:企业博士后工作即指一些经济实力较强、技术水平先进、科研条件较好的国家重点国有企业、国家试点企业集团或特大型、大型企业、高新技术企业,与设立博士后科研流动站的单位联合招收和培养博士后研究人员。企业博士后工作的基本模式是,由设立了博士后科研工作站的企业与高等学校和科研院所联合招收和培养博士后。①1994年,上海宝钢试点设立了第一个博士后科研工作站,开创了我国企业招收博士后研究人员的先河。高等学校、科研院所与企业联合培养博士后,这反映了我国博士后政策从高等学校、科研院所向企业扩展。博士后科研工作站的设立,为高层次科研人员面向国民经济主战场提供了平台,为推动校企合作、企业科技进步、促进产学研深度结合探索了一套有效模式。

---

① 庄毅.企业博士后:造就高级工程专家的成功之路[J].高等工程教育研究,2000(4):7-10.

第四章

我国企业博士后政策的历史回顾与创新之路

第一节　我国企业博士后政策的历史回顾

　　1985 年,博士后政策实施之初,只在高等学校和科研院所规划设立博士后科研流动站。随着社会经济的发展,产学研脱节、科技成果转化率低等问题日益突出,企业自主开发和科研创新不足成为制约企业发展的障碍,设立企业博士后工作站逐渐成为一种社会需要。"创新驱动发展、产学研协同创新是企业博士后兴起的现实背景,是国家政策积极推动和支持的重要原因;提升企业核心竞争力是企业博士后发展的内在驱动力,也是根本性的驱动力量;企业具有培养的能力和企业优厚科研生活条件为提升企业博士后培养质量提供了充分保障。它们共同构成了企业博士后生成的独特生态,促进了企业博士后蓬勃健康的发展。"[①]博士后工作站对企业人力资本的直接影响渠道在于:高端人才通过选人(雇佣决策)与育人(知识传播)两种方式,吸引具备特定互补技能的专用型人力资本向其聚集,最终实现劳动力的再配置和结构优化。[②] 研究显示,博士后工作站设立后,企业专利产出数量与质量状况明显提升,并且博士后工作站设立后企业创新能力的提升效果与其设站质量、合作院校等级

---

① 袁广林.企业博士后:内涵特征、生成逻辑与培养机制[J].国家教育行政学院学报,2017
　　(9):35-40.

② 黄冠华,叶志伟,夏誉凤.博士后工作站如何影响企业人力资本升级? [J].外国经济与管
　　理,2021(11):122-139.

显著正相关。① 从宏观发展历程来看,我国企业博士后工作站经历了从试点到推广、从联合招收到单独招收、从单个企业到开发区、从国有企业到民营企业和外资企业,以及拓展至博士后科技创新实践基地的渐进发展过程。

一、企业博士后工作站从试点到推广

1994 年 3 月 29 日,全国博士后管委会办公室发布《关于印发〈全国博士后管委会第十四次会议通报〉的通知》(博管办〔1994〕8 号),酝酿成立企业博士后工作站,"我国社会主义建设事业的飞速发展和世界科学技术的巨大进步,为博士后事业发展提供了新的机遇和挑战。经济的竞争,科技的竞争,关键还是人才的竞争。要以促进人力资本开发和管理为宗旨,积极适应建立社会主义市场经济体制对人才培养、使用和选拔所提出的要求,及时进行必要的政策调整、结构调整,采取有力的措施,鼓励和提倡全社会尤其是政府产业部门参与博士后事业建设,不断改进管理工作,努力解决制约发展的种种困难,逐步形成有合理竞争环境和条件的、不断使人才脱颖而出的博士后制度,以适应我国建设事业和科学技术发展对培养高级专业人才的迫切需要"。围绕"博士后事业发展的若干模式","设站单位可与一些工程技术中心和高新技术企业相结合,培养招收博士后。经费来源于企业,研究项目由设站单位与企业协商,主要解决企业所关心的高水平技术难题。为保证博士后的质量,人员招聘、学术指导必须由设站单位承担,博士后研究人员应有不少于 1/3 的时间在设站单位和其他相当水平的实验室工作"②。

---

① 权小锋,刘佳伟,孙雅倩.设立企业博士后工作站促进技术创新吗——基于中国上市公司的经验证据[J].中国工业经济,2020(9):175-192.
② 全国博士后管委会办公室.关于印发《全国博士后管委会第十四次会议通报》的通知:博管办〔1994〕8 号[2].

1994 年 10 月 24 日，全国博士后管委会办公室发布《关于批准建立上海宝钢博士后科研工作站的通知》（博管办〔1994〕16 号），决定在上海宝钢进行博士后科研工作站试点，"在企业建立博士后科研工作站，是我国博士后事业发展史上的重大事件，也是我国博士后工作向前发展的一项重要尝试。上海在我国经济、科技、教育等各方面都具有十分重要的地位和相当的优势。目前在上海地区已经有 24 个高等学校和科研院所建立起 39 个博士后科研流动站，招收了许多年轻的博士后研究人员；宝山钢铁（集团）公司是我国最大的钢铁联合企业之一，具有现代化的生产设备、工艺技术和一批有丰富实践经验的技术专家，并可为博士后研究人员提供良好的工作和生活条件。在宝钢建立博士后科研工作站，充分发挥各方面的优势，为博士后研究人员提供高起点、难度大、与生产密切结合的科研课题和良好的科研实践环境及生活条件，有利于出成果、出人才，同时也有利于促进宝钢的科研、生产和经营管理达到国际先进水平。高等学校、科研院所与企业联合培养博士后，对推动产、学、研结合，加强学术交流和促进人才流动，加速科研成果的产业化，推进我国现代企业的建设，将发挥积极的作用"。1994 年，上海交通大学与宝钢集团联合招收的全国第一个企业博士后刘玉文进站工作。

从 1994 年在宝钢进行博士后科研工作站试点开始，全国博士后管委会办公室 1995 年在深圳、佛山、哈尔滨医科大学，1996 年在大庆油田、吉化集团、上海石化、江苏春兰，1997 年在辽河油田等地陆续进行企业博士后工作站试点工作。1995 年 7 月 24 日，全国博士后管委会办公室发布《关于建立深圳企业博士后工作站的通知》（博管办〔1995〕17 号），深圳企业博士后工作站主要面向深圳市企业、高新技术园区以及工业村，通过组织全国各博士后流动站与深圳一些高新技术企业进行广泛的合作，安排博士后研究人员到深圳参与科研项目招标，开展科技咨询、成果转让和科技合作研究等，给博士后研究人员提供进一步锻炼和施展才华的场所，促进产、学、研的结合，同时提高深圳企业的人才素质和科技开发活动。这是国家博士后工作管理部门继批准设立上海宝钢博士后工作站后的又一新尝试,深圳成为全国第一个由地方政府参与、支持企业博士后工作,并设立政府企业博士后工作站的城市。1995 年 8 月 23 日,全国博士后管委会办公室发布《关于建立佛山企业博士后工作站的函》(博管办〔1995〕19 号),指出与高新技术企业相结合,建立企业博士后工作站是一项新的试点工作。1995 年 10 月 11 日,全国博士后管委会办公室发布《关于同意建立哈尔滨医科大学临床药(理)学博士后科研工作站的函》(博管办〔1995〕22 号),哈尔滨医科大学临床药(理)学博士后科研工作站,应充分利用已经建成的符合国际 GCP 标准的国家级临床药(理)学试验中心的条件,通过与国内外有关机构、专家的广泛联系和合作,接受全国各博士后流动站相关专业的博士后研究人员在该站开展科研工作,为推动我国新药临床试验研究和尽早、全面地与国际医药产业接轨,发挥积极作用。

1996 年 2 月 28 日,全国博士后管委会办公室发布《关于同意建立大庆油田博士后科研工作站的批复》(博管办〔1996〕3 号),大庆油田博士后科研工作站应充分利用大庆石油管理局经济、科研实力雄厚的优势,与各博士后流动站设站单位广泛联系和合作,为加速培养高层次人才,确保油田稳产高产,推动大庆油田经济技术与国际接轨,发挥积极的作用。1996 年 9 月 9 日,全国博士后管委会办公室发布《关于同意建立"吉化博士后科研工作站"的批复》(博管办〔1996〕7 号),"吉化博士后科研工作站"的建立,有利于加强企业与高等院校和科研院所的合作,有利于培养和造就适应企业发展需要的高层次的科技和管理人才,有利于推动企业的技术进步和技术创新,对加速吉化集团公司跨入国际一流企业的行列将发挥积极的作用。1996 年 10 月 23 日,全国博士后管委会办公室发布《关于同意建立"上海石化博士后科研工作站"的批复》(博管办〔1996〕9 号),"上海石化博士后科研工作站"的建立,对促进博士后工作面向企业,培养适应企业发展的高层次科技和管理人才,推动企业技术进步,加速上海石化股份有限公司跨入国际一流企业的行列将发挥积极的作用。1996 年 10 月 25 日,全国博士后管委会办公室发布《关于同意在广州市部分企业中开展博士后工作的批复》(博管办〔1996〕10 号)，"同意在广州市科研条件好、经济实力较强的大中型企业和高新技术产业中，选择一些高水平的科研项目，与设有博士后流动站的高等院校和研究院所合作，开展联合招收和培养博士后研究人员的试点工作。为了做好这项工作，可根据需要组成'广州市企业博士后工作管理协调领导小组'，其办公室设在广州市人事局。接此批复后，请你们根据国家有关博士后的政策规定和本市的实际情况，制定行之有效的管理办法，积极争取各方面的配合和支持，充分发挥高等院校、研究院所和企业两方面的优势，努力为博士后研究人员创造较好的科研和生活环境"。

1996 年 12 月 3 日，全国博士后管委会办公室发布《关于同意建立"江苏省春兰(集团)公司博士后科研工作站"的批复》(博管办〔1996〕11 号)，"江苏省春兰(集团)公司博士后科研工作站"，对促进产、学、研相结合，推动博士后工作面向经济建设，培养适应企业发展的高层次科技和管理人才，推动企业技术进步，加速春兰(集团)公司在科技水平、劳动生产率、经济效益等方面接近和达到国际先进水平必将发挥积极的作用。1996 年 12 月 5 日，全国博士后管委会办公室发布《关于印发全国博士后管委会第十六次会议纪要的函》(博管办〔1996〕12 号)，要抓住目前企业渴望技术进步的机遇，选择部分技术力量雄厚、发展前景广阔的国有大中型企业，与设立博士后科研流动站的单位逐步开展联合招收博士后的工作，并注意在机制上保证博士后培养的质量。1997 年 4 月 30 日，全国博士后管委会办公室发布《关于同意建立"辽河油田博士后科研工作站"的批复》(博管办〔1997〕5 号)，建立企业博士后科研工作站，由企业与设立博士后流动站的高等院校、科研院所联合招收和培养博士后研究人员，是我国博士后工作面向国民经济建设，促进产、学、研相结合的新举措。众多试点单位的先行先试，为我国企业博士后下一步扩大试点奠定了坚实基础。

1997 年，人事部、国家经济贸易委员会、全国博士后管委会决定扩大企业博士后试点工作。全国博士后管委会连续颁布两项政策，强调在前两年试点工作的基础上,扩大企业博士后工作试点。① 1997 年 9 月 23 日,人事部、国家经济贸易委员会、全国博士后管委会发布《关于扩大企业博士后工作试点的通知》(人发〔1997〕86 号),开展企业博士后工作的主要目的是:充分发挥博士后制度在科学技术研究、人才培养和使用及人才流动等方面的优势,逐步形成企业与设立流动站单位的合作机制,促进产、学、研结合,培养和造就适应国民经济和企业发展需要的高级科技和管理人才;为企业引进和培养高水平人才,提高企业的技术创新能力,推进企业的技术进步;推动高等学校和科研院所面向企业,加快科技成果转化为生产力。企业博士后工作的指导原则:联合招收,优势互补;依托项目,保证质量;互惠互利,共同发展。试点企业应具备的基本条件:①应是国家重点国有企业、国家试点企业集团或特大型、大型企业、高新技术企业;②建有国家认定的企业技术中心或健全的研究与开发机构,具有一支研究水平较高的科技人员队伍和较好的研究开发条件;③能提出具有较好市场前景和较高学术技术水平的研究项目,项目不仅有利于企业的技术进步和发展,同时有利于培养和造就高层次的科技和管理人才;④企业经营管理状况良好,有较好的经济效益,能为博士后研究人员提供必要的科研、生活条件及其他后勤保障;⑤企业领导及所属部门对开展企业博士后工作高度重视、大力支持。按照"稳步发展、逐步扩大"的方针,试点工作优先在机械、冶金、电子通信、石油化工、医药工程、航空航天、能源、交通等行业中开展。

1997 年 10 月 8 日,为使企业博士后工作顺利开展并逐步规范化、制度化,全国博士后管委会发布《关于印发〈企业博士后工作管理暂行规定〉的通知》(博管发〔1997〕5 号),由总则、试点企业与设立流动站单位的合作、研究项目与招收计划的确立、企业博士后研究人员的招收、企业博士后研究人员的管理、经费和工资福利待遇、博士后工作期满管理、企业博士后研究成果、附则九

---

① 全国博士后管委会. 关于印发《企业博士后工作管理暂行规定》的通知:博管发〔1997〕5 号〔2〕. 人事部,国家经济贸易委员会,全国博士后管委会. 关于扩大企业博士后工作试点的通知:人发〔1997〕86 号〔2〕.

部分组成。

1998 年 2 月 13 日，全国博士后管委会办公室、国家经贸委技术与装备司发布《关于批准 36 家企业扩大开展博士后试点工作的通知》(博管办〔1998〕1号)，由于目前企业博士后工作尚属试点，经验不足，许多做法还不够成熟，因此，各试点企业和设立博士后科研流动站单位要密切结合，及时研究解决工作中出现的新情况、新问题，不断总结经验，克服困难，共同把这一工作做好。政策批准上海汽车工业(集团)总公司、中国第一汽车集团公司等 36 家企业扩大开展博士后工作试点。1998 年 11 月 4 日，全国博管委办公室发布《关于批准广东汕头超声电子股份有限公司等 17 家企业开展博士后试点工作的通知》(博管办〔1998〕7 号)，广东汕头超声电子股份有限公司等 17 家企业开展博士后试点工作。

1999 年 5 月 24 日，人事部发布《关于企业设立博士后科研工作站报批事项的通知》(人发〔1999〕48 号)，为积极引进和培养企业所需的高层次科技和管理人才，促进企业技术创造和自主开发能力的提升，推进产、学、研结合和科技成果的转化，经研究决定，在原企业博士后试点工作的基础上，逐步在有条件的企业扩大设立企业博士后科研工作站。1999 年 11 月 1 日，人事部、全国博士后管委会发布《关于印发〈关于积极开展企业博士后工作的意见〉的通知》(人发〔1999〕127 号)，为贯彻落实《中共中央关于国有企业改革和发展若干问题的决定》，推动博士后研究工作深入发展，促进博士后工作更好地服务于经济建设，为企业引进和培养高层次科技和管理人才，增强企业科研开发和技术创新能力，加快产、学、研结合和科研成果转化，决定在目前企业博士后试点工作的基础上，加大工作力度，积极开展企业博士后工作。政策核心内容有：要在保证博士后培养质量的前提下，每年优先选择 60 家左右建有国家认定的技术中心、具有较好研究开发条件的重点企业和高新技术企业，开展企业博士后工作，逐步使其成为培养、引进和使用高层次人才的重要途径和措施。企业博士后工作要坚持政府推动，政策引导，逐渐走向市场化的运作模式。根据国家经济和社会发展的需要,企业博士后工作要继续贯彻"择优评选、保证质量、稳步发展"的方针。要重视对企业博士后工作的评估工作,全面检查工作站的运作情况。要定期或不定期地组织企业博士后做工作经验交流,对搞得好的企业博士后科研工作站要予以表彰,推广他们的先进经验;对工作开展不力的企业博士后科研工作站要找出原因,及时帮助改进;对设站后 2 年内未有进站人员的企业博士后科研工作站,要撤销其设站资格。

世纪之交,全国各地把建立企业博士后工作站作为推动国有企业改革和发展的一项重要举措。1999 年 12 月 16 日,人事部发布《关于批准在 60 家企业建立博士后科研工作站的通知》(人发〔1999〕140 号),批准中国第一重型机械集团公司等 60 家企业设立博士后科研工作站。2000 年 11 月 29 日,人事部发布《关于批准西部地区 25 家企业设立博士后科研工作站的通知》(人发〔2000〕112 号),批准昆明云大科技产业股份有限公司等西部地区 25 家企业设立博士后科研工作站。2000 年 11 月 29 日,人事部发布《关于批准 62 家企业建立博士后科研工作站的通知》(人发〔2000〕113 号),批准中国石化集团金陵石油化工有限公司等 62 家企业设立博士后科研工作站。企业博士后科研工作站在国家政策的有力推动下,逐渐从试点走向全国。

二、企业博士后工作站从联合招收到单独招收

1994 年,宝钢企业博士后工作站设立之初,政策规定高等学校、科研院所与企业联合培养博士后。[①] 1997 年,政策规定进一步开展联合招收和培养博

---

① 全国博士后管委会办公室. 关于批准建立上海宝钢博士后科研工作站的通知:博管办〔1994〕16 号[2].

士后研究人员的工作，①企业博士后工作的指导原则之一是"联合招收，优势互补。要通过企业与设立流动站单位联合招收、共同培养和使用博士后研究人员，充分发挥设立流动站单位研究条件好、学术力量强、科研资料全和信息畅通，以及企业研究项目与实际结合紧密、资金雄厚、实地培养和锻炼条件好等优势，促进企业和设立流动站单位之间的联合，进一步做到培养和使用相结合，在使用中培养，在培养和使用中发现一批高素质的复合型高级人才"。

2001年7月26日，人事部、全国博士后管委会发布《关于印发〈博士后工作"十五"规划〉的通知》（人发〔2001〕82号），"十五"期间博士后工作基本原则之一是"把产、学、研三者结合起来。博士后工作特别是企业博士后工作要与生产、科研紧密联系，加强基础理论和重大理论的研究，增强企业与高等学校、科研院所的合作，培养和造就适应国民经济和企业发展需要的高级科技人才和管理人才，加快科技成果的开发和转化，不断提升企业技术创新和管理创新能力，增强博士后事业发展与国民经济建设的良性互动"，"大力推进和加快企业博士后的发展，在具有较强的研发实力、高水平的科研课题与经费充足、能够作为长期培养博士后基地的部分大型企业、高科技企业、留学人员创业园区和科研生产型事业单位逐步建立一批博士后科研工作站，到2005年工作站总数达到1000个左右"。

2001年12月26日，人事部、全国博士后管委会发布《关于印发〈博士后管理工作规定〉的通知》（人发〔2001〕136号），企业博士后工作站开创了独立招收的先河。该规定所称的工作站，是指在企业、科研生产型事业单位和特殊的区域性机构内，经批准可以招收和培养博士后研究人员的组织。大型、特大型企业或企业集团，科研生产型事业单位，具有一定规模的高新技术企业、高新技术开发区、经济技术开发区、留学人员创业园区等企业或其他组织申请设

---

① 人事部，国家经济贸易委员会，全国博士后管委会.关于扩大企业博士后工作试点的通知：人发〔1997〕86号[2].

立工作站,应当具备以下基本条件:具有国家级企业技术中心或健全的研究与开发机构,有高水平的科技人员队伍和高水平的科研项目;具有较强的经济技术实力,重视人才工作,能为博士后研究人员提供较好的科研条件和必要的生活条件。工作站应当与流动站联合招收、培养博士后研究人员,双方单位应当按照优势互补、互惠互利、保证质量、共同受益的原则签订协议书,明确双方的权利和义务。对具有独立培养博士后研究人员能力的工作站,经批准可以单独招收博士后研究人员。

2006年10月30日,人事部、全国博士后管委会发布《关于印发〈博士后工作"十一五"规划〉的通知》(国人部发〔2006〕114号),提出科研工作站总数比2005年底增长50%左右。新增设的流动站、工作站主要向新兴学科、重点学科和国家重点发展的行业倾斜。随着企业自主研发能力的增强,为提升企业的自主性和积极性,政策要求"改进工作站与流动站联合招收博士后研究人员的方式和方法。发挥工作站在联合招收中的主导地位和流动站的支撑作用,保障各方权益。联合招收的博士后研究人员可在工作站或流动站所在省(区、市)办理博士后研究人员进出站手续。部分符合条件的工作站经批准后可以独立招收博士后研究人员","各级博士后管理部门要加强对企业博士后工作的指导和支持。组织和协调有关高等学校、科研院所,发挥其学科、人才、信息优势以及对企业技术创新、成果转化、人才培养等方面的支持作用,对口帮助企业合理确定博士后研发项目和招聘博士后研究人员的计划,完善站内各项管理制度,为企业博士后工作提供各类服务"。

2006年12月29日,人事部、全国博士后管委会发布《关于印发〈博士后管理工作规定〉的通知》(国人部发〔2006〕149号),该规定所称的工作站,是指在具备独立法人资格的企业等机构内,经批准可以招收博士后研究人员的组织。"企业、从事科学研究和技术开发的事业单位、省级以上高新技术开发区、经济技术开发区和留学人员创业园区申请设立工作站,应当具备以下基本条件:①具备独立法人资格,经营或运行状况良好;②具有一定规模,并具有专门的研究与开发机构；③拥有高水平的研究队伍，具有创新理论和创新技术的博士后科研项目；④能为博士后人员提供较好的科研条件和必要的生活条件。建有省级以上研发和技术中心，承担国家重大项目的单位可优先设立工作站。""以工作站为主做好联合招收博士后研究人员工作，并视导师指导和设备试验等情况向流动站支付一定费用，费用数额由双方协商确定。联合招收的博士后人员在工作站所在省、自治区和直辖市办理博士后研究人员进出站手续。博士后学术、技术实力强，具备独立培养博士后人员能力的工作站，经人事部博士后管理部门批准可以单独招收博士后人员。"

三、企业博士后工作站从单个企业到开发区

1994年，宝钢企业博士后工作站设立之初，政策规定在单个企业建立博士后科研工作站。[①] 后来的企业博士后工作站试点改革延续了这种政策规定。1999年5月4日，人事部发布《关于同意设立北京海淀新技术产业开发试验区企业博士后科研工作站的批复》（人函〔1999〕62号），同意在北京海淀新技术产业开发试验区设立企业博士后科研工作站，在该区的联想集团控股公司、四通集团公司、北大方正集团公司、北新建材（集团）有限公司、时代集团公司和北京锦绣大地农业股份有限公司等6家高新技术企业开展博士后工作。在高新技术企业相对比较集中的区域，选择一些经济实力强、科研条件较好的高新技术企业，依托高新技术项目，与博士后流动站单位联合招收博士后研究人员，是我国博士后工作发展的一种新形式，对于引进和培养高层次科技人才和管理人才，对于高新技术项目的研究与开发和高新技术企业的发展都将产生积极的推动作用。北京海淀新技术产业开发试验区企

---

① 全国博士后管委会办公室.关于批准建立上海宝钢博士后科研工作站的通知:博管办〔1994〕16号[2].

业博士后科研工作站的设立,推动了企业博士后工作站从单个企业到开发区的跨越。

1999 年 5 月 4 日,人事部发布《关于同意设立天津经济技术开发区企业博士后科研工作站的批复》(人函〔1999〕63 号),同意在开发区设立"天津经济技术开发区企业博士后科研工作站",在该区的天津中环三津有限公司、摩托罗拉(中国)电子有限公司和天津泰达生物医学工程研究所 3 家高新技术企业开展博士后工作。1999 年 5 月 4 日,人事部发布《关于同意设立上海浦东新区企业博士后科研工作站的批复》(人函〔1999〕64 号),同意在浦东新区设立"上海浦东新区企业博士后科研工作站",在该区的上海金桥高新技术创业中心、复旦张江生物医药有限责任公司和上海浦东现代农业开发公司 3 家高新技术企业开展博士后工作。

2001 年 3 月 7 日,人事部、全国博士后管委会发布《关于批准 11 个开发区设立博士后科研工作站的通知》(人发〔2001〕18 号),批准天津新技术产业园区等 11 个开发区设立博士后科研工作站,同意园区内的天津天大天财股份有限公司等 43 个企业招收博士后研究人员,开展博士后工作。在高新技术企业相对集中的区域,选择一些经济实力强、科研条件好的高新技术企业,依托高新技术项目,与博士后流动站联合招收培养博士后研究人员,是促进产、学、研结合,加快引进和培养高层次人才的有效形式,对高新技术项目的研究与开发以及高新技术企业的发展都将产生积极的推动作用。开发区博士后科研工作站模式随即在全国逐渐推广开来。在全国博士后管理委员会的支持下,已有 62 家国家高新区建立了博士后科研工作站,涌现出中关村科技园区海淀园、成都高新区、青岛高新区、佛山高新区等一批设站高新区代表,有效推动了地方人才高地建设和企业技术创新研究,促进了区域经济社会发展。[1]

---

[1] 李一骢,谭玉林.国家高新区以企业博士后工作为抓手 推动高新技术产业高质量发展[J].国际人才交流,2023(3):1-3.

四、企业博士后工作站从国有企业到民营企业和外资企业

工作站设立之初，只针对国有企业，如早期设立企业博士后工作站的宝钢、大庆油田、吉化集团、上海石化、江苏春兰、辽河油田等，都是国有大型企业。2001年12月21日，人事部发布《关于批准大同煤矿集团有限责任公司等174家单位设立博士后科研工作站的通知》，批准广东顺德鸿昌化工有限公司等民营企业设立博士后科研工作站，这是博士后工作站首次入驻中国民营企业。

2000年11月29日，人事部发布《关于批准62家企业建立博士后科研工作站的通知》（人发〔2000〕113号），微软（中国）有限公司名列其中。2001年4月23日，微软中国研究院作为第一家独立外资企业博士后科研工作站成立。原国家人事部常务副部长徐颂陶在授牌仪式上表示，"在外企研究机构设立博士后科研工作站目前还是一种尝试，此次选择微软中国研究院作为第一个试点，是经过慎重考虑的。微软中国研究院作为微软公司在亚洲唯一的基础研究机构，经过两年的发展，取得了令人瞩目的成绩，不仅拥有先进的科研设备和充足的资金，而且汇聚了一大批世界一流的华人学者，充分显示了其国际一流的研究实力和管理经验。这一切都将为博士后的成长提供不可多得的环境"①。

随着我国经济体制改革的深入，外资企业和民营企业在国家整个经济份额中的比重上升趋势明显，影响力日趋增强。民营企业比较发达的浙江省，有75％以上的博士后科研工作站设在民营企业。博士后工作站从国有企业到民营企业、外资企业的辐射为企业博士后的发展增添了活力和创造力。目前，

---

① 郜云雁.微软"博士后科研工作站"成立——第一家独立的在华外资企业"博士后科研工作站"正式启动，首批计划招收20名博士生[N].中国教育报，2001-04-29(4).

数千家企业、160 个园区招收博士后人员达 4.1 万人,近 5 年新设立博士后科研工作站近 900 个,华为、腾讯、科大讯飞、宁德新能源等民营科技型企业,西湖大学、之江实验室、鹏城实验室等新型研究机构普遍设立了博士后科研工作站,将人才培养、成果转化、企业技术进步融为一个有机整体。[①] 华为公司先后在北京、上海两地成立博士后工作站,还在苏州设立博士后创新实践基地,通过与知名高校和科研院所合作的双导师模式,同步提高博士后培养的数量与质量。[②]

五、企业博士后工作站拓展至博士后科技创新实践基地

近年来,在博士后科研流动站和企业博士后科研工作站之外,为充分发挥博士后制度在高层次人才队伍建设和企业技术创新中的独特作用,加快建立以企业为主体的技术创新体系,助推区域经济转型升级,上海市、河南省、河北省等省(自治区、直辖市)在全国范围内率先探索博士后创新实践基地模式(见表 4-1)。"随着我国博士后制度运行经验的积累,为了促进产、学、研一体化过程,一种称为'博士后科技创新实践基地'的博士后制度运行形态被创新出来了。它是指流动站和工作站运用雄厚的博士后人才资源,结合具体单位或项目建立博士后科技创新实践基地,为区域经济和中小企业的发展搭建聚集成果转化、引进博士后的平台。流动站和工作站通过建立博士后科技创新实践基地,不仅为在站博士后提供社会实践的机会,更看重促进产学研一体化的进程,充分体现了博士后制度为区域经济发展提供智力资源支

---

① 高阳.科技强国梦 乘风破浪时——披荆斩棘、勇攀高峰,我国博士后制度走过三十六载[N].中国组织人事报,2021-11-10(1).

② 黄冠华,叶志伟,夏誉凤.博士后工作站如何影响企业人力资本升级?[J].外国经济与管理,2021(11):122-139.

持的力度，进而实现全面提高中小企业的科技创新能力，为创新型国家战略的实施服务。"①

2004 年 4 月，上海进一步改革和创新博士后培养机制，在全国范围内首创博士后创新实践基地，建立起博士后科研流动站、博士后科研工作站和博士后创新实践基地的"两站一基地"工作管理体系。2004 年 8 月 17 日，上海市人事局发布《关于建立上海市首批博士后创新实践基地的通知》（沪人〔2004〕126 号），为了贯彻落实《中共上海市委、上海市人民政府关于贯彻〈中共中央、国务院关于进一步加强人才工作的决定〉的实施意见》，切实加强高层次人才开发，进一步拓宽博士后工作渠道和领域，充分调动博士后研究人员为区、县企业，尤其是广大中小型高科技企业解决生产技术难题的积极性，促进企业、人才、资本、技术的有机结合，推动博士后事业的发展，我们实行在部分区、县建立上海市首批博士后创新实践基地。根据上海市博士后创新实践基地的申报条件和要求，经专家评议，上海市博士后工作办公室研究决定，在长宁区建立"上海市多媒体产业园博士后创新实践基地"，在嘉定区建立"上海国际汽车城博士后创新实践基地"，在杨浦区建立"上海市杨浦知识创新区博士后创新实践基地"，在闵行区建立"上海市闵行区博士后创新实践基地"，在松江区建立"上海市松江区博士后创新实践基地"，在青浦区建立"上海市青浦区博士后创新实践基地"，上述 6 个博士后创新实践基地依据所在区、县的特色产业而设，作为上海市试点先行启动。博士后创新实践基地接受上海市博士后工作办公室业务指导，是博士后培养和推动产、学、研相结合的社会化服务平台。其主要功能包括：依托博士后科研流动站招收项目博士后研究人员；为基地内企业提供技术咨询等相关服务；为企业提供讲学讲课及社会化培训；为企事业单位推荐高层次优秀青年人才，并提供相关人事代理服务；推进博士后科研课题进入市场，促进科技成果的转化；等等。博士

---

① 冯支越.中国博士后制度改革创新的实证研究［M］.北京:北京大学出版社,2013:133.

后创新实践基地是对博士后工作的延伸和发展,希望各单位对于博士后创新实践基地的发展给予关心和支持,努力把博士后创新实践基地建成产业特色鲜明、规模相对集中、运行协调高效的高层次人才服务平台。2007年12月21日,上海市人事局发布《博士后管理工作实施办法》(沪人〔2007〕239号),具体规定了申请设立博士后创新实践基地的区、县和申请入驻博士后创新实践基地的企业应当具备的基本条件。2012年12月10日,在第二届上海市博士后创新创业大赛决赛现场,黄浦、静安、虹口、奉贤和崇明5个区被授予"博士后创新实践基地"铭牌。自此,博士后创新实践基地实现了16个行政区全覆盖。

河南省勇于创新、大胆实践,自2010年起,在全国率先设立博士后研发基地(2017年以后,统一更名为博士后创新实践基地)333个,因企业合并、倒闭、考核等原因撤销40个基地,升级为工作站、工作站分站的有52个,现有基地241个。[①] 作为博士后科研流动站、博士后科研工作站的补充,博士后创新实践基地有效疏通了高等院校、科研院所和企业协同创新的渠道,推进了博士后工作产学研相互促进。

为加强各省(自治区、直辖市)博士后创新实践基地的统一、规范管理,人力资源和社会保障部、全国博士后管理委员会及时颁布了相应的政策文本。2011年2月21日,为规范各地省级博士后工作平台建设,人力资源和社会保障部、全国博士后管理委员会发布《关于博士后创新实践基地建设有关问题的通知》(人社部发〔2011〕21号),有条件的省、自治区、直辖市可以批准建立博士后创新实践基地,为中小企业技术创新提供服务。有条件的省、自治区、直辖市在建立省级博士后工作平台时,统一名称为"博士后创新实践基地"。各地已经探索建立的各种省级博士后工作平台名称也应统一改为"博士后创新实践基地"。建立博士后创新实践基地的主要目的是促进产学

---

① 王修来.中国博士后发展报告(2021)[M].北京:中国人事出版社,2022:70-71.

研结合,促进科技成果转化为生产力,推进企业技术创新。博士后创新实践基地建设要坚持统筹规划、稳步发展的原则,博士后创新实践基地一般应在技术开发条件较好的园区或有较强技术实力的企业建立。凡建立博士后创新实践基地的地区要以《博士后管理工作规定》为基础,出台相关管理细则,做好博士后创新实践基地的管理工作。博士后创新实践基地应当委托博士后科研流动站招收博士后研究人员,双方的权利、义务以及委托招收的博士后研究人员的权利、义务等通过协议的方式约定。博士后创新实践基地的设立、考核、管理等工作,由省级人力资源和社会保障部门负责。对管理规范、成绩突出的博士后创新实践基地,可优先设立博士后科研工作站。2011年 8 月 23 日,人力资源和社会保障部、全国博士后管理委员会发布《关于印发博士后事业发展"十二五"规划的通知》(人社部发〔2011〕91 号),"健全完善国家、地方(部门)和设站单位分级管理体制,形成责权明晰、分工科学、协调高效、机制灵活、管理规范的博士后工作分级管理体制和运行机制。推动博士后工作制度创新,积极推动有条件的单位进行博士后管理创新试点,鼓励地方政府根据地区经济社会发展实际,建立博士后创新实践基地。""通过加强高新区、开发区、创业园博士后工作,建立博士后创新实践基地,开展项目博士后工作等多种途径,统筹为规模较小、有创新需要的科技企业提供博士后工作服务。"

表 4-1　我国部分省(区、市)博士后创新实践基地相关政策

序列	省(区、市)	时间	主要内容	政策文本
1	上海市	2004 年 8 月 17 日	博士后创新实践基地接受上海市博士后工作办公室业务指导,是博士后培养和推动产学研相结合的社会化服务平台。其主要功能包括:依托博士后科研流动站招收项目博士后研究人员;为基地内企业提供技术咨询等相关服务;为企业提供讲学讲课及社会化培训;为事业单位推荐高层次优秀青年人才,并提供相关人事代理服务;推进博士后科研课题进入市场,促进科技成果的转化等	上海市人事局《关于建立上海市首批博士后创新实践基地的通知》(沪人〔2004〕126 号)

序列	省(区、市)	时间	主要内容	政策文本
2	河南省	2010 年 3 月 5 日	建立博士后研发基地要贯彻执行国家和省有关政策规定,并遵循以下原则:一是依托项目。博士后研发基地要立足于河南省工业、农业、石油化工、生物医药、机械制造、电子信息等主导产业发展的需要,以高科技和高效益的研发项目为依托,所选项目既要有较好的市场前景,也要有较高的学术技术水平。二是合作互补。基地单位可与博士后科研流动站、工作站单位合作开展项目研发,高校流动站要充分发挥其学科设置齐全、科研条件优越、信息资料丰富等优势;企事业单位工作站要发挥自身的研发环境、生产条件和资金等优势,双方紧密结合,优势互补,共求发展。三是互惠互利。博士后研发基地既要有利于高层次人才的引进和项目开发、技术创新能力的提升,也要有利于博士后科研流动站单位的学科建设和维护博士、博士后人员的合法权益	河南省人力资源和社会保障厅《关于在产业集聚区建立博士后研发基地的实施意见》(豫人社〔2010〕85号)
		2011 年 4 月 28 日	博士后研发基地是在产业集聚区、高新技术开发区、经济技术开发区及企事业单位中建立的人才、项目合作平台,促进科技成果转化,有效实现产学研结合。所谓研发基地,是指在本省境内科研院所、学校、医疗卫生等事业单位及各类企业,由博士、博士后及博士后科研创新团队从事研发工作的组织。在研发基地从事博士后研究和项目研发的博士后研发人员及创新团队成员等统称为研发人员。研发基地与博士后科研流动站、工作站联合招收的博士后称为博士后研发人员;创新团队与研发基地等企事业单位合作开展科研项目的人员称为创新团队研发人员	河南省人力资源和社会保障厅《关于印发〈河南省博士后研发基地管理办法〉的通知》(豫人社博管〔2011〕5号)
		2017 年 4 月 25 日	博士后创新实践基地是河南省级博士后工作平台,是指按照一定程序申请设立的,委托博士后科研流动站、工作站招收博士后研究人员,与博士后科研流动站联合进行科学研究、技术开发与创新、科研成果转化的高层次创新型青年人才工作平台。按照人力资源和社会保障部全国博士后管理委员会《关于博士后创新实践基地建设有关问题的通知》(人社部发〔2011〕21号)要求,以前设立的"河南省博士后研发基地"统一更改名称为"河南省博士后创新实践基地"	河南省人力资源和社会保障厅办公室印发《河南省博士后创新实践基地管理办法》(豫人社办管〔2017〕59号)

续表

序列	省(区、市)	时间	主要内容	政策文本
3	河北省	2011 年 4 月 28 日	凡在河北省境内注册的各类所有制企(事)业单位以及省级以上高新技术开发区、经济技术开发区和留学人员创业园区均可申报设立"博士后创新实践基地"	河北省人力资源和社会保障厅《关于开展博士后创新实践基地工作的通知》(冀人社字〔2011〕95 号)
4	山西省	2011 年 5 月 26 日	博士后创新实践基地是博士后工作的拓展和深化,是省级博士后工作的重要平台和抓手,主要目的是发挥博士后科研流动站的人才技术优势,促进产学研结合和科技成果转化,加快建立以企业为主体的技术创新体系,培养造就高层次创新人才	山西省人力资源和社会保障厅《关于建立博士后创新实践基地的意见》(晋人社厅发〔2011〕83 号)
5	陕西省	2013 年 7 月 8 日	陕西省博士后创新基地是指经省人力资源和社会保障厅批准,通过与博士后科研流动站合作招收博士后人员、试验性地开展博士后工作的企事业单位或高新技术开发区、经济技术开发区、大学科技园和留学人员创业园区等特殊区域性机构。省人力资源社会保障厅是全省博士后创新基地工作综合管理部门,负责博士后创新基地政策、规章、规划制定及组织实施。博士后创新基地每 2 年考核评估一次,由省人力资源社会保障厅统一部署,省博管办组织,各市人力资源保障局实施	陕西省人力资源和社会保障厅《关于印发〈陕西省博士后创新基地管理暂行办法〉的通知》(陕人社发〔2013〕50 号)
6	新疆维吾尔自治区	2013 年 9 月 4 日	启动新疆维吾尔自治区博士后创新实践基地的申报评选工作	新疆维吾尔自治区人力资源和社会保障厅《关于建立自治区博士后创新实践基地(自治区级博士后科研工作站)的通知》(新人社发〔2013〕125 号)
		2023 年 5 月 12 日	为充分发挥博士后制度在培养高层次创新型青年人才、促进产学研融合和企业技术创新中的独特作用,进一步推动自治区博士后创新实践基地规范管理服务	新疆维吾尔自治区人力资源和社会保障厅《新疆维吾尔自治区博士后创新实践基地管理服务细则(试行)》(新人社规〔2023〕4 号)

序列	省(区、市)	时间	主要内容	政策文本
7	山东省	2014年3月10日	山东省博士后创新实践基地是指在未设立博士后科研流动站和工作站的单位,经认定可以依托博士后科研流动站代为招收博士后研究人员开展技术创新实践活动的工作平台。基地的主要职责是发挥博士后科研流动站的人才技术优势,促进产学研用相结合,加速科技成果转化,提高企业技术创新能力,培养高层次创新型青年人才,重点促进县域经济发展。基地建设坚持统筹规划、服务发展、统一管理、稳步推进的原则	山东省人力资源和社会保障厅、山东省教育厅、山东省公安厅、山东省财政厅《关于印发〈山东省博士后创新实践基地管理办法〉的通知》(鲁人社发〔2014〕16号)
		2022年2月23日	省博士后创新实践基地是指具备独立法人资格的企业等机构(含企业、从事科学研究和技术开发的事业单位、设区的市级以上高新技术开发区、经济技术开发区和留学人员创业园区),具备一定条件,未设立流动站和工作站的,经省人力资源社会保障厅授权、联合流动站招收博士后、开展技术创新实践活动的省级博士后工作平台	山东省人力资源和社会保障厅《关于印发〈山东省博士后工作管理办法〉的通知》(鲁人社规〔2022〕1号)
8	甘肃省	2014年5月26日	决定在甘肃省技术开发条件较好的园区和技术实力较强的企业建立博士后创新实践基地	甘肃省人力资源和社会保障厅《关于开展博士后创新实践基地建设工作的通知》(甘人社通〔2014〕175号)
9	江西省	2014年8月14日	功能定位:博士后创新实践基地是对博士后工作的延伸和发展,是指在省内具有一定研发能力的企事业单位按照国家设立博士后科研工作站的组织管理模式,招收博士后研究人员进行科研开发、创新创业的一种特定形式,是促进江西省科学研究、技术开发、人才培养、成果转化的基地。博士后创新实践基地具有以下功能:一是招收博士后。与博士后科研流动站联合招收博士后从事科研和技术创新工作。二是提供科技服务。工业园区接受入驻企业的科研、技术和管理等课题,与博士后智力、信息、技术优势有机结合,为企事业单位提供人才、科研相关服务。三是促成成果转化:通过博士后课题招标实现成果社会化,促进科技成果转化。四是促进人才培养:通过联合培养的方式提升博士后科研创新能力,同时促进设立创新实践基地单位的人才培养	江西省人力资源和社会保障厅《关于建立博士后创新实践基地的实施意见》(赣人社发〔2014〕45号)

序列	省（区、市）	时间	主要内容	政策文本
9	江西省	2019年12月10日	各博士后创新实践基地设立单位组织实施本单位博士后创新实践基地的自评，负责收集评估材料、数据填报、撰写自评报告并上报等工作	江西省人力资源和社会保障厅《关于印发〈江西省博士后创新实践基地评估办法（试行）〉的通知》（赣人社发〔2019〕40号）
10	辽宁省	2015年1月16日	辽宁省博士后创新实践基地是指在未设立博士后科研流动站和工作站的单位，经认定可以依托博士后科研流动站代为招收博士后研究人员开展技术创新实践活动的工作平台	辽宁省人力资源和社会保障厅等部门《关于印发〈辽宁省博士后创新实践基地管理办法〉的通知》（辽人社发〔2015〕1号）
11	天津市	2015年4月14日	博士后创新实践基地是指在具备一定条件的机构中设立的、与博士后科研流动站及博士后研究人员围绕技术创新联合进行科学研究、技术开发、成果转化的组织	天津市人力资源和社会保障局《天津市博士后创新实践基地管理办法》（津人社局发〔2015〕32号）
12	四川省	2018年10月24日	设立创新实践基地旨在通过高等学校、科研院所和企业协同创新，促进政产学研用深度融合；旨在构建企业自主创新平台，提升企业自主创新能力，促进科技成果转化；旨在培养造就符合四川经济社会发展需要、具有创新精神的高层次青年创新人才，构建青年人才快速成长成才和更好发挥作用的服务平台	四川省人力资源和社会保障厅《关于印发〈四川省博士后创新实践基地管理办法〉的通知》（川人社发〔2018〕38号）
13	湖北省	2019年5月29日	全省各类企业、从事科学研究和技术开发的事业单位申报认定博士后创新实践基地，应具备下列条件：具有独立法人资格，有较强的经济实力、较好的经济效益和较强的科技创新能力；具有省级以上科技创新平台或承担国家和省级重大科研项目，或在新一代信息技术、人工智能、新材料、生物医药等战略性新兴产业中具有较高成长性的科技型企业；设有专门的研究开发机构，拥有较高水平的专业技术人员队伍和较好的研究开发条件，能为博士后研究人员提供较好的科研条件；建立了人才培养、评价、使用、激励制度，人才引进培养上有一定的基础，已与博士后科研流动站就项目研发、人才培养等达成合作意向；能为博士后提供必要的生活条件及其他后勤保障	湖北省人力资源和社会保障厅《关于开展博士后创新实践基地申报工作的通知》（鄂人社函〔2019〕149号）

续表

序列	省(区、市)	时间	主要内容	政策文本
14	广东省	2022 年 4 月 29 日	博士后创新实践基地是省级博士后工作平台。设立博士后创新实践基地的目的和意义是招收和培养更多博士后,促进产学研结合。博士后创新实践基地设立工作由流动站设站单位承接,既有利于简化流程、提高效率、方便企事业单位,也有利于调动流动站的积极性、促进产学研结合	广东省人力资源和社会保障厅《关于做好广东省博士后创新实践基地管理服务工作的通知》(粤人社规〔2022〕8 号)
15	海南省	2022 年 6 月 17 日	博士后创新实践基地是指对暂时不完全具备工作站设站条件的企业等机构内(含企业、研发型事业单位、县级及以上高新技术开发区、经济开发区和重点园区等区域性单位),经省委人才发展局批准可以招收博士后的省级博士后工作平台。申请设立实践基地,应当具备以下基本条件:具备独立法人资格,未设立工作站的;具有较强技术实力,能结合海南省的发展战略,提出具有较好市场前景和较高学术技术的研究项目的;经营或管理状况较好,能为博士后提供必要的科研、生活条件的	中共海南省委人才发展局、海南省财政厅《关于印发〈海南省博士后管理工作实施办法〉的通知》(琼人才局通〔2022〕4 号)
16	黑龙江省	2022 年 9 月 30 日	黑龙江省博士后创新实践基地是指按照一定程序申请设立的,依托博士后科研流动(工作)站招收博士后,与其联合进行科学研究、技术开发、科研成果转化的省级博士后创新平台	黑龙江省人力资源和社会保障厅《黑龙江省博士后创新实践基地实施办法(试行)》(黑人社发〔2022〕33 号)
17	江苏省	2022 年 12 月 8 日	明确博士后创新实践基地设立导向:江苏省博士后创新实践基地是指具备一定条件,未设立博士后科研工作站,但确有开展博士后工作需求的企事业单位,在符合国家博士后管理基本规定的基础上,由江苏省设立并实施管理的省级博士后工作平台。新设博士后创新实践基地要深入贯彻新发展理念,面向世界科技前沿、面向经济主战场、面向国家重大需求、面向人民生命健康,聚焦国家和省重大战略、重大工程、重大项目,聚力打造产业集群,加快发展数字经济,更加贴近企业吸引高层次青年科技人才,开展科研成果转化和技术创新需求。支持研发实力强、对高层次人才需求迫切、承担重大科研攻关项目的重点企业优先设立博士后创新实践基地,加大对高新技术企业特别是民营中小型高科技企业设立博士后创新实践基地的支持力度,进一步优化新设博士后创新实践基地结构布局	江苏省人力资源和社会保障厅《关于进一步加强企业博士后创新实践基地建设的通知》(苏人社函〔2022〕448 号)

第二节　我国企业博士后政策的发展困境

我国企业博士后政策在整体快速发展的同时，局部矛盾和冲突也不时显现，有时甚至演化为社会关注度非常高的热点问题。如在站人数不足，优质博士后招收难；重挂牌轻建设，重引进轻培养；监督不严，考核流于形式；政府资助力度不够，基金资助占比较低；等等。

一、在站人数不足，优质博士后招收难

2024 年 3 月 1 日，教育部举行新闻发布会，介绍 2023 年全国教育事业发展基本情况，中国博士历年招生人数和毕业人数呈现逐渐增长的趋势，目前在学博士生 61.25 万人，比上年增长 10.14%。具体来说，2021 年全国共招收博士生 12.58 万人；2022 年全国博士研究生招生人数首次突破 13 万人，达到 13.90 万人；2023 年全国招收博士生人数增长至 15.33 万人，比上年增长 10.29%。2021 年全国博士毕业生 7.2 万人，2022 年达到 8.23 万人，另有 2 万多人在海外获得博士学位，中国整体上有超过 10 万人获得博士学位，体量越来越大。与不断扩大的博士规模形成鲜明对比的是，企业博士后招收不均衡、不充分的状况十分突出。以江苏省为例，"从人员数量上来看，尽管江苏省博士后流动站的数量不

及企业博士后工作站和博士后创新实践基地,但是流动站所吸纳的博士后研究人员的规模远远超过后两者。江苏每个流动站平均在站博士后人数为11.2人,每个工作站平均在站博士后人数为2.3人,而每个创新实践基地在站博士后人数不到1人。绝大部分博士后进站入高校的流动站,出站之后也都进入高校和科研院所从事基础性科研工作"①。与江苏省相类似,山东省企业博士后工作站也面临一定的发展困境。2020年9月21日,山东省政府新闻办召开发布会,指出:"在当前的博士后招收引进工作中,博士后科研工作站和创新实践基地招收博士后难的问题仍然没有得到有效破解。受招收政策所限,博士后科研工作站和创新实践基地招收博士后时必须与流动站合作进行,但工作站、基地与流动站在工资待遇、科研环境等方面还有一些差距,导致招收引进博士后一直比较困难。我省招收的11805名博士后,工作站招收的仅为2862名,不及总数的1/4。许多企业工作站(基地)在较长时间内处于招收博士后特别困难的境地,部分工作站甚至一直在空壳运行。"②

当前,企业优质博士后招收难成为一种人所共知的社会现象,一些博士后科研工作站由于长期招不到合适的博士后,逐渐沦为空壳。"一些企业博士后工作站的处境十分尴尬:珠海国家高新区设立了5年的3家IT企业博士后科研工作分站,如今只有1家企业有博士后成功出站,1家企业的博士后科研工作分站在'空挡'了4年后才等到有人进站从事研究,还有1家企业的博士后科研工作分站至今无人进站。企业博士后,出了什么问题?"③"究其原因,主要是博士毕业生对于企业博士后的认可度不足。博士后作为大龄青年人才,面对生活压力普遍储备不足,沉没成本较高,导致风险厌恶。相较于进入企业

---

① 王超,龙黎,汪旭东.博士后队伍在主导性产业升级中的作用分析——基于供求匹配的视角[J].黑龙江高教研究,2015(12):40-43.

② http://www.shandong.gov.cn/vipchat1/home/site/82/1461/article.html(山东省人民政府网站)2020-09-21.推动建立博士后平台资源共享机制及纪念博士后制度建立实施35周年系列活动有关情况.

③ 杨连成.企业博士后工作站:谨防追名逐利[N].光明日报,2009-02-12(5).

做高风险高收益的科研工作,大部分博士后更加偏好进入高校科研院所"[①]。

二、重挂牌轻建设，重引进轻培养

追根溯源,一些企业博士后工作站出现"空巢""空壳"等现象,与其重挂牌轻建设、重引进轻培养等因素有显著关联。企业因为有了博士后工作站的"金字招牌",就可以从国家财政获得更多的研发项目和专项经费支持,同时还能用来装点门面、提升知名度。[②] 但是企业博士后工作站在具体运行中通常会遇到许多意想不到的阻力,导致一些企业心灰意懒、不时打退堂鼓。与挂牌时热热闹闹的场面相比,很多企业博士后工作站挂牌后常常出现冷冷清清的场面。

一是一些企业对于企业博士后工作站的认识存在一定的误区,缺少长远规划和战略视野。"第一,企业建立工作站的目的性不够明确,一些企业将工作站的设立单纯作为体现企业技术实力和管理水平的一个标志,对工作站的设立表现出满腔热情,一旦设站挂牌,对是否招收博士后则显得漠不关心。第二,部分企业过分强调眼前利益,或对于不能立竿见影的科技创新项目不愿投资支持,或期望博士后在短期内就给企业带来期望的效益和利润。殊不知,科学研究、科技开发是具有风险的挑战性工作,许多成果的形成都需要长期的投入和积累。这种急功近利的思想在很大程度上给博士后的研究开发工作带来了负面影响。第三,有些企业研究人员未能正确处理企业利益与个人利益的关系,当博士后介入原有的研究课题时,他们会出现心理失衡进而给合作交流带来各种问题,使得博士后的研究难以顺利开展。第四,由于对'联合招收'的认识不到位,尽管工作站和流动站共同组成了指导博士后的专家小组,但存在专家

---

① 李一璁,谭玉林.国家高新区以企业博士后工作为抓手 推动高新技术产业高质量发展[J].国际人才交流,2023(3):1-3.

② 杨连成.企业博士后工作站:谨防追名逐利[N].光明日报,2009-02-12(5).

小组很少共同开展指导工作、流动站的资源优势未能充分发挥的现象。"①

二是校企合作的利益诉求不一致,不同利益群体之间容易产生矛盾。"企业作为投资方,趋利现象明显,更多是从自身利益诉求出发,对企业博士后'使用'的角色定位多过'培养',从研究方向、成果鉴定等方面均制定有利于自身的条款,从而使得企业博士后处于不利地位。高校作为参与方,很多时候只是'挂名',只在企业博士后招收、出站等节点性场合行使流程性职能,未真正发挥作用。"②"按照全国博管会要求,企业博士后科研工作站在建站之初,需与高校院所博士后科研流动站联合招收。在培养过程中,经常出现高校院所'重研究、轻应用',企业'重收益、轻责任'等现象,导致高校院所与企业利益诉求不一致,对科研成果的产出形式、评价、应用等方面理解也不同。高校更侧重于学科发展,企业更加注重应用落地。如何促进校企双方利益诉求一致,为企业博士后创造利于工作开展的环境,仍需进一步研究。"③从深层次上看,大学和企业作为不同的组织,价值取向和逻辑思维差异很大,大学更多地注重基础研究和应用基础研究,企业更多地关注应用研究、技术开发与推广。大学的科研行为取向更多体现为"理论研究"与"基础研究",遵循理论的逻辑,以科研论文作为衡量科技产出的标准;企业科研行为取向则更多体现为"生产"与"开发",遵循的是实践的逻辑,以技术、产品和工艺的改进为评价科研成果的标准。④

三、监督不严,考核流于形式

目前,我国企业博士后科研工作站以与高校博士后科研流动站联合招收

① 黄飞跃,陈晓玲.发展企业博士后的理性思考[J].高等理科教育,2005(5):37-40.
② 葛昀洲.企业博士后培养机制研究[D].上海:上海交通大学,2018:35-36.
③ 李一骢,谭玉林.国家高新区以企业博士后工作为抓手 推动高新技术产业高质量发展[J].国际人才交流,2023(3):1-3.
④ 姚锐.中国企业博士后发展的问题及变革[J].大学(学术版),2012(3):59-65.

为主,具有独立招收资格的比较少,国外则以企业独立培养为主,这种状况造成我国企业博士后科研工作站缺少独立自主权,常常受制于人。

一是部分企业博士后管理缺少系统性、整体性规划。"部分企业对博士后工作定位并不明确,也没有制定全面系统的博士后培养措施,工作目的仅限于'借鸡生蛋',开发一项产品或研究某项技术,缺少对博士后人员长期投入的勇气和策略,无法有效释放博士后潜能,产生了'不敢聘''不会用''不敢用'等现象。由于缺乏明确规划,使部分博士毕业生不了解企业博士后政策,担心出站后的发展前景,缺少进入工作站从事科研工作的动力。"[①]

二是高校或研究机构、企业、博士后研究人员对于成果的质量认定和评价标准差异很大,常常导致考核流于形式。"高校比较注重基础研究,擅长理论研究,对博士后发表文章、承担课题数量有一定的要求;企业注重实践应用、技术研发、成果转化。博士后如果无法平衡高校与企业的诉求,考核评价结果对其出站会产生不利的影响。其原因是管理上缺少人尽其才的激励机制,在待遇、成长、考核等方面仍有较大的改进完善空间。"[②]

三是企业博士后科研工作站对合作导师缺乏有效的约束机制,常常存在信息不对称现象。"博士后科研流动站拥有一大批素质高、专业性强的专家和学者,这些专家和学者同时也都承担着大量繁重的科研和教学任务,由于企业博士后工作站与高校合作关系缺乏有效的约束机制,造成高校的各类专家对联合培养的博士后指导较少,对企业科研生产情况的介入较浅,对博士后在科研工作中遇到的困难往往很难给予充分和深入的理论指导,对于企业科研生产工作中遇到的困难帮助不大。在双方的合作中,高校的合作导师普遍认为应以企业导师为主进行指导工作,双方虽然建立了合作关系,但由于没有明确的约束机制,造成高校导师的作用不能充分发挥,一定程度上限制了联合培养博士后制度优势的发挥。"[③]

---

① 李修伟.企业博士后工作的对策与思考[J].企业管理,2021(7):121-123.
② 李修伟.企业博士后工作的对策与思考[J].企业管理,2021(7):121-123.
③ 孙绍宁,金亮,晏羽洁,等.浅谈企业博士后工作站的管理[J].航天工业管理,2020(6):18-21.

四、政府资助力度不够，基金资助占比较低

与以高校和科研机构为主导的博士后科研流动站相比，政府对于企业博士后工作站的关注和重视程度不够，资助力度明显偏小，博士后基金资助占比也较低。当前，科技型中小企业申请设站较为困难，也是一个比较普遍的现象。"审慎推进是企业博士后工作高质量发展的必要保证，但由于企业博士后工作站脱胎于高校院所博士后流动站，造成设站标准较高，在实际申报过程中，审批把控较严，成功获批企业数量较少。只有少部分成熟企业得以获批独立办站资格，而一些具有较大研发投入、较好发展前景的科技型中小企业极少获批独立办站资格。"[①]

第三节　我国企业博士后政策的创新之路

党的二十大报告提出"强化现代化建设人才支撑，强化企业科技创新主体地位"。伴随企业科技创新主体功能的强化，我国企业博士后政策的创新之路也越走越宽。首先，企业博士后工作站加强了企业对于行业技术趋势的判断

---

① 李一骢，谭玉林.国家高新区以企业博士后工作为抓手 推动高新技术产业高质量发展[J].国际人才交流，2023(3)：1-3.

并为企业带来了创新所需的异质性知识，具有外部创新网络特征。其次，通过培养人才并促进企业内交流，企业博士后工作站增强了企业的知识积累以及知识的吸收转化能力，具有内部创新网络特征。最后，企业博士后工作站有效联结了企业内、外部创新网络，通过长期深入合作，科研机构能够更好地了解企业自身的隐性知识与创新需求，从而更具针对性地传递企业创新所需的异质性知识，进一步提高企业创新效率。[①]

一、注重规划引领，不断推动企业博士后工作规范化和制度化

从单个企业博士后工作站的发展来看，缺少发展规划是一个共性问题，但是从我国企业博士后政策的总体发展轨迹分析，注重规划引领恰恰是比较成功的经验，其每个阶段都能清晰地看到规划的作用和价值。《国家中长期人才发展规划纲要（2010—2020年）》提出：改革完善博士后制度，建立多元化的投入渠道，发挥高等学校、科研院所和企业的主体作用，提高博士后培养质量。《博士后事业发展"十二五"规划》指出：大力加强企业博士后工作。坚持扩大企业博士后招收规模，适度提高企业博士后研究人员比例，优化博士后人才队伍结构。鼓励地方政府和企业投入更多经费，支持企业招收博士后研究人员，引导更多高层次创新型科技人才向企业集聚。改进对企业博士后的考核评价机制，更加注重获得专利、发明和提升经济效益的能力，按规定对在企业技术创新中做出突出贡献的博士后研究人员给予奖励。加大中央企业博士后工作力度，不断提升中央企业科技水平和核心竞争力。加强非公有制经济领域和中小型科技企业博士后工作。通过加强高新区、开发区、创业园博士后工作，

---

① 赵晶,李林鹏,祝丽敏.产学研合作与企业创新——基于企业博士后工作站的研究[J].中国人民大学学报,2020(2):97-113.

建立博士后创新实践基地,开展项目博士后工作等途径,统筹为规模较小、有创新需要的科技企业提供博士后工作服务。

2020 年 1 月 19 日,人力资源和社会保障部、全国博士后管理委员会发布《关于印发〈企业博士后工作管理暂行规定〉的通知》(人社部函〔2020〕10 号),提出各类企业、从事科学研究和技术开发的事业单位等申请设立博士后科研工作站,应当具备以下基本条件并符合至少一项推荐条件:①建有国家实验室、国家工程研究中心、国家工程实验室、国家工程技术研究中心、国家企业技术中心、国家临床医学研究中心、国家科技资源共享服务平台、国家高端智库等国家级科研创新平台。②省级以上制造业创新中心、技术创新示范企业、高新技术企业、知识产权示范企业。③近 5 年荣获省部级以上科技奖励或承担省部级以上重点研发计划、重大科研项目。④新一代信息技术、人工智能、新材料、生物医药等战略性新兴产业中具有较高成长性的科技型企业,科技型企业家或从海外引进的高层次人才创办的企业,且近 3 年企业研发投入占年销售收入比例较高。⑤获得国家监管机构、行业协会较高评级或企业资质,整体技术水平或重点科研领域在同行业中居于领先地位,具有行业示范性和带动性作用。⑥能够充分体现军民融合发展战略,在相关技术领域具有国内先进水平的企事业单位。⑦承担重要社会服务功能,具有较强科研创新能力的高端新型科研组织或省部级以上直属科研文化单位。⑧建有省级博士后创新实践基地且已有联合培养博士后研究人员出站。⑨省级以上高新技术开发区、经济技术开发区和留学人员创业园区等(须有 3 家以上符合申报条件的园区内单位同时申请设立园区分站)。

2021 年 11 月,人力资源和社会保障部、全国博士后管委会发布《关于进一步加强企业博士后科研工作站建设的通知》(人社部发〔2021〕88 号),强调要贯彻落实中央人才工作会议精神,大力实施新时代人才强国战略,加快建设国家战略人才力量,培养具有国际竞争力的青年科技人才后备军,促进产学研深度融合,推进企业创新联合体建设,进一步发挥博士后制度在推动企业创新和科技进步中的重要作用。

2022 年 2 月 21 日,全国博士后管理委员会办公室《关于开展 2022 年博士后科研工作站新设站工作的通知》(博管办〔2022〕28 号),强调为贯彻落实中央人才工作会议精神,推动产学研深度融合,加强博士后工作平台建设,自 2022 年起,不再统一组织博士后科研工作站新设站评审,按照坚持"四个面向",实行"条件控制、科学评估、动态管理"的方式,灵活、高效、便捷地开展新设站备案工作。

《博士后科研工作站新设站工作指南(试行)》指出:各类企业、科研院所、新型研发机构及其他从事科学研究和技术开发的事业单位等建设博士后科研工作站,应当具备以下基本条件并符合至少 1 项推荐条件:①建有国家实验室、全国重点实验室、国家工程实验室、国家工程研究中心、国家工程技术研究中心、国家企业技术中心、国家临床医学研究中心、国家科技资源共享服务平台、国防科技工业创新中心、国家高端智库等国家级科研创新平台(西部地区、东北地区及其他艰苦边远地区可放宽至建有省级重点实验室、工程实验室、工程研究中心、工程技术研究中心的高新技术企业)。②属于支撑国家经济社会发展和保障国家战略安全的战略性、基础性和先导性产业,处于行业领先地位或在"卡脖子"关键核心技术领域有突出表现并获得国家有关部门认定(如近 5 年荣获国家级科技奖励、经工业和信息化部认定为制造业单项冠军示范企业、国家技术创新示范企业等)。③近 3 年入选中国上市公司市值 500 强、中华全国工商业联合会"中国民营企业 500 强"等知名榜单的高新技术企业。④上年度营业收入在 4 亿元以上的国家级专精特新"小巨人"企业。⑤设立博士后科研工作站分站、省级博士后创新实践基地 2 年以上,累计招收 2 名以上非在职、非超龄的博士后研究人员(西部地区、东北地区及其他艰苦边远地区可适当放宽)。⑥已依托国家重大项目开展项目博士后工作,累计招收 2 名以上非在职、非超龄的博士后研究人员(西部地区、东北地区及其他艰苦边远地区可适当放宽)。省级以上高新技术开发区、经济技术开发区和留学人员创业园区等申请新设园区类工作站,须有 3 家以上辖区范围内企事业单位联合申请。联合申请的企事业单位须全部符合基本条件,且其中 2 家以上单位分别符合至少 1 项推荐条件。

二、加大支持力度,提高企业博士后的吸引力

自 2006 年《国家中长期科学和技术发展规划纲要(2006—2020 年)》将产学研合作制定为国家战略以来,各省市地方政府也加大政策法规出台力度,不同程度地鼓励和扶持企业建立博士后工作站。[①] "实际上,对企业科研的资助在国际上是通行的做法。它的好处在于,既可以避免直接补助企业而产生企业的不公平竞争,降低世界贸易摩擦的可能性,同时又鼓励与促进了新兴产业成长,加快我国产业结构的调整与升级。因此,对企业博士后资助不失为一种战略性与策略性措施。"[②]2015 年 10 月 23 日,上海市人力资源和社会保障局、上海市发展和改革委员会、上海市经济和信息化委员会、上海市科学技术委员会等四部门发布《关于印发〈鼓励和促进博士后工作与企业科技创新平台融合发展的意见〉的通知》(沪人社专〔2015〕447 号),提出按照整合资源、共同发展的原则,积极鼓励博士后设站单位与设立科技创新"四平台"(企业工程研究中心、工程实验室、工程技术研究中心、企业技术中心)的企业实施协同创新,优先支持科技创新平台企业创建博士后科研工作站,开展博士后工作。2016 年 12 月 5 日,中共湖南省委组织部、湖南省人力资源和社会保障厅发布《关于在我省中小微企业建立博士后科研流动站协作研发中心的指导意见》(湘人社发

---

① 赵晶,李林鹏,祝丽敏.产学研合作与企业创新——基于企业博士后工作站的研究[J].中国人民大学学报,2020(2):97-113.

② 姚云.中国博士后制度的制度分析与时代变革[M].重庆:西南师范大学出版社,2012:213.

〔2016〕82 号），指出协作研发中心是湖南省具备一定条件的中小微企业围绕生产发展中的科研需求，与设有博士后科研流动站的高校博士后导师，共同招收博士后研究人员，联合进行科学研究、技术开发、人才培养、成果转化的重要载体，是发展新技术、促进高新技术产业化的创新创业平台。2018 年 1 月 26日，贵州省人民政府办公厅发布《关于改革完善博士后制度的实施意见》（黔府办发〔2018〕6 号），鼓励探索建立博士研究院培养方式，根据全省战略性新兴产业发展规划，鼓励市场主体和科研机构围绕重点产业创新研发需要，主动与"双一流"高校及国家级科研院所加强合作，借助高校、科研院所博士后培养资源及科研优势，探索建立博士后研究院，促进贵州省重点产业科研成果的本土转化，助力高层次人才规模化培养及相关产业的转型升级发展。2020 年 3 月2 日，江苏省人民政府办公厅出台《关于推动博士后工作高质量发展的意见》（苏政办发〔2020〕8 号），加大对企业类设站单位博士后人才招收引进支持力度，"企业类设站单位引进博士后人才支付的住房补贴、安家费及科研启动经费，可按规定在税前扣除。国有企业引进博士后经费，可按规定视同考核利润。企业引进博士后所发生的人才引进成本，优先从本单位人才发展专项资金中支出。对申请进入企业博士后科研工作站、中国（江苏）自由贸易试验区企业类博士后设站单位的博士后，年龄可放宽至 40 周岁"。

近年来，阿里巴巴、华为、网易等大型企业非常重视企业博士后政策，对博士后人才的挖掘和培养加大了投入力度。如阿里巴巴发布 2018 年博士后招聘启事，针对机器智能、物联网、操作系统、数据库、计算等研究方向，邀请海内外博士加入阿里巴巴博士后科研工作站，3 年将招聘 200 名青年科学家，除了提供具有市场竞争力的薪酬福利，协助申请国家级、省级、市级等多种博士后科研经费和日常经费外，还将协助这些人才解决北京户口或者杭州户口问题（二者可选）。最引人关注的一点是，阿里巴巴将为工作站提供顶尖科学家组成的"明星导师团"，这些导师都是近年来加入阿里巴巴的科学家，包括美国密歇根州立大学前终身教授金榕、世界顶级量子科学家施尧耘、亚马逊前最高级别华人科学家任小枫、新加坡南洋理工大学终身教授王刚等。针对企业博士后研究人员关注的职称问题,可借鉴博士后户籍管理的有效经验,选择优秀的博士后工作站开展博士后职称评审改革试点,对博士后单独进行职称评审,不占用人单位职称名额,拓宽博士后晋升发展通道。[①]

三、立足区域发展实际,因地制宜推出创新举措

在国家层面积极推动企业博士后工作站建设的基础上,天津、深圳、苏州、南京等地方结合区域经济社会发展,积极推出新的企业博士后政策。

天津市作为全国首批开展博士后工作的城市之一,形成了博士后工作"项目引导、以产聚才、产研协同"的"天津模式"。天津市在全国首创了优秀博士后国际化培养模式,给予博士后每人 10 万元资助,累计遴选 210 名优秀博士后赴哈佛大学、剑桥大学、东京大学等世界一流大学和科研机构开展合作研究。[②] 2020 年,天津市印发《中国博士后国际交流计划引进项目天津联合资助试点项目工作方案》(津人社局函〔2020〕24 号),确定天津深之蓝海洋设备科技有限公司博士后科研工作站陶秋阳等 22 名人选,获得中国博士后国际交流计划引进项目资助。2021 年,天津市人社局发布《关于开展 2021 年中国博士后国际交流计划引进项目天津联合资助试点项目申报工作的通知》(津人社办函〔2021〕287 号),2021 年博士后联合资助项目资助名额为 30 人,主要资助到天津市博士后科研流动站、博士后科研工作站开展博士后研究工作的优秀留学回国博士或外籍博士。2021 年 12 月 28 日,天津市人力资源和社会保障局发布《关于印发〈天津市青年科学家培育支持措施〉的通知》(津人社办发

---

① 李一璁,谭玉林.国家高新区以企业博士后工作为抓手 推动高新技术产业高质量发展[J].
　国际人才交流,2023(3):1-3.

② 王修来.中国博士后发展报告(2021)[M].北京:中国人事出版社,2022:23.

〔2021〕94号），提出设立优秀博士后专项，以信息技术应用创新、集成电路、车联网、生物医药、新能源、新材料、高端装备、汽车及新能源汽车、绿色石化、航空航天、中医药、轻工等12条产业链为重点，锚定人工智能、新一代通信与智能网络、大数据、区块链、量子科技、生物医药、新能源、新材料、高端制造、金融科技等前沿领域，每年择优遴选50名左右毕业学校（或学科）为世界排名前200及国内一流大学，且当年在天津市进站从事博士后研究的优秀博士后（年龄在40周岁以下，非在职且近3年内获得博士学位），由市人才发展基金连续2年，给予每人每年10万元奖励资助，博士后设站单位须按照不少于1∶1给予配套资助。其中，海外回来的博士和外籍博士不少于一半，符合条件的优先申报中国博士后国际交流计划引进项目联合资助项目，入选后可再获得20万元资助。2022年3月24日，天津市人社局发布《关于开展2022年中国博士后国际交流计划引进项目天津联合资助试点项目申报工作的通知》（津人社办函〔2022〕126号），重点支持十大产业人才创新创业联盟、12条重点产业链的重点单位和海河实验室引进的优秀海外博士。2023年10月14日，天津市人力资源和社会保障局发布《天津市引进青年人才项目实施办法》（津人才组办〔2023〕5号），旨在为天津市重点产业链企业、高校和科研院所等用人单位，引进一批优秀博士、博士后，涵养国家战略人才力量的源头活水。

1995年7月，全国博管会批准深圳市设立企业博士后工作站，华为、中兴通讯、华润三九、海王药业等一批深圳企业率先设立了分站，深圳成为全国第一个由地方政府搭台、引导企业博士后工作的城市。1996年8月17日，深圳市人民政府办公厅印发《〈深圳企业博士后工作站管理暂行规定〉的通知》（深府办〔1996〕74号），深圳企业博士后工作站的任务是通过组织全国各博士后流动站与深圳高新技术企业进行广泛的合作，安排博士后研究人员到深圳市企业、高新技术开发区参与科研攻关、科技咨询、合作与交流等工作。2001年12月，深圳第一家博士后科研工作站在深圳清华大学研究院设立。2005年9月，深圳设立第一批博士后创新实践基地。2014年2月16日，深圳市人民政府办公厅发布《关于印发深圳市博士后管理工作规定的通知》(深府办函〔2014〕20号),市人力资源保障部门常年受理申报创新基地,每年12月组织有关专家对申请单位提供的材料进行审核,并进行现场考察和评议。经审查批准设立创新基地的,市人力资源保障部门出具批准文件,并颁发博士后创新基地标牌;对审查未获批准的,市人力资源保障部门书面通知申报人,并说明理由。按照设立企业博士后科研工作站分站常规程序,深圳需要先向广东省人力资源和社会保障厅提出设站申请,再由广东省人力资源和社会保障厅向全国博管办提出申请,采取一事一议的方式获批。

2020年10月11日,中央办公厅、国务院办公厅印发《深圳建设中国特色社会主义先行示范区综合改革试点实施方案(2020—2025年)》,中央明确赋予深圳对企业博士后科研工作站分站的设立和撤销权限。同年,深圳市人社局制定《深圳企业博士后工作站分站设立和撤销工作实施方案》,对改革目标、主要任务、完成时限、修法清单等方面进行了明确。2020年12月,TCL华星光电技术有限公司、深圳市汇川技术股份有限公司、亚能生物技术(深圳)有限公司、深圳市地铁集团有限公司、中电科智慧城市研究院公司5家单位获得授牌,成为首批批准设立的企业博士后工作站分站,标志着中央赋予深圳设立企业博士后工作站分站事权正式落地,这也是首批40项综合改革试点授权事项中,在公共服务体制方面的首个落地事项,这同时代表着深圳加快建设创新引领型博士后科研平台。深圳博士后工作走出了一条以市场为导向、以企业为主体、以产业化为目标的独特道路,博士后平台成为领军人才的汇聚地、创业人才的孵化器、企业成长的助推器和新产业新技术融汇发展的策源地。[①]
2021年,深圳光峰科技股份有限公司、深圳新宙邦科技股份有限公司、深圳霁因生物医药转化研究院、前海金融控股有限公司、深圳中集智能科技有限公司、深圳高性能医疗器械国家研究院有限公司、深圳市迪博企业风险管理技术

---

① 庄瑞玉.深圳设立企业博士后工作站分站事权落地 让博士后贴近企业研发需求成长[N].中国科学报,2021-07-21(A03).

有限公司等 7 家单位获批设立深圳企业博士后工作站分站。2023 年 2 月 10 日，深圳市人力资源和社会保障局批准深圳市德方纳米科技股份有限公司、华测检测认证集团股份有限公司、深圳晶泰科技有限公司、比亚迪半导体股份有限公司 4 家单位设立深圳企业博士后工作站分站。

四、健全完善评估体系，建立动态跟踪和淘汰机制

2004 年，媒体报道了一些企业工作站无博士后的"空壳"现象，国家人事部、全国博管会高度重视，采取措施，积极应对，暂停已开展 9 年的企业博士后科研工作站的审批工作，并在上海、湖北、四川、黑龙江 4 个省（市）建立评估试点，酝酿引入博士后工作站的退出机制。2005 年 1 月 24 日，人事部、全国博士后管委会发布《关于开展博士后工作评估的通知》（国人部发〔2005〕10 号），博士后科研工作站侧重管理机制、博士后的招收数量及与流动站的合作情况、科研经费使用情况、科研成果转化情况等。2005 年，人事部组织开展了博士后科研流动站和博士后科研工作站评估工作。根据评估结果，对 73 个优秀博士后科研流动站和 22 个优秀博士后科研工作站进行了表彰；对 11 个存在严重问题的博士后科研站予以撤销设站资格，对 1 个博士后科研流动站和 43 个博士后科研工作站提出警告并限期 1 年改正。2007 年 5 月 31 日，人事部发布《关于撤销北京华大基因研究中心等 10 个博士后科研工作站设站资格的通知》（国人部发〔2007〕76 号），对北京华大基因研究中心、哈尔滨信诺通信技术有限公司、吉林炭素集团有限责任公司、福建实达电脑集团股份有限公司、广东省白马广告有限公司、联合证券有限公司、桂林华诺威股份有限公司、中国石化仪征化纤股份有限公司、长岭集团、新疆威仕达生物工程股份有限公司 10 个博士后科研工作站予以撤销设站资格。10 个博士后科研工作站整改措施不力，博士后管理工作存在严重问题，不具备继续开展博士后工作的条件。

2008 年 12 月 16 日,人力资源和社会保障部、全国博士后科研流动站管理协调委员会发布《关于印发博士后科研流动站和工作站评估办法的通知》(人社部发〔2008〕115 号),规范博士后工作站评估工作。工作站划分为科研事业性和生产经营性两类;科研事业性工作站按照学科门类进行评估,生产经营性工作站按照行业类别进行评估;对不同类型(不同学科门类、不同行业类别)的工作站评价的侧重点有所不同。2009 年 2 月 10 日,人力资源和社会保障部发布《关于开展博士后科研流动站、工作站评估工作的通知》(人社部函〔2009〕42 号),本次评估为新设站评估。

为纪念我国博士后制度实施 25 周年,2010 年人力资源和社会保障部发布《关于开展博士后科研流动站工作站评估工作的通知》(人社部发〔2010〕55 号),对 935 个博士后科研流动站和 521 个博士后科研工作站进行了综合评估。人力资源和社会保障部专业技术人员管理司(全国博士后管委会办公室)负责评估工作的组织、管理、指导、协调和监督,人力资源和社会保障部留学人员和专家服务中心(中国博士后科学基金会)承担咨询、核查、汇总、统计分析等工作。2010 年 3 月 19 日,人力资源和社会保障部下发《关于撤销安徽国风集团有限公司等 28 个博士后科研工作站设站资格的通知》,在撤销的工作站中,有 9 个是因为 2005 年和 2009 年连续两次被评估为"不合格",有 19 个是因为企业破产、改制或重组兼并等丧失了设站基础条件。2011 年 4 月 28 日,人力资源和社会保障部、全国博士后管理委员会发布《关于 2010 年博士后综合评估结果的情况通报》(人社部函〔2011〕127 号)。根据评估结果,56 个博士后科研工作站为优秀等级,193 个博士后科研工作站为良好等级,506 个博士后科研工作站为合格等级,79 个博士后科研工作站为不合格等级,对 16 个已丧失设站条件的工作站予以撤销。2012 年 1 月 4 日,全国博管办发布《关于撤销兰州兰新通信设备集团有限公司等 9 个博士后科研工作站设站资格的通知》(博管办〔2012〕1 号),撤销兰州兰新通信设备集团有限公司、兰州联创科技股份有限公司、北海集琦方舟基因药业有限公司、河北长芦沧州盐业集团公司、露露集团有限责任公司、西南生物工程产业化中试基地有限公司、哈尔滨工业大学软件工程有限公司、黑龙江瑞兴科技股份有限公司、新疆生产建设兵团国有资产经营公司9个工作站。2014年5月5日，全国博士后管委会办公室发布《关于2010年评估不合格的博士后科研工作站整改验收结果的通知》（博管办〔2014〕27号），撤销安徽飞彩（集团）有限公司等12个工作站设站资格。2015年11月26日，人力资源和社会保障部、全国博士后管理委员会发布《关于2015年度博士后综合评估结果的通报》（人社部函〔2015〕241号）。根据评估结果，298个博士后科研流动站和144个博士后科研工作站为优秀等级，1525个博士后科研流动站和795个博士后科研工作站为良好等级，317个博士后科研流动站和956个博士后科研工作站为合格等级，8个博士后科研流动站和184个博士后科研工作站为不合格等级，对已丧失设站条件的1个博士后科研流动站和14个博士后科研工作站予以撤销。

在国家对企业博士后科研工作站加强评估和监督的同时，许多省（自治区、直辖市）也纷纷健全完善企业博士后科研工作站评估体系，建立相应的动态跟踪和淘汰机制。2020年12月2日，安徽省人力资源和社会保障厅发布《关于开展2020年度省级博士后科研工作站评估工作的通知》（皖人社秘〔2020〕261号），评估内容：一是站点建设情况。博士后工作发展规划，博士后招收、考核、住房、科研项目管理、奖惩激励等制度，博士后工作专职管理人员配备情况，管理人员参加培训情况，科研设备和研究条件（包括办公场所、实验室、仪器设备和图书资料等）配置情况。二是博士后招收情况。确定博士后研究项目，制订招收博士后计划，积极招收博士后进站，招收程序规范，至少有1名博士后在站。三是博士后科研情况。博士后参与各级科研项目情况，申获各级项目资助情况，发表论文专著情况，开展学术讲座或交流活动情况，博士后科研成果转化效益情况。2023年6月5日，北京市人力资源和社会保障局发布《关于公布北京市属博士后科研工作站、园区分站、博士后创新实践基地单位名单的通知》（京人社专技字〔2023〕75号），"为加强管理，提高博士后工作效益,对设站单位实施动态精准管理。一是每年对各单位进站、在站人数进行统计分析,对部分单位进行帮扶和提醒。二是对连续 3 年无人进站且无人在站、新设站 2 年无人进站且无招收计划的注销设站资格。先后共注销 98 家单位的设站资格,其中,2015 年注销 4 家,2016 年注销 8 家,2019 年注销 9 家,2020 年注销 13 家,2022 年注销 30 家,2023 年注销 34 家"。

未来针对不同博士后工作站模式,可制定相应评估目标、评估标准和评估办法,进行分类管理。有学者建议,"对于高新区内智力密集型的科技型企业、新型研发机构等,可考虑进一步研究简化设站手续。对于部分区内博士后工作成效显著、评估成绩突出的高新区管委会试点下放设站审批权,开展'备案'设站方式,先给予少数指标进行试点培养,培养效果优异的可扩大规模或放宽条件准予设站。部分暂不符合设站要求但有博士后培养需求的企业也可由设站的高新区管委会先期代为管理,灵活企业用人形式,待企业正式设站后,代培经历视为在站经历,促进企业柔性用才"①。

五、深度对接企业发展需求,加快推动科研成果转化

对接企业发展需求、扶持创新创业、促进产学研用相结合是我国企业博士后政策的核心价值取向。近年来,围绕创新驱动发展战略和"大众创业、万众创新",国家积极制定创新创业扶持政策,建设创新创业成果转化平台,推动企业博士后创新联合体建设,加大企业博士后工作力度,引导更多高层次创新型科技人才向企业集聚,调动博士后研究人员创新创业积极性。

2015 年 11 月 30 日,国务院办公厅发布《关于改革完善博士后制度的意见》(国办发〔2015〕87 号),提出把扶持创新创业作为改革完善博士后制度的

① 李一骢,谭玉林.国家高新区以企业博士后工作为抓手 推动高新技术产业高质量发展[J].国际人才交流,2023(3):1-3.

着力点,制定扶持政策,引导博士后研究人员到企业创新创业,把科研成果转化为生产力。2015年11月25日,《人力资源和社会保障部关于同意试点建设中国(河北)博士后成果转化基地的函》(人社部函〔2015〕239号)指出:同意在河北省廊坊市依托固安高新技术开发区试点建设中国(河北)博士后成果转化基地。"这是全国第一家博士后成果转化基地,累计签约入驻博士后成果转化项目126项,投资额达346亿元。同时借助这一平台,先后举办中国博士后产学研创新峰会、中国(河北)博士后成果转化基地学术论坛暨河北博士后创业基金发布仪式。1亿元河北博士后创业股权投资基金正式运营,在社会上引起了强烈反响,对加速项目孵化、促进区域积极提升起到了极大的推动作用。"[1]2016年12月21日,博士后管委会办公室、河北省人力资源和社会保障厅印发《中国(河北)博士后成果转化基地管理办法》(社发〔2016〕59号),成果转化基地工作坚持政府主导、市场化运作的原则,旨在将博士后科研成果与区域产业相对接,引进、培育创新型的研发平台、创新型的人才群体和创新型的资本结构,构建技术、人才、资本、产业相融合的创新体系和创新生态。

2018年7月,习近平总书记提出,要推进产学研用一体化,支持龙头企业整合科研院所、高等院校力量,建立创新联合体。2020年11月,中共中央作出关于"支持企业牵头组建创新联合体"的重要决策。"企业博士后创新联合体通常是指在政府有关部门引导下,由领军企业或龙头企业牵头,以高校科研院所为重要支撑,联合相关博士后设站单位及其他创新主体组建而成的'政、产、学、研、用'五位一体相互协同的创新组织,是汇聚和支持博士后从事关键核心技术、'卡脖子'领域研究的高端平台,是提升博士后培养使用质量、推动企业科技创新和产业振兴发展的新兴载体。"[2]2021年4月16日,天津市人力资源和社会保障局发布《关于印发〈天津市新医科和生物医药产业博士后创新联合体建设方案〉的通知》(津人社办发〔2021〕19号),由天津市人社局、天津

---

① 王修来.中国博士后发展报告(2021)[M].北京:中国人事出版社,2022:28.

② 徐佳睿,王修来.加强企业博士后创新联合体建设[J].中国人才,2022(12):54-56.

大学、滨海新区联合组建的天津市新医科和生物医药产业博士后创新联合体正式成立,首批加入联合体的 30 家高校、科研院所及 72 家企业博士后设站单位,融合了人才链、产业链、创新链和价值链,初步形成了政、产、学、研、用一体推进的创新生态体系,为发挥博士后人才的生力军作用探索出了一条新路。2021 年 11 月,人力资源和社会保障部、全国博士后管委会全面总结多年来我国博士后"两站一基地"(博士后科研流动站、科研工作站和创新实践基地)建设经验,着眼推动新阶段企业博士后工作高质量发展,印发《关于进一步加强企业博士后科研工作站建设的通知》,支持博士后在企业从事关键核心技术和"卡脖子"领域研究,加强创新链、产业链、人才链融合,加快构建具有博士后特色的企业创新联合体。尽管目前企业博士后创新联合体建设工作在全国尚未全面铺开,但随着先行单位的成功实践、各级政府的强力推动,特别是博士后创新联合体服务对象、内容和运行绩效的充分体现,构建企业博士后创新联合体必将成为更多领军和龙头企业的共识并转化为自觉行动。①

---

① 徐佳睿,王修来.加强企业博士后创新联合体建设[J].中国人才,2022(12):54-56.

我国博士后政策在改革发展进程中，产生了超级博士后、师资博士后、兼职博士后、项目博士后、挂职博士后、外籍博士后等派生政策，这些政策大多具有鲜明的中国特色和时代烙印，是我国改革发展到特定阶段的产物。总结和分析这些政策典型现象背后的成因，对于进一步认识我国的国情、加深对我国博士后政策的全面理解大有裨益。

第五章

我国博士后政策的典型现象与深度思考

第一节　超级博士后：我国博士后政策的
改革创新

　　超级博士后发端于上海高校，后被上海市政府认可，通过制定统一的政策在全市范围推广，进而逐渐成为上海市吸引国内外优秀博士后、打造人才高地的知名品牌项目。随着超级博士后政策知名度的提升，其他省（自治区、直辖市）的一些高校也纷纷借鉴其发展经验，推出极具校本特色的超级博士后政策。

一、超级博士后政策的演变历程

　　追根溯源，超级博士后政策起源于 2014 年，复旦大学应用表面物理国家重点实验室设立薪酬体系富有国际竞争力的"希德博士后"岗位；与此同时，复旦大学还推出科研启动费等相应的配套政策。超级博士后政策一经推出，便引起国内外的广泛关注，也进入上海市政府的决策视野。

　　2018 年 6 月 21 日，上海市人力资源和社会保障局、上海市财政局推出《上海市"超级博士后"激励计划实施办法》（沪人社专〔2018〕194 号），调整上海市目前以博士后保障型资助为主的政府投入模式，实施市级财政、设站单位共同投入的上海市"超级博士后"激励计划（以下简称"超博"计划）和博士后保障型日常经费资助计划并行的资助模式。经评审入选"超博"计划的博士后人员,由上海市促进人才发展专项资金按照每人每年15万元、共资助2年的标准予以资助。设站单位对获得此项资助的博士后人员,应给予不低于1∶1的配套经费资助。对"超博"计划申报当年度入选人力资源和社会保障部、全国博士后管委会、中国博士后科学基金会"博士后创新人才支持计划",并符合该办法申报条件的博士后人员,经设站单位推荐,直接列入"超博"计划资助,由上海市促进人才发展专项资金按照每人每年10万元、共资助2年的标准予以资助。对先入选上海市"超博"计划,再获国家"博新计划"资助的博士后,上海市促进人才发展专项资金资助金额累计不超过20万元。市人力资源和社会保障局及市财政局根据上海市博士后人员的在站情况和培养质量,设定每年"超博"计划新入选规模,并保持适度增长,逐步实现市级财政对当年新入选资助人数达到上一年度上海市博士后进站人数的30%左右。

"超博"计划资助对象申请人须为申报当年度1月1日及以后进入或当年度拟进入本市设立的博士后科研流动站或博士后科研工作站,全职从事研究工作的中国籍(含港澳台)博士后人员(不包括定向委培、现役军人等在职从事博士后研究的人员)。符合下列条件之一的,设站单位在同等条件下可优先推荐:①在国家和本市重大专项、前沿技术和重大科学研究计划中从事研究工作的。②在本市重点支持的宇宙起源与天体观测、光子科学与技术、生命科学与生物医药、集成电路与计算科学、脑科学与人工智能、航空航天、船舶与海洋工程、量子科学、高端装备与智能制造、新能源、新材料、物联网、大数据等人才高峰建设重点领域从事研究工作的。③研究能力突出,取得重大自主创新研究成果,为上海五个"中心"特别是科创中心建设做出突出贡献的。④在本市认定的高峰人才团队和上海领军人才团队等高层次人才团队中从事研究工作的。⑤在国(境)外知名高校或国内顶尖高校、科研院所取得博士学位后,在列入教育部"双一流"大学和学科建设名单的设站单位或设站学科中从事研究工作的。⑥在国(境)外知名高校或国内顶尖高校、科研院所取得博士学位后,在列入上海地方高水平大学建设的设站单位中从事研究工作的。⑦申报年度入选国家自然科学基金项目、国家社会科学基金项目；进站后，获得博士后基金（特别资助或面上一等资助）1 项及以上，或在相关领域具有影响力的高水平期刊上以第一作者（通讯作者）发表学术论文 1 篇及以上的。⑧从事哲学社会科学特别是马克思主义理论学科（须为一级学科）研究的。下列人员不列入申报范围：①已入选人力资源和社会保障部、全国博士后管委会、中国博士后科学基金会"博士后国际交流计划"引进项目和派出项目、"中德博士后交流项目"、"香江学者计划"等支持计划的博士后人员。②已列入上海市人才发展资金、上海市浦江人才计划、上海市青年英才开发计划等本市综合性人才培养资助计划的博士后人员。③已列入上海市教育委员会师资博士后培养项目的博士后人员。

根据实际状况，每年"超博"计划都会做出一定的调整。上海市人力资源和社会保障局《关于开展 2018 年上海市"超级博士后"激励计划资助申报工作的通知》（沪人社专〔2018〕286 号）、《关于开展 2019 年上海市"超级博士后"激励计划资助申报工作的通知》（沪人社专〔2019〕184 号）强调：设站单位开展专家组遴选推荐工作，其中当年度"博新计划"入选人员由单位直接推荐，不占各单位申报名额。

2020 年，《上海市"超级博士后"激励计划实施办法》（沪人社专〔2020〕223 号）做出修订："超博"计划资助对象申请人须为申报当年度 1 月 1 日及以后进入或当年度拟进入本市设立的博士后科研流动站或博士后科研工作站，全职从事研究工作的博士后人员（不包括定向委培、现役军人等在职从事博士后研究的人员）。下列人员不列入申报范围：①已入选人力资源和社会保障部、全国博士后管委会、中国博士后科学基金会"博士后国际交流计划"引进项目和派出项目、"中德博士后交流项目""香江学者计划""澳门青年学者计划"等支持计划的博士后人员。②已列入上海市人才发展资金、上海市浦江人才计划、上海市青年英才开发计划等本市综合性人才培养资助计划的博士后人员。

③已列入上海市教育委员会师资博士后培养项目的博士后人员。④上年度参加"超博"计划评审未入选且尚未进站的人员。经市人才工作协调小组办公室确定的本市高峰人才及其团队核心成员、海外高层次人才,其当年从国外招收的博士后科研人员,符合该办法第六条基本条件的,可由设站单位直接推荐申报,不占各单位申报计划指标。

上海市人力资源和社会保障局《关于开展 2020 年上海市"超级博士后"激励计划资助申报工作的通知》(沪人社专〔2020〕259 号)指出:在上海市博士后创新实践基地开展科研工作的博士后,可经基地推荐后向所在流动站设站单位提出申报。基地推荐时应向流动站设站单位博士后管理部门提交《上海市"超级博士后"激励计划推荐函》。符合该办法申报条件的当年度"博新计划"入选人员、经市人才工作协调小组办公室确定的上海市高峰人才及其团队核心成员、海外高层次人才,其当年从国外招收的博士后科研人员,符合上述基本条件的,可由设站单位直接推荐申报,不占各单位申报名额。

上海市人力资源和社会保障局《关于开展 2021 年上海市"超级博士后"激励计划资助申报工作的通知》(沪人社专〔2021〕236 号)指出:将博士后创新实践基地纳入政策范畴。符合下列条件之一的,设站单位在同等条件下可优先推荐(增加 1 条):在本市重点建设的"五个新城"区域内且在《关于本市"十四五"加快推进新城规划建设工作的实施意见》中符合本新城区域发展定位相关产业中从事研究的。对获本年度上海市博士后创新创业大赛创新组优胜奖,且符合本年度"超博"申报基本条件的博士后人员,直接纳入"超博"计划,比照上述对应标准予以资助。在上海市博士后创新实践基地开展科研工作的博士后,可经基地推荐后向所在流动站设站单位提出申报。基地推荐时应向流动站设站单位博士后管理部门提交《上海市"超级博士后"激励计划推荐函》。符合该办法申报条件的当年度"博新计划"入选人员、经市人才工作协调小组办公室确定的上海市高峰人才及其团队核心成员、海外高层次人才,其当年从国外招收的博士后科研人员,符合上述基本条件的,可由设站单位直接推荐申报,不占各单位申报名额。

上海市人力资源和社会保障局《关于开展 2022 年上海市"超级博士后"激励计划资助申报工作的通知》(沪人社专〔2022〕150 号)指出:申请人须为 2021 年 9 月 1 日至 2022 年 8 月 31 日期间进入上海市设立的博士后科研流动站、博士后科研工作站、博士后创新实践基地,全职从事研究工作的在站博士后人员(不包括定向委培、现役军人、在站研发型等在职从事博士后研究的人员)。

符合下列条件之一的,设站单位在同等条件下可优先推荐:①在国家及上海市重点实验室、重大科学设施、重点研究中心、重大专项任务等重大平台、前沿基础和应用基础研究以及"卡脖子"关键核心技术中从事研究工作的。②在上海市认定的高峰人才团队、院士、海外高层次人才团队和上海领军人才团队中从事研究工作的。③在上海市重点支持的宇宙起源与天体观测、光子科学与技术、生命科学与生物医药、集成电路与计算科学、脑科学与人工智能、航空航天、船舶与海洋工程、量子科学、高端装备与智能制造、新能源、新材料、物联网、大数据等人才高峰建设重点领域及未来产业领域从事研究工作的。④在国(境)外高水平大学或国内顶尖高校、科研院所取得博士学位后,在列入教育部"双一流"大学和学科建设名单的设站单位或设站学科,或在列入上海地方高水平大学建设的设站单位中从事研究工作的。⑤研究能力突出,取得重大自主创新研究成果,申报年度入选国家自然科学基金项目、国家社会科学基金项目;进站后,获得博士后基金(特别资助或面上一等资助)1 项及以上,或在相关领域具有影响力的高水平期刊上以第一作者(通讯作者)发表学术论文 1 篇及以上的。⑥从事哲学社会科学特别是马克思主义理论学科(须为一级学科)研究的。⑦在疫苗与新药、临床诊疗技术、智能防控、新材料与防疫用品等疫情防控新技术、新产品、新装备研发与应用中做出重要贡献的。

下列人员符合基本条件的,可直接入选"超博"计划:①"超博"计划申报当年度入选人力资源和社会保障部、全国博士后管委会、中国博士后科学基金会

"博士后创新人才支持计划",且未申报过"超博"计划的。②获当年度上海市博士后创新创业大赛优胜奖的。以下人员不占各单位申报名额:①符合基本条件的当年度"博新计划"入选人员。②合作导师为经市人才工作协调小组办公室确定的高峰人才及团队核心成员或院士。其中,合作导师为上海市高峰人才的,不限名额推荐申报;合作导师为院士或高峰人才团队核心成员的,每名合作导师限推荐1名。③外籍、港澳台博士后。④工作站设站单位:经单位审核后择优推荐,不限申报名额。⑤创新实践基地:在创新实践基地工作的全职研发型博士后,由基地根据《2022年上海市"超级博士后"激励计划申报名额分配表》确定的申报名额择优申报。

2024年1月,上海市人力资源和社会保障局等8部门联合出台《关于优化上海市博士后发展综合环境的实施意见》,这是贯彻落实国家加强和改进新时代博士后工作要求的首个地方综合性文件,由加大投入、完善机制、健全保障3个部分17条组成,一半以上是新增支持举措,旨在为上海博士后提供进站、在站、出站的全过程、全方位、全链条支撑体系,重点突出三个"全":一是全面加大政策支持力度,举措更聚焦。扩大"超级博士后"资助规模,入选人数达上年度进站人数的30%。新设"博士后国际合作交流"资助,对海外引进博士来沪从事博士后研究、博士后来沪工作和国内派出博士后给予资助,设立博士后国际学术交流补贴。鼓励各区在设站资助、引才奖励、生活配套、科研资助和安居补贴等方面加大投入。二是全力搭建科研创新平台,载体更多元。定期举办"博士后创新创业大赛",常态化开展"博士后揭榜领题"活动。加强对国家实验室等国家级科研创新机构支持。支持博士后向企业流动。支持高水平团队设站单位与全球顶尖高校、一流科研机构和领军企业开展海外科研产业项目合作研究。三是全方位构筑服务保障体系,覆盖更周全。将博士后纳入上海市人才扶持政策体系,健全博士后安居保障机制,优化博士后子女教育保障机制。畅通博士后职称评聘渠道,建立事业单位聘用博士后"直通车"。

二、超级博士后政策的实施效果

2018 年起实施的"超级博士后"激励计划是上海集聚和留用优秀青年科研人员的一项特殊政策。"超级博士后"制度有别于传统意义上的博士后制度，具有入选门槛高、培养目标高（高端拔尖人才）、薪酬待遇高（年薪不低于30 万元）、双重选拔性、关照个别特色且弱势学科等特点（见表 5-1）。[①]

表 5-1　"超级博士后"制度与传统博士后制度相关主题比较

变迁主题	传统博士后制度	"超级博士后"制度
薪资水平	无配套计划标准为 9 万元/年	不少于 30 万元/年
学科领地	所有学科，均衡发展	部分学科，非均衡发展：主要在尖端科研领域、基础学科领域及具有中国特色的马克思主义研究领域
门槛条件	只有基本条件：①具有良好的科研潜质、学术道德和综合能力，年龄 35 周岁以下。②设站单位培养的博士一般不得申请本单位同一个一级学科的流动站从事博士后研究工作。③获得博士学位一般不超过 3 年	除了基本条件外，还有优先推荐的条件：①在国家和上海市重大专项、前沿技术和重大科学研究计划中从事研究工作的。②在上海市重点支持的宇宙起源与天体观测、光子科学与技术、生命科学与生物医药、集成电路与计算科学、脑科学与人工智能、航空航天、船舶与海洋工程、量子科学、高端装备与智能制造、新能源、新材料、物联网、大数据等人才高峰建设重点领域从事研究工作的。③研究能力突出，取得重大自主创新研究成果，为上海"五个中心"特别是科创中心建设做出突出贡献的。……⑧从事马克思主义理论学科（须为一级学科）研究
制度壁垒	面向全球，无国别限制	有国别限制，只针对中国籍
选才来源	博士生（含工作不满 3 年的）	已进站的博士后

---

① 芠光锤，陈晨，刘剑虹."超级博士后"制度的生成逻辑、不足及展望——从《"超级博士后"激励计划实施办法》说起[J]. 现代大学教育，2021(1)：92-100.

续表

变迁主题	传统博士后制度	"超级博士后"制度
资助主体	国家资助单一模式	(政府+设站单位)共同资助的混合模式
价值目标	青年高级人才	高端拔尖创新型人才
变革动力	被动适用、模仿	主动、理性占主导
主管部门	全国博士后管委会	上海市人力资源和社会保障局、上海市财政局
变迁模式	强制性变迁	强制性变迁
培养周期	2年	2年
淘汰机制	有限淘汰	有限淘汰
权力分配	集权	集权
招生名额	按计划分配	按计划分配

从经费支持力度来看,"超级博士后"激励计划在上海市博士后日常工作专项资金分配中的额度越来越大。2015年博士后日常工作专项资金分配结果为1134万元;2016年博士后日常工作专项资金分配结果为1344万元;2017年博士后日常工作专项资金分配结果为2160万元;2018年上海市博士后日常工作专项资金分配结果为,博士后日常经费资助816万元,"超级博士后"激励计划3730万元,博士后创新实践基地资助60万元;2019年上海市博士后日常工作专项资金分配结果为,博士后日常经费资助1648万元,"超级博士后"激励计划8930万元,博士后创新实践基地资助52万元;2020年上海市博士后日常工作专项资金分配结果为,博士后日常经费资助1592万元(含2019年入选人员滚动资助),"超级博士后"激励计划12745万元,博士后创新实践基地资助26万元;2021年上海市博士后日常工作专项资金分配结果为,博士后日常经费资助2360万元(含2020年入选人员滚动资助),"超级博士后"激励计划14930万元,博士后创新实践基地资助40万元;2022年"超级博士后"激励计划资助金额2.25亿元。

2018—2023 年，"超级博士后"激励计划资助人数分别为 264 人、371 人、523 人、525 人、762 人、795 人，资助规模和影响力不断攀升，已成为上海博士后的王牌项目，在国内外享有很高的知名度。从入选来源看，被资助人数最大来源地为高校，上海交通大学、复旦大学、同济大学、华东师范大学、华东理工大学等高校名列前茅，每年的被资助人数都在两位数以上，其中，上海交通大学、复旦大学更是遥遥领先，近几年被资助人数都过百，凸显了其地位和影响力；除高校外，还有一些入选者来自企业、科研院所等机构。从覆盖面来看，入选者来源于 100 多家不同机构，代表了诸多行业与领域。

三、超级博士后政策的外溢效应

上海超级博士后政策实施后，获得了良好的社会效应，其外溢示范效应引得国内许多高校竞相仿效。2016 年，复旦大学在全国率先推出超级博士后政策，2019 年进一步实施"超级博士后"政策新方案，针对不同类型的博士后，分类设置考核指标，健全评价办法，获得国家"博新计划"资助的博士后年薪超过 40 万元，达到国际同类标准。[①] 上海理工大学 2019 年开始实施"沪江博士后"资助计划，形成以沪江博士后、师资博士后为主，科研博士后为辅的博士后队伍。《上海理工大学博士后工作管理办法》（上理工〔2021〕74号）指出：根据高水平大学建设需要设立"沪江博士后发展计划（简称'沪江博士后'）"，沪江博士后年度专项资助标准根据学校事业发展需要进行确定；有条件的学院可依据自身发展需求对成果优异、贡献显著的沪江博士后再实施贡献激励。

2021 年，浙江工业大学《关于进一步加强博士后队伍建设的实施办法》

---

① 新方案！上海交大博士后队伍改革再出发［EB/OL］.（2019-10-23）. https://postd.sjtu.edu.cn/info/1032/1183.htm.

(浙工大〔2021〕15号)实施,推出"超级博士后"计划(见表5-2),以超常规的培养机制、超预期的支持力度,大力促进博士后超速度发展。超级博士后(A1型,特别资助):主要面向毕业于国内外知名高校或科研院所,且创新能力强、发展潜力大、综合素养高的博士毕业生,进站后主要从事前沿领域或交叉学科等基础研究。超级博士后(A2型,联合资助):为深化校地合作,促进科技成果转化,满足地方研究院的建设需要,招收有志于从事技术创新、服务产业升级的优秀博士毕业生,进站后应全职入驻学校各相关地方研究院。2024年,首都师范大学发布博士后科研人员招收公告,其博士后招收分为三类:一是超级博士后,主要吸引已取得高水平研究成果的博士生入站工作,促进学校优势学科和交叉学科的专项建设。二是师资博士后,主要为学校高层次人才及优秀青年骨干教师团队建设培养后备力量。三是科研博士后,主要为承担国家、省部级重大重点科研项目的团队提供有效的科研力量。

表5-2　浙江工业大学"超级博士后"计划

岗位名称		年薪范围	岗位数量	招聘时间	出站留校待遇
超级博士后（A型）	A1型（特别资助）	≥42.5万（含）~60万元	10个/年	每年集中遴选,申请时间截至6月30日	①达到卓越等级并留校任教,发放一次性引才补贴35万元,并直聘朝晖特聘副研究员。②达到突出等级并留校任教,发放一次性引才补贴15万元,并择优选聘为朝晖特聘副研究员。③达到优秀等级,A1、B1型博士后可直接留校任教,A2、B2型博士后可优先申请留校
	A2型（联合资助）	≥38.5万（含）~60万元	不限名额	全年招聘	
学科博士后（B型）	B1型（站前师资评价）	≥31万（含）~60万元	指标限额	全年招聘	
	B2型（站后师资评价）		不限名额		

第二节　师资博士后：我国博士后政策的
派生演化

师资博士后政策在我国高校自发产生，改革发端于基层。它的出现是高校人事制度改革和博士后政策深度融合的产物，它充分体现了邓小平同志倡导的"培养和使用相结合，在使用中培养，在培养和使用中发现更高级的人才"的博士后政策核心理念。经过 20 年的探索和实践，我国高校师资博士后政策取得长足进展，实施师资博士后政策的高校与师资博士后人数在规模上有了大幅提升，它有力地推动了教师聘任制度的改革，激活了博士后政策新的创造力。回顾师资博士后政策走过的 20 年，争议与认同同在，批判与建构同行。对比我国高等教育领域进行的诸多改革，很难找出如师资博士后一样的政策，在基层运行 20 年，而政府几乎没有出台相应的政策加以引导和规范。无论从哪个视角来认识和评价师资博士后政策，无可辩驳的是它作为一种现象，经过了 20 年非但没有消亡，而且还处在不断发展壮大之中，这意味着它有着坚强的生命力和存在的合理性。与其回避、冷落，不如客观、理性地对待师资博士后政策，总结发展经验，正视存在问题，正确地加以规范和引导，从而推动师资博士后政策向科学化、规范化和制度化方向不断发展。

一、我国高校实施师资博士后政策的基本情况

2005 年 4 月 1 日,《浙江大学师资博士后管理办法》(浙大发人〔2005〕15 号)实施,浙江大学在全国高校率先推出师资博士后政策,强调师资博士后以科学研究为主,同时履行作为教师的其他职责:①完成所确定的科学研究任务;②承担学院安排的教学任务;③承担学生思想政治工作及其他社会工作;④完成学校规定的新教师上岗前的分项培训和考试,并达到合格标准。浙江大学出台师资博士后政策出发点是为了解决新教师选聘中存在的一些比较突出的问题:一是新补充的青年教师在知识水平普遍提高的同时,交叉学科知识欠缺,视野不够开阔,教学和科研的实践经验和创新能力还显不足。二是尽管学校对新进人员实行了人事代理合同制管理方式,但是"能进不能出"的现象依然不同程度地存在,人才流转机制并未有效地建立起来。①

师资博士后政策实行初期,由于知之者甚少,加之官方的博士后管理机构没有任何表态,因而响应者寥寥。转折点出现在 2010 年,随着我国高校内部管理体制改革的深入和很多高校人才强校战略的实施,面对现有人事管理相对比较封闭、单一的弊端,博士后政策的流动性和开放性的优势获得广泛认可,实施师资博士后政策的高校逐渐增多。我国高校实施师资博士后政策形式差别很大,多数高校采取颁布专门师资博士后政策文件,如《山东大学师资博士后暂行管理办法》(山大人字〔2007〕43 号)、《大连理工大学师资博士后管理办法(试行)》(大工办发〔2010〕19 号)、《上海外国语大学师资博士后管理办法(试行)》(上外办〔2013〕47 号)、《上海中医药大学师资博士后管理工作暂行办法(修订稿)》(上中医人字〔2018〕13 号)等;一些高校

---

① 刘继荣.师资博士后制度的探索与实践[J].中国高教研究,2007(6):75-76.

没有颁布专门师资博士后政策文件，只是在总的博士后管理办法或教师聘任办法中有所涉及，如《北京交通大学博士后管理办法》《河海大学博士后工作管理办法》《北京科技大学拟聘教师实行博士后管理的暂行办法》《厦门大学新聘教师任职条件补充规定》等；一些高校在正式的政策文件中没有专门的师资博士后政策规定，只是借用师资博士后概念，在实践中采用年度师资博士后招聘公告形式，如《华东政法大学 2013 年师资博士后招聘公告》《上海财经大学 2014 年博士后科研人员招收简章》(师资博士后 4 名)等；个别高校采用发布开展师资博士后工作通知形式，如《关于开展苏州大学师资博士后工作的通知》(苏大人〔2012〕44 号)规定，从 2012 年 6 月 1 日起实施师资博士后工作制度。

二、我国高校师资博士后的概念、特点及类型

现行国家政策对师资博士后缺乏明文规定，各个高校基本上是从字面意义上将师资博士后简单解读为"师资"＋"博士后"的模糊认识，对师资博士后概念理解有一定的差异性。由于内涵认识不一，其对师资博士后的特点和类型的把握也就存在一定的分歧。

(一) 我国高校师资博士后的概念

从总体上看，我国高校对师资博士后概念的界定相对不太严谨，这从某种程度上可归结为对博士后类型划分的过分随意性。如《北京交通大学博士后管理办法》(2009)规定博士后类型：全职学科博士后(人事关系转入学校)、在职学科博士后(人事关系不转入学校)、师资博士后、企业博士后；《武汉大学博士后管理工作规定》(2009)规定博士后招收类型：重点资助博士后、全额资助博士后、配套资助博士后、自筹经费博士后、企业博士后。《湖南大学博士后管

理工作实施办法(试行)》(2011)规定招收类型:计划博士后、全职项目博士后、在职项目博士后、联合培养博士后等。相对而言,北京交通大学和哈尔滨工业大学深圳研究生院对于师资博士后的界定比较清晰。《北京交通大学博士后管理办法》(2009)规定:师资博士后是指学院(直属系、部)根据师资需求计划招收的,按照教师选拔程序,并纳入教师管理的在校内从事科研、教学工作的博士后研究人员。《哈尔滨工业大学深圳研究生院师资博士后管理办法》(2011)规定:师资博士后是指以师资补充和培养、避免近亲繁殖、构建国际化创新团队为目标,并根据深圳研究生院发展及师资需求计划,按照师资选拔程序招收的博士后研究人员。《浙江工业大学师资博士后制度实施办法》(浙工大发〔2016〕23 号)规定:师资博士后制度是学校将部分博士后研究人员纳入学校师资后备队伍建设,并从中选留优秀教师的人事管理制度。

(二) 我国高校师资博士后的特点

师资博士后是在总的博士后政策基础上发展起来的一种新模式,它具备博士后政策的基本特点:时间性、过程性、流动性、学术性、全职性、指导性、契约性,同时它还拥有双重性、定向性、开放性、竞争性等新特点。

双重性是指师资博士后具有博士后和教师培养对象的双重身份,它不仅享有博士后和教师的双重权利和相应待遇,还必须承担博士后和教师的双重义务和对应职责。通常,师资博士后的待遇比一般学科博士后要高,如《浙江工业大学师资博士后制度实施办法》(浙工大发〔2016〕23 号)规定:"师资博士后在站研究期间除了享受《浙江工业大学博士后管理工作实施办法》规定的基本工资、社会保险、公积金、工作津贴和租房补贴之外,前 2 年学校提供每年 5万元特殊津贴。纳入学校事业编制后,续发一年 5 万元特殊津贴。"

定向性是指师资博士后是按照专任教师岗位的要求来进行高标准的定向培养,通常在选拔的门槛上比其他博士后研究人员更高,师资博士后不仅要承担相应的科学研究任务,还要接受一定的教学任务和比较系统的专任教师素养训练。《浙江工业大学师资博士后制度实施办法》（浙工大发〔2016〕23 号）规定："师资博士后纳入学校青年教师导师制培养。在师资博士后期间可完成学校规定的新教师上岗培训；不主讲课程，适当承担助教、育人工作或其他社会服务工作。师资博士后出站后至少半年进入（挂职）行业相关的企事业单位或依托地方研究院、技术转移中心等平台进行实践、实务能力的培养。"

开放性是指师资博士后政策是一个开放的政策体系，不仅对本单位毕业的博士开放，也对外单位毕业的博士开放，同时还对海外留学博士、外籍博士开放；不仅在政策入口时开放，同时也在政策过程和出口时开放。

竞争性是指师资博士后要面临进站和出站的双重考核，即进站时要参加博士后和师资博士后的两层选拔，出站时要通过博士后和师资博士后的两方面评价，只有那些以教师作为职业发展意向的优秀博士后才能最终进入教师行列。《合肥工业大学师资博士后管理办法》（2018）指出："师资博士后出站时须达到学校、学院的出站考核要求。如未达到师资博士后出站要求，仅达到一般学科博士后出站要求，取消其师资博士后资格，按一般学科博士后办理出站。如既未达到师资博士后出站要求，又未达到一般博士后出站要求，则予以退站处理。"

（三）我国高校师资博士后的类型

总体来看，可将我国高校师资博士后分为四类：

一是有目的地直接招聘以应届博士为主体的人员，通过博士后流动站平台来培养师资。例如，2014 年深圳大学招聘 163 名教师，其中部分岗位为师资博士后岗位，根据应聘者条件确定。

二是所有的师资招聘人员，只要符合做博士后基本条件的，都纳入博士后培养渠道，将博士后政策作为一种用人机制来对待。例如，《山东大学师资博士后暂行管理办法》（山大人字〔2007〕43 号）规定，按照山东大学当年教师招聘计划招聘的应届博士毕业生或不具备高级专业技术职务的往届博士研究生

（有 2 年其他著名院校工作经历者除外），除个别专业外统一纳入学校师资博士后系列进行管理。《关于开展苏州大学师资博士后工作的通知》（苏大人〔2012〕44 号）规定，对于新引进的博士毕业生，凡符合博士后进站基本条件的，原则上统一纳入学校博士后系列进行管理。2013 年，《厦门大学新聘教师任职条件补充规定》（暂行办法）指出：原则上，本校应届博士均须到国（境）外一流大学（世界排名前 200）或科研机构从事博士后研究工作，经考核优良且符合教师聘任条件者，方可作为师资引进；原则上，国内大学（或研究机构）、国（境）外大学的应届博士均需到我校从事博士后研究工作，经考核优良且符合教师聘任条件者，方可作为师资引进。《南京邮电大学师资博士后管理暂行办法》（校人发〔2018〕3 号）指出："以下三类人员，并符合国家及学校博士后进站条件，可作为师资博士后培养。符合用人单位进人条件的应届博士毕业生，已参加用人单位面试并已批准录用，但用人单位因进人指标原因暂时无法接收的人员。符合用人单位进人条件的应届博士毕业生，已参加用人单位面试并已批准录用，但本人想先通过博士后流动站平台取得更好科研成果的人员。条件不完全符合用人单位学术水平要求，但科研潜力突出，参加用人单位面试合格的应届博士毕业生。"

三是将师资博士后与学校的高层次人才团队建设以及整个用人体系结合起来规划考量。2010 年 1 月 18 日，《北京理工大学师资博士后管理暂行办法》（北京理工大学令第 33 号）规定：师资博士后按类别分为高层次人才支持岗、教学科研补充岗、师资队伍后备岗。其中，高层次人才支持岗用于支持"千人计划"入选者、长江学者特聘教授、长江学者创新团队带头人、国家杰出青年科学基金入选者等高层次人才组建团队；教学科研补充岗用于支持岗位紧缺，但迫切需要新进教学科研人员的学院开展工作；师资队伍后备岗用于支持各学院通过考察和培养，择优选拔青年科研人员进入教师队伍。

四是按照博士后流动站的总体要求统一招收博士后，在此基础上将符合学校师资发展需求的筛选出来，通过签订协议将其纳入后备师资队伍，作为未来专任教师的培养对象。如《河海大学博士后工作管理办法》（河海校人〔2015〕54号）规定了博士后四种招收类型。第一类：经学校考核通过，拟作为师资培养的博士毕业生，由本人申请，接收学院同意，脱产从事博士后研究工作。第二类：经学校考核认定不具备第一类博士后培养条件，或已与原单位解除人事关系的博士毕业生，由本人申请，拟接收流动站同意，脱产从事博士后研究工作。第三类：经所在单位人事部门推荐，由本人申请，拟接收流动站同意，从事博士后研究工作。第四类：经企业博士后科研工作站推荐，由本人申请，拟接收流动站同意，从事联合培养博士后研究工作。2007年复旦大学积极拓展博士后工作内涵，推出"在站博士后师资储备计划"和"校内优秀青年骨干教师博士后培养计划"，进一步将博士后工作与学校师资选留工作，以及与青年教师的培养工作有机地衔接起来。① 通常实行前两类师资博士后政策的高校推行的是显性师资博士后政策，即有专门的师资博士后政策形式，如政策文件、年度招聘公告、发布开展师资博士后工作通知等；实施第四类师资博士后政策的高校推行的是隐性师资博士后政策，即没有书面的政策文件规定，但在实践中按照师资博士后性质在操作。

三、我国高校师资博士后政策的发展评价

师资博士后政策的诞生不是偶然的现象，其依托背景是我国高校人事制度改革的强烈需求。其作为人才培养和使用政策的一种新模式、新举措，经过20年的发展，持肯定、赞同立场的意见逐渐占据主导地位。其获得广泛认可的原因主要有三个：一是改变单一、静态的高校专任教师选聘模式，解决现行

---

① 复旦大学新闻文化网. 我校法学等四个一级学科博士后流动站获准设立[EB/OL].［2007-09-06］http://news.fudan.edu.cn/2007/0906/14099.html.

人事管理体制中人员难以流动的弊端,通过一定的考核期,降低了用人风险。二是提升了新的专任教师的整体素质,促进师资结构优化,通过 2~3 年系统的博士后研究和教师入职训练,新任教师更能适应教师岗位。三是推动博士后制度创新,为博士后政策增添了活力,改善了博士后研究人员在高校被边缘化的角色。

在总体肯定师资博士后政策的同时,一些学者认为,师资博士后政策是把"双刃剑",利用得好可以推动高校学科建设和高层次人才集聚,利用不当可能会影响师资选聘,导致部分优秀人才流失。"按照分析,师资博士后制度为提升新进人才的教学和科研能力提供了稳定平台,而且学校可有足够的时间对其进行考察,因而降低了人才使用中的交易成本。在博士后制度设计之初,虽然这些制度的优点都是存在的,但是在实际操作中,必须重视博士后的科研能力,坚持博士后在推动人才交流中的作用,避免出现以博士后制度的名义进行学术上的'近亲繁殖'现象。"①"师资博士后将原来通过留校方式引进的人才明确放在'不入编的正式员工'中,以博士后的使用方式进行管理,他们只有在博士后期间表现出色才能留校。这种人才培养、使用和考核方式,在具体管理运行上比正式教师非升即走的制度更具有效率。不过,实行师资博士后的招收方式需要一定的环境和条件:首先,设站单位的学科建设出色、师资队伍优秀;其次,师资博士后是为选拔师资而设,但进入师资博士后群体的人员并不是入编教师,也不是正式职位,具有强烈的竞争性和非正式性,实际上提高了人才考核的期限和标准。因此,目前已经实行师资博士后的设站单位普遍感觉优秀生源偏少。"②

人力资源和社会保障部、全国博士后管理委员会作为博士后管理的官方机构,至今尚未对师资博士后有明确定位。相比而言,师资博士后颇受"冷遇",由此使其发展的基础和动力都缺乏权威制度支撑,并且在招收、管理、福

---

① 冯支越.中国博士后制度改革创新的实证研究[M].北京:北京大学出版社,2013:89.
② 冯支越.中国博士后制度改革创新的实证研究[M].北京:北京大学出版社,2013:181.

利待遇、考核评估等方面都有很强的学校特色，缺乏规范性和统一性。① 2019年6月12日，《中国青年报》发表《收入低、学术要求高……部分高校师资博士后陷困境》一文，在社会各界引发广泛关注。与经费挂钩，有些高校的师资博士后逐渐变味。《中南财经政法大学师资博士后制度实施办法》（中南大研字〔2013〕17号）规定：近年引进的已取得博士学位且年龄符合国家规定的我校优秀青年教师，本人愿意并经考核被批准到我校做博士后的，学校免除其自筹"研究经费"的义务。

从实践层面来看，师资博士后政策的弊端主要表现在：

一是适用范围狭窄，在高校普遍推广受到很大限制。师资博士后政策通常适用于如浙江大学等学科实力雄厚、门类齐全，并且拥有众多博士后科研流动站的综合性大学，对于那些博士后流动站较少的高校，实行起来困难重重。

二是与其他类型的博士后研究人员相比，师资博士后在待遇保障上有一定程度的提高，但与正式的专任教师相比还是有一定的差距的，"同工不同酬、权利义务不对等"的现象依然存在，影响了师资博士后的积极性。

三是尽管师资博士后拥有博士后研究人员和师资培养对象双重身份，但其"在岗不在编人员"的身份特征导致归属感不强。

四是在考核评价上师资博士后承担科研和教学双重评价，任务更重，压力更大，过分注重量化的学术科研评价可能导致他们不能安心从事具有重大意义的基础性科研，而注重短、平、快项目，产生急功近利思想。有学者提出：在"双一流"建设背景下，师资博士后实际扮演了"学术临时工"的角色，与高校对其"青椒后备军"的期望不一致，即产生角色差距；"一方面，基于高校师资博士后管理政策的分析发现，高校对师资博士后的角色期待过于强调科研行为，有违将师资博士后作为青年教师储备的初衷。如果仅仅将师资博士后当作科研生力军来培养，那么与科研博士后有何不同？另一方面，通过访谈后的技术处

---

① 徐警武，吴琼.师资博士后制度的反思[J].高等教育评论，2014(1):123-133.

理可知,师资博士后对该角色较为不满,尤其强调身份的'不伦不类'以及地位的'低人一等'"①。

五是背离博士后政策宗旨,导致资源被稀释。师资博士后政策在一些高校的全面推行,使相当一部分不愿意从事博士后研究的人员被动地加入博士后队伍中来,博士后政策仅仅被当作一种人事管理手段,在一定程度上成为一些高校本位主义的利益工具,"国家博士后政策福利不用白不用",背离了博士后政策培养高层次人才的宗旨。"有的设站单位尝试设立师资博士后,从而打破了博士后制度以科研创新为主的初衷及其定位,但是与之前希望博士后专心从事博士后研究、培育创新能力的制度初衷不一致。还有,各设站单位的学院中,一直存在欣赏自己人的习惯,博士后在原学科继续做博士后的现象成为公开的现实,造成本校博士后的有限跨学科性问题。"②也有学者提出:"我们也可以将师资博士后作为学校师资队伍的出口,我国高校普遍面临着高校教师队伍考核评价及教师退出机制不完善的尴尬局面,没有一个操作性较强的人才流动机制可以很好地实现教师的末位淘汰,对于不能完全胜任教师岗位的青年教师,将其纳入师资博士后队伍,重新对其进行为期 2 年的在站考核,若仍不能达到学校对于教师的基本要求,就可以通过博士后出站的形式将其淘汰。"③这种观点值得商榷,从具体单位来看,似乎无可厚非,但从全局来看,是本位主义的表现,与博士后政策初衷相背离。另外,大批师资博士后被纳入统一的国家博士后管理体系,享受了很多专属于博士后政策的户口、住房、配偶安置、子女入学等方面的照顾和优待,参加中国博士后基金面上资助、中国博士后基金特别资助和各省(区、市)博士后科研资助申请,使原本就非常紧张的资源进一步稀释,隐藏着潜在的矛盾。

---

① 李晶,李嘉慧."双一流"建设下的师资博士后:"青椒生力军"还是"学术临时工."[J].教育发展研究,2019(23):42-48.

② 冯支越.中国博士后制度改革创新的实证研究[M].北京:北京大学出版社,2013:88.

③ 马骁,马莉,康志亮.师资博士后制度在高校师资队伍建设中的作用探讨[J].中国博士后,2013(3):19-23.

师资博士后作为一种新政策、一种新模式到底好不好？评价核心在于它是否适应我国高等教育改革发展的总趋势，促进我国高等教育内涵建设和质量提升；是否促进高校生产力和生产关系的改善，以人事制度改革推动高校内部管理体制改革的深化；是否给博士后政策带来新思想、新创造力，推动博士后制度进一步向前发展。依据这些标准来对师资博士后政策进行评价，答案显而易见，它面临的基本上都是发展中出现的一些问题，只要加以认识并严格规范化、制度化，改变自发无序的混沌状态，师资博士后政策完全可以走出一片更加广阔的天地。

四、我国高校师资博士后政策的未来展望

近年来，很多高校在招聘博士时都让其做 2～3 年的师资博士后。师资博士后政策历经 20 年的发展，有很多规律和经验需要总结，面临一个从成长期向成熟期的转型。展望未来，我国高校师资博士后政策已经呈现出一些新特点和新趋势。

（一）实施师资博士后政策的高校将会逐渐增多

师资博士后政策在我国现有高等教育体制下有着很强的灵活性和生命力，从某方面来看，它外在于现有人事管理体制，承担着"人才特区"的功效，它能解决当前高校高层次人才培养和使用过程中不能解决的体制机制和政策方面的瓶颈障碍，这就是它获得高校青睐的最直接内因。随着我国高校进入全面深化改革的新阶段，从宏观层面分析，只要是设立博士后流动站的高校，都会有实施师资博士后政策的需求和动力。

（二）重点高校占主导，地方大学影响力不断增强

全国高校博士后流动站主要集中在教育部直属高校。近年来，随着我国

高等教育管理体制改革的深化,国务院原许多部委所属高校纷纷下放至各省管理,以省属重点大学为代表的一批地方高水平大学迅速崛起,其排头兵高校呈现与部属大学并驾齐驱的发展态势,这是我国高等教育改革发展进程中的一个重要动向。反映在师资博士后政策上,地方高水平大学也有强烈的发展需求,也许在整体综合实力上相对不足,但是很多地方大学具有体现核心竞争力的特色学科、优势学科,在这个点上它们完全可以与国内一流大学比肩,如华东政法大学的法学、上海体育学院的体育学、南京工业大学的化学工程与技术等,以这些特色学科、优势学科为基础建立起来的博士后流动站成为这些高校高层次人才的集聚地、向高水平大学迈进的"桥头堡"。有学者认为,不同的高校有各自的发展阶段,对于成长中的地方高校来说,师资博士后制度对于其人才队伍建设仍然很有意义,但是在实行的过程中发生一些变味的情况,会让青年人才感觉不太舒服。① 可以预见,未来实施师资博士后政策的地方高水平大学在数量上会有比较大的增长,地方大学在师资博士后政策方面的影响力将会显著增强。

(三) 理性选择师资博士后培养政策

实施有限的师资博士后政策主要有两方面的原因:一是许多高校的博士后流动站不仅数量少,还分布不均衡,集中在有限的几个学科点,满足不了学校多个学科的整体师资发展需求,机械地将原本没有什么学科关联的拟聘专任教师纳入博士后流动站,会造成资源浪费和南辕北辙的效果。二是从吸引人才的现实性角度出发,由于多数博士毕业生更加倾向于比较有保障的高校事业编制教师,如果统一实施师资博士后制度,可能会限制很多优秀的应届博

---

① 李雅娟.收入低、学术要求高……部分高校师资博士后陷困境[N].中国青年报,2019-06-12(5).

士毕业生前来应聘。① 因此，在一些特色学科、优势学科率先实施师资博士后政策是很多高校一种比较理性的策略选择。

（四）进一步深化对师资博士后概念的理解和认识

师资博士后概念可以从多个层面进行理解，从实现形式来看，"请进来"是目前高校实行比较多的做法，实际上"送出去"也是一种比较好的方法，通过协作培养可以推动高校博士后流动站之间深层次的交流与合作，这对于博士后流动站较少甚至没有的高校来说更加有实践价值。从认识层面来看，师资博士后是吸引高层次人才的一种渠道，但不是唯一渠道，那种将所有的师资招聘人员，只要符合做博士后基本条件都纳入博士后培养渠道的做法值得商榷。由于师资博士后政策是各个高校根据自己的实际情况来操作的，因而政策形式多样化是一个趋向。最早设立师资博士后政策的浙江大学已取消这项政策，同时已有比师资博士后更高的人才培养激励模式出现，如超级博士后、卓越博士后等。

（五）博士后管理机构应加强政策引导和监控

政府对师资博士后政策放任自流的做法已引起一些研究人员的质疑，他们认为应树立师资博士后政策的权威性。高校再好的师资博士后政策，如果没有上级主管部门的认可，其师资博士后政策的权威还是会受到质疑的，因此建议国家在文件中要明确承认师资博士后的存在，对保障师资博士后制度的建设提出一些指导性意见，并在博士后基金等方面给予师资博士后一定的政策倾斜。② 的确，师资博士后政策实行初期，人们容易理解政府不加干预、允许基层大胆尝试的思路，但政策实施20年，政府依然没有太大作为，显然是政

---

① 裴林保,官英平.高校师资博士后培养模式探析——以燕山大学为例[J].科技广场,2012(4):246-248.

② 周刚,夏雪萍.师资博士后制度的构建与实践[J].中国高校科技,2013(11):51-53.

府管理"缺位"的问题。

2014年,上海市在全国率先出台全市范围的师资博士后政策。2014年5月28日,上海市教育委员会、上海市人力资源和社会保障局、上海市财政局《关于实施上海高校师资博士后制度的意见》(沪教委人〔2014〕41号)指出:上海高校要逐步提高博士后研究人员在高校学科建设、教学科研队伍中的比例和作用,在有条件的高校逐步形成以博士后研究人员作为主要师资来源的用人机制,形成通过博士后制度选人、用人的良性机制。政策强调:"师资博士后制度是将部分博士后纳入师资队伍管理的一种制度。建设师资博士后制度的目的在于进一步加大青年教师队伍建设的力度,调整和优化师资队伍结构,拓宽博士后培养渠道,同时充分利用博士后制度平台为学校教学科研和人才队伍发展提供人力资源储备和前期职业能力考察。师资博士后制度既能体现师资培养与博士后培养的有机结合,也能实现师资选拔与博士后流动的有机结合。"

师资博士后的身份是博士后,按国家博士后管理制度进行管理。师资博士后在履行博士后科研工作职责、义务的基础上,同时也承担相关协议规定的教师职责和工作任务,主要包括:一是完成一定的教学工作量。教学观摩:虚心向指导教师学习,尽快掌握教学各环节的基本要求和方法,了解教学管理和运行的规章制度;教学实践:积极参与指导教师的学生答疑、批改作业、实践指导及其他教学环节,或在指导教师指导下担任一门课程的部分教学任务;积极参与指导教师或所在学科的教育教学研究等工作。二是完成博士后流动站和学校规定的科研、学科建设任务。三是完成学校规定的新教师上岗前的各项培训和考试,并取得高等学校教师资格证书。四是其他有关社会工作。师资博士后的具体考核内容由各高校根据实际情况另行规定,其中教学工作量应不少于师资博士后整体工作量的40%。

上海市部分高校依据上海市教委制定的师资博士后政策,制定了相应的学校层面的师资博士后政策。《上海中医药大学师资博士后管理工作暂行办法(修订稿)》(上中医人字〔2018〕13号)规定:部门根据《上海市教育委员会、上海市人力资源和社会保障局、上海市财政局关于实施上海高校博士后制度的意见》（沪教委人〔2014〕41号），结合本部门师资队伍规划及建设的岗位需要，根据学校批准的师资补充计划，从部门在站博士后人员中推荐优秀人选申报师资博士后项目，报学校人事处统一组织遴选，择优推荐上报教委。经教委评审并获得师资博士后项目资助人员，由部门、人事处及博士后共同签署三方协议纳入师资博士后培养。《上海理工大学师资博士后管理办法》（上理工〔2021〕73号）规定：师资博士后进站后，应申报上海高校师资博士后资助，如未获批，自当年上海高校师资博士后批复下个月起，将取消师资博士后待遇，按科研博士后工作至出站，并享受相应待遇。作为博士后管理机构的人力资源和社会保障部、全国博士后科研流动站管理协调委员会（以下简称全国博士后管委会）应该顺应国家全面深化改革的总要求，积极制定师资博士后方面的政策，加强对师资博士后政策的引导和监控。

第三节　兼职博士后：我国博士后政策的制度演化

从理论上来看，由于博士后研究人员流动人员的属性，决定了兼职博士后不仅没必要，也不可能。如果有合适的工作岗位，就没有必要继续从事博士后研究；正是缺少相应的岗位，才需要通过博士后阶段加以过渡，世界各国普遍遵循这样的政策逻辑。令人非常奇怪的是，兼职博士后在我国作为一种现象，不仅长期存在，政策也不时向现实进行妥协，容许和变相默许其局部存在。分析兼职博士后政策的历史演变及其成因,有助于我们进一步厘清我国的国情,从而更深刻地认识我国博士后政策的内在特征和发展趋向。

一、兼职博士后政策的历史演变

"中国博士后制度建立之初,海归博士后进入中国博士后科研流动站从事研究,都不是在职人员。但随着中国博士后制度的发展,一些在职人员一边工作一边申请做了博士后。"[①]1986 年 3 月 13 日,《国家科委关于印发〈博士后研究人员管理工作暂行规定〉的通知》规定:凡新近在国内外获得博士学位,品学兼优,身体健康,年龄在 35 岁以下,尚未正式分配工作的优秀青年,均可做博士后研究人员。政策要求的是"尚未正式分配工作的优秀青年",将兼职博士后排除在外。1996 年 11 月 6 日,《人事部、全国博士后管委会关于进一步加强博士后管理工作的通知》(人发〔1996〕102 号)规定:"招收博士后必须贯彻'公平竞争、择优招收'的原则,保证质量,宁缺毋滥。任何单位不得接收兼职做博士后的人员。"尽管政策强调的是"不得接收兼职做博士后的人员",但无意间为如何解读"兼职"留下了一个政策的缺口,为部分脱产从事博士后研究的人员提供了方便之门。

2001 年 12 月 26 日,人事部、全国博士后管委会《关于印发〈博士后管理工作规定〉的通知》(人发〔2001〕136 号)规定:"在职人员不得兼职从事博士后研究工作。""申请从事博士后研究工作的人员,应当向设站单位提出书面申请,提交有关证明材料。委托培养、定向培养和在职工作以及具有现役军人身份的人员申请从事博士后研究工作,应当向设站单位提交其委托单位、定向培养单位、工作单位或者所在部队同意其从事博士后研究工作的证明材料。"

---

① 姚云,方芳,刘雪倩,等.博士后发展年度研究报告(2018)[M].北京:学苑出版社,2019:95.

2006 年 12 月 29 日，人事部、全国博士后管委会《关于印发〈博士后管理工作规定〉的通知》（国人部发〔2006〕149 号）规定："申请从事博士后研究工作的人员，应当向设站单位提出书面申请，提交证明材料。委托培养、定向培养和在职工作以及具有现役军人身份的人员申请从事博士后研究工作，应当向设站单位提交其委托单位、定向培养单位、工作单位或者所在部队同意其脱产从事博士后研究工作的证明材料。在职人员不得兼职从事博士后研究工作。"尽管2001 年和 2006 年的政策强调"不得兼职从事博士后研究"，但是对于那些在职从事博士后研究的人员只要求原单位提供"同意其脱产从事博士后研究工作的证明材料"，对于是否完全脱产根本无法进行监督和审核，无形中进一步放纵和助长了"兼职从事博士后研究"现象的蔓延，损害了政策的公信力。2015 年 11 月 30 日，《国务院办公厅关于改革完善博士后制度的意见》（国办发〔2015〕87 号）规定："在职博士后研究人员应以高校、科研院所教学科研人员为主，并严格控制比例。不得招收党政机关领导干部在职进站从事博士后研究。"政策不仅删除了"不得兼职从事博士后研究"，还强调"在职博士后研究人员应以高校、科研院所教学科研人员为主，并严格控制比例"，在某种程度上将"在职从事博士后研究"现象公开化、合理化。2017 年 3 月 13 日，人力资源和社会保障部、全国博士后管理委员会印发《关于贯彻落实〈国务院办公厅关于改革完善博士后制度的意见〉有关问题的通知》（人社部发〔2017〕20 号）规定：严格控制设站单位招收本单位同一一级学科、超龄、在职的博士后人员比例。2020 年 1 月 19 日，教育部办公厅《关于做好全国教育科学"十三五"规划2020 年度课题组织申报工作的通知》（教办厅函〔2020〕3 号）指出："在站博士后人员均可申请，其中在职博士后可以从所在工作单位或博士后工作站申请，全脱产博士后从所在博士后工作站申请。"

近年来，在国家政策的影响下，我国省级博士后政策在"在职从事博士后研究"现象上也经历了一个逐步公开化的过程。如云南省围绕高新技术产业、特色优势产业和经济社会发展重点领域对高层次人才的需求，设立博士后定向培养资助。2014 年,出台《中共云南省委、云南省人民政府关于创新体制机制加强人才工作的意见》,明确提出实施博士后定向培养计划:从 2014 年开始,依托云南省博士后站,每年招收 50 名左右博士后研究人员;在 2 年培养期内,由省级财政给予每人每年 5 万元培养经费补助。设站单位原则上也应配套相应培养经费。2014 年 5 月 19 日,云南省人力资源和社会保障厅发布《关于印发〈云南省博士后定向培养计划实施办法〉的通知》(云人社发〔2014〕85 号),通知明确了博士后定向培养的招收条件、经费保障、考核与管理的具体操作。2018 年,每年资助人数由原先的 50 人增加到 100 人,资助金额由原来的每人每年 5 万元提高到 8 万元。2022 年 2 月 23 日,山东省人力资源和社会保障厅发布《关于印发山东省博士后工作管理办法的通知》(鲁人社规〔2022〕1 号),规定:"全职博士后在站期间享受设站单位职工待遇,其福利待遇、成果转化奖励等按照合同或协议执行,并计算工作年限。设站单位应按规定为博士后缴纳社会保险费。进站前无工作经历的博士后参加工作时间从进站之日起计算。定向委培、在职人员以及现役军人身份博士后,在站期间的待遇、福利及成果转化奖励办法,由原工作单位与在站单位协商确定,并在进站工作合同或协议中予以明确。"

与此同时,一些大学也会有针对性地出台相应的兼职博士后政策,以加强对在职博士后研究人员的管理。2018 年 10 月 12 日,《电子科技大学博士后工作管理办法(修订)》(校人〔2018〕322 号)实施,规定在职人员的薪酬待遇由原单位负责,学校为自主招收的外单位在职人员提供一定津贴。

二、兼职博士后政策的成因分析

尽管我国博士后政策从政策初衷上看是排斥兼职博士后的,一段时间意图通过政策设计,用原单位提供脱产从事博士后研究的证明来进行保证,但通过政策最终实际执行成效来看，这种努力没有达到预先规划的政策目标，兼职博士后作为一种现象居然普遍存在。"兼职从事博士后研究主要体现在三个方面：其一，非统分身份的博士后进站时，由原单位人事部门出具了'全时从事博士后研究工作，在博士后期间脱离一切行政岗位，原单位也不为其安排任何工作'的书面证明。但该证明的效用只满足了办理进站材料的要求，对其专职在站工作不能起到真正的约束作用，脱产专职只是名义上的约束，博士后进站后能否做到全时脱产无法得到保证和监督。目前在招收工作中，在职的博士后只需提供脱产证明，不转人事档案、户口和工资关系，从根本上造成脱产全职只能是形式要求。还有博士后以单位不同意提供工资介绍信，或者原单位工资比博士后工资高，或者工资转走后住房公积金无法连续扣缴等理由，不转工资介绍信，造成脱产工作流于形式。其二，在做博士后研究工作期间，以做课题或为社会服务为名，在设站单位之外的另一方兼职工作并获取报酬，严重影响了在站期间研究项目的质量。其三，在招收博士后中，也出现了个别行政领导转向做博士后的现象，这些人员很难做到暂停一切行政事务，纯粹专职进行学术研究。"[1]"除了博士后流动站，一些企业的博士后科研工作站招收兼职博士后的情况也很严重，很多人只是利用假期或集中一段时间到企业工作，很少全脱产在企业全职从事博士后研究工作。造成这一现象的原因主要有：一是企业确实招不到能全职到企业工作的合适人选。二是企业为了保住'企业博士后科研工作站'这块牌子，找兼职人员充数。三是企业招收在职人员做企业博士后，从各级政府部门得到各类资助一分不少，企业本身还可大大降低博士后日常经费的支出。"[2]

由于兼职从事博士后研究现象愈演愈烈，一度引发一些人大代表和政协委员的关注，他们纷纷提交相关提案，期望加强对兼职博士后现象进行监管。从兼职从事博士后研究得以实施的政策表面现象来看，不同利益群体的需求

---

① 冯支越.中国博士后制度改革创新的实证研究[M].北京：北京大学出版社,2013:205.

② 赵雪珍,刘继荣.浙江大学企业博士后管理工作实践与思考[J].中国博士后,2008(4):38.

可能都得到了一定程度的满足。规模的扩大契合了预先设定的各种发展规划,国家、省、市、设站单位等不同层级的管理部门容易完成相应的指标;博士后在原单位和设站单位享受叠加的资源和各种福利待遇,个人价值得到进一步提升;博士后在研究期间继续在原单位工作,原单位通常会要求"名义脱产实际上不脱产,必须完成本单位实际工作量"的证明,博士后出站后需要回到原单位继续工作,原单位感觉自身也没什么损失,利益博弈的背后维持一种政策畸形的动态平衡。

三、兼职博士后政策的发展评价

尽管兼职博士后契合了现实中的一定社会需求,也部分反映了不同群体的利益诉求和价值诉求,但是从整体来看,兼职博士后还是弊大于利的,它是计划经济体制的思维惯性在博士后政策领域的延伸,其容易滋生腐败、为权力寻租打开方便之门等负面效应引发许多学者的忧虑。"实际上,兼职从事博士后人数的增加,带来了不少问题,严重破坏了博士后制度建设:其一,在职人员兼职从事博士后工作侵蚀了博士后制度,对博士后制度的健康发展造成了不良影响;其二,由于此类人员在精力上投入不够,科研时间得不到保证,有的家在外地,割舍不下的事情很多,有的原单位仍有科研项目,需要经常回去关照,时间都流失在东奔西跑中,不能专注科研,何谈创新成果,自然影响到博士后研究工作的质量;其三,兼职做博士后占用设站单位的名额、住房及各种资源,在机会宝贵、资源稀缺的条件下,无作为的资源占用显然不利于博士后管理制度的正向发展。"①"博士后制度创建,无论是国外还是国内,都是为新近毕业而没有找到工作的博士设置的。已有工作的在职人员来做博士后,已违背这

---

① 冯支越.中国博士后制度改革创新的实证研究[M].北京:北京大学出版社,2013:205.

项制度的初衷。这一新措施，准确表述应为'在职人员不能申请博士后'。这样的表述，既可以排除'党政机关领导干部'，也可以杜绝其他非党政机构人员来做博士后。而新措施中增加的一条'严格控制在职的博士后人员比例'的规定不伦不类。在职人员不得申请做博士后的规定早在新政之前已经出台，现在应该反思原有措施为什么得不到贯彻落实。因为它在很大程度上就是对政策要求的'严格控制比例'有不同的理解，为各部门和招收导师预留了讨价还价的空间，为一些特殊权势之人留下了运作的空间。"①"从世界范围来看，博士后群体是一个新近获得博士学位证书而没有获得工作，且愿意从事研究的一个群体。中国博士后创建之初的招收也是如此。但随着中国博士后制度的发展，以及博士后高于博士学位的一个'准学位'错误认识，越来越多的大学在职教师也加入博士后行列，甚至在职的党政领导也要进站到博士后科研流动站或博士后科研工作站做博士后。由于他们不仅挤占了博士后招收名额，影响到真正立志从事科研的博士后难以进入博士后站点做博士后，而且他们本身是希望通过博士后经历为他们脸上'贴金'，从而拉低了博士后培养质量，毁坏了博士后制度的声誉。因此，这次的改革意见，不仅应该限制在职的党政领导做博士后，还应该对所有在职教师说'NO'。"②

不得兼职做博士后是国家为了使博士后能有充沛的精力投入相应的科研活动中，保证博士后培养的质量，但是出于现实功利性等因素，兼职做博士后居然蔚然成风。"这变味的博士后制度，在最近一些年已引起博士后管理人员的注意，出台了多项政策要求博士后科研流动站或工作站不能招收在职人员。但现实情况是，一些站点未能严格执行。如'博新计划'的入选条件中还规定'申请者获得该计划后必须全职从事博士后研究工作'。调查中发现，'博新计划'入选者中92.1%为全职从事研究工作，有7.9%为在职人员。他们既要获

---

① 姚云，方芳，高艺轩，等.博士后发展年度研究报告（2017）[M].北京：学苑出版社，2018：8.
② 姚云，方芳，曹昭乐，等.博士后发展年度研究报告（2016）[M].北京：学苑出版社，2017：10-11.

得'博新计划'的待遇,又要享受工作单位的福利。"①

　　针对兼职博士后的弊端,一些地方政府和大学在出台新的博士后政策时,也有针对性地对兼职博士后现象加以限制。《上海市"超级博士后"激励计划实施办法》强调:"超博"计划资助对象必须为全职从事研究工作的博士后人员(不包括定向委培、现役军人等在职从事博士后研究的人员)。"2017 年北京大学计划自筹经费招收'博雅'博士后 100 名,2018 年将这一指标翻倍到 200 名。从申请条件来看,虽没有大的变化,但对不能在职做博士后有了更加明确的规定。2017 年的规定是'进站后须全职从事博士后研究工作',显然,一些博士后科研流动站和工作站还在继续招收在职博士后。而 2018 年规定为'已获得终身教职或进入终身教职系列者不能申请本项目',实际上,无论是国外的博士后,还是中国博士后制度设计中对博士后的要求,他们的身份都是没有正式入职的研究人员,但一些站点为了招到博士后,采取了招收在职博士后,改变了博士后的工作性质。北京大学对博士后申请条件的具体规定值得提倡。"②《厦门大学博士后工作管理办法》(厦大人〔2018〕10 号)规定:除特别优秀人员外,学校原则上不招收在职人员从事博士后研究工作。总之,从长远发展来看,我们应尽快与国际接轨,杜绝任何形式的兼职博士后,回归博士后政策本来应该具有的概念属性和价值理念,更好地发挥流动人员的岗位属性。

---

①　姚云,方芳,刘雪倩,等.博士后发展年度研究报告(2018)[M].北京:学苑出版社,2019:95.
②　姚云,方芳,刘雪倩,等.博士后发展年度研究报告(2018)[M].北京:学苑出版社,2019:4-5.

第四节　项目博士后：我国博士后政策的
不断深化

从国际上看,博士后招收通常有两类:一类是特定机构资助的博士后奖学金项目,如美国国立卫生研究院(NIH)、美国富布赖特计划、美国学术协会理事会、英国牛顿国际奖学金、施密特科学研究员项目等提供的博士后奖学金,德国洪堡基金和德意志研究联合会(DFG)提供的博士后项目,欧盟玛丽居里奖学金以及日本 JSPS 外籍特别研究员项目(博士后项目)等;另一类是学术及科研机构提供的博士后岗位。无论是哪一类,基本都依托项目而存在,因而,从宽泛意义上理解,都可以称得上项目博士后。我国的博士后政策在迁移发展过程中,由于特殊的价值取向和特定的国情,项目博士后经历了一个从无到有、从小到大的渐进发展过程。

一、项目博士后政策的历史演变

1985 年,我国博士后政策设立之初,遵循国家设立博士后科研流动站按照计划统一进行招收的模式,后来不断拓展至企业博士后工作站和博士后科研流动站联合招收、企业博士后工作站独立招收、博士后创新实践基地委托博士后科研流动站和博士后科研工作站招收、博士后科研流动站设站单位非设站学科招收（5 年内综合评估中获得优秀等次流动站的设站单位，其具有博士学位一级学科授予权，或建有国家重点科研平台的非设站学科，经省级博士后管理部门推荐，全国博管办核准，可招收博士后人员）、项目招收（承担国家重大科技项目的非设站单位或非设站学科，经省级博士后管理部门或国务院有关部委〈直属机构〉、有关企业集团、总公司人事〈干部〉部门推荐，中国博士后科学基金会核检、全国博管办备案后，可在项目执行期间招收博士后人员）等类型。我们对于项目博士后概念的理解属于宽泛意义上，除依托重大项目招收的博士后研究人员，还包括特定种类的博士后培养项目。

项目博士后是随着国家一些大型项目的开展而逐渐引起重视的。1994 年 3 月 29 日，全国博士后管委会办公室《关于印发〈全国博士后管委会第十四次会议通报〉的通知》（博管办〔1994〕8 号），提出："逐步推行以重大科技项目为依托招收博士后的模式。国家重大科技发展计划（如家技术攻关计划、'863'计划、攀登计划、国家重点实验室研究计划等），都要有一定的人才培养指标。要制定鼓励博士后研究人员承担、参与重大项目研究的政策措施，使博士后制度更好地为国家重大科技发展计划服务。今后几年里，要选择一些高水平的科技研究项目，经审核允许承担这些研究项目而又具备基本条件的一些核心研究单位，在规定的期限内招聘一定数量的博士后研究人员，项目结束即停止招收。由于这是一种新的尝试，应先进行一些必要的试点工作。"1996 年 12 月 5 日，全国博士后管委会办公室《关于印发全国博士后管委会第十六次会议纪要的函》（博管办〔1996〕12 号）指出：李政道教授"对于设站单位与企业联合和以重大科技项目为依托招收博士后的做法，他认为这种办法很好，应当继续做好，要充分发挥这些年轻博士后的作用"。2001 年 7 月 26 日，《博士后工作"十五"规划》（人发〔2001〕82 号）指出："加强同科研、教育、产业管理部门的密切联系，配合国家重大项目研究工作（如国家科技攻关项目、自然科学基金项目、'863'项目等）和高新技术产业发展战略，依托研究项目解决招收博士后的经费问题。"2001年12月26日，《博士后管理工作规定》（人发〔2001〕136号）指出："对承担国家重大科研项目的非设站单位或已设站单位的非设站学科，经批准可以依托国家重大科研项目，招收项目博士后研究人员。"2006年12月29日，《博士后管理工作规定》（国人部发〔2006〕149号）指出："对承担国家重大科研项目的非设站单位或已设站单位的非设站学科，经人事部博士后管理部门批准可以依托国家重大科研项目，招收项目博士后人员。"2011年8月23日，《博士后事业发展"十二五"规划》（人社部发〔2011〕91号）指出："合作导师可根据科研项目的需要招收博士后研究人员，延长博士后研究人员在站时间。""加强博士后研究人员与国家重大科技项目的结合，扩大国家重点实验室等国家级科技平台招收博士后规模，推进科技创新。逐步理顺科研团队的构成结构，确立博士后研究人员在团队中的中坚作用，使博士后研究人员成为国家级科技平台科研队伍中的一个重要层次。"2015年11月30日，国务院办公厅印发《关于改革完善博士后制度的意见》（国办发〔2015〕87号），指出："通过改革设站和招收方式，完善管理制度，加强培养考核，促进国际交流，充分发挥博士后制度在高校和科研院所人才引进中的重要作用、设站单位在博士后研究人员培养使用中的主体作用、博士后研究人员在科研团队中的骨干作用，推动博士后制度成为吸引、培养高层次青年人才的重要渠道。到2020年，重点高校、科研院所新进教学科研人员和国家重大科技项目中博士后研究人员比例有明显提高。""设有国家重点科研基地、承担国家重大科技项目的非设站单位，备案后可以依托重大科技项目招收项目博士后。"2016年10月26日，财政部、教育部下发《关于印发〈高等学校哲学社会科学繁荣计划专项资金管理办法〉的通知》（财教〔2016〕317号）指出："劳务费是指在项目研究过程中支付给参与项目研究的研究生、博士后、访问学者和项目聘用的研究人员、科研辅助人员等的劳务费用。项目聘用人员的劳务费开支标准，参照当地科学研究和技术服务业人员平均工资水平以及在项目研究中承担的工作任务确定，其社会保险补助费用纳入劳务费列支。"在劳务费设置上，与既往规定有较大变化,《管理办法》扩大劳务费开支范围,凡参与项目研究的研究生、博士后、访问学者和项目聘用的研究人员、科研辅助人员等,均可支付劳务费,并将项目聘用人员的社会保险补助费用纳入劳务费开支范围。2017 年 3 月 13 日,人力资源和社会保障部、全国博士后管理委员会发布《关于贯彻落实〈国务院办公厅关于改革完善博士后制度的意见〉有关问题的通知》(人社部发〔2017〕20 号)指出:"设站单位可根据研究项目需要,在 2～4 年内灵活确定博士后人员在站时间。对进站后承担国家重大科技项目的博士后人员,经设站单位同意,可根据项目期限和承担任务调整在站时间。"2023 年 8 月,中共中央办公厅、国务院办公厅印发《关于进一步加强青年科技人才培养和使用的若干措施》指出:"要完善自然科学领域博士后培养机制。提升博士后培养质量,合理确定基础前沿和交叉学科领域博士后科研流动站和工作站数量,合理扩大自然科学、工程技术领域博士后规模。国家科技计划项目经费'劳务费'可根据博士后参加项目研究实际情况列支,统筹用于博士后培养。"

近年来,国家在积极鼓励依托重大项目招收博士后研究人员的同时,也在探索出台特定种类的博士后培养项目,加大项目博士后培养力度。2012 年 9 月 29 日,人力资源和社会保障部、全国博士后管理委员会发布《关于印发博士后国际交流计划的通知》(人社部函〔2012〕310 号)指出:"博士后国际交流计划设立派出项目、引进项目和学术交流项目。博士后国际交流计划派出项目,主要是资助部分优秀在站博士后研究人员到国外一流高校、科研机构、企业的优势学科领域,在合作导师的指导下,开展博士后研究工作;博士后国际交流计划引进项目,主要是资助部分优秀外籍(境外)和留学博士到国内博士后科研流动站、工作站,在合作导师的指导下,开展博士后研究工作;博士后国际交流计划学术交流项目,主要是资助部分优秀博士后研究人员赴国(境)外开展学术交流活动。"2015 年 3 月 13 日,全国博士后管委会发布《关于同意浙江大学试点实施临床医学博士后培养项目的函》指出:"同意你校自 2015 年起试点实施临床医学培养项目,允许该项目招收本校本一级学科博士毕业生进站从事博士后研究工作,为促进人才交流,建议招收本校毕业生的比例不高于50%。为支持你校试点实施临床医学博士后项目,在2015年国家资助博士后研究人员计划中,专门给你校增加10个名额用于开展该项目,以后视工作情况和效果再逐步增加。"2016年4月14日,人力资源和社会保障部、全国博士后管委会发布《关于印发博士后创新人才支持计划的通知》(人社部发〔2016〕33号),启动"博新计划",强调"结合国家实验室等重点科研基地,研究领域属国家重大战略领域、战略性高新技术领域、基础科学研究前沿领域",开展专项资助从事博士后研究工作。

二、项目博士后政策的需求分析

近年来,与其他类型的博士后招收形式相比,项目博士后有了跨越式的增长,已经成为我国博士后招收的主要类型和新的重要生长点,从动机与需求出发,有以下几个缘由:

一是项目博士后契合有组织科研的发展格局,重大项目、重大工程需要广大博士后研究人员的积极参与,"人才+项目"的博士后政策得到相关领导的高度认可。2010年11月28日,时任人力资源和社会保障部部长尹蔚民在全国博士后工作会议暨纪念博士后制度25周年座谈会上强调:"要结合重大项目、重大工程培养人才,建设以博士后为骨干的创新团队。国家重大项目、重大工程体现了国家重点发展方向,汇聚了优秀人才和资源,参加这些工程项目,是最重要、最难得的创新实践,也是培养锻炼青年科技人才的最佳场所。要大力推行'人才+项目'的培养模式,以科研项目为基础,根据项目需求招收博士后,加强博士后研究人员与国家重大科技项目的结合,扩大国家重点实验室等国家级科技平台招收博士后的规模,建设以博士后研究人员为中坚的创新团队。"[①]2015年12

---

① 全国博士后管委会办公室,中国博士后科学基金会.博士后工作文件资料汇编(1985—2016)[M].北京:中国人事出版社,2017:15.

月1日,时任人力资源和社会保障部副部长汤涛在全国博士后工作会议上强调:"以重大项目和团队建设为依托培养创新人才。要结合国家重大科技项目、国家重点实验室等国家级科技平台招收博士后研究人员。要充分发挥博士后研究人员在科研团队中的作用,逐步提高博士后研究人员在科研团队中的比例。"①

二是与其他博士后招收类型相比,项目博士后在体制机制上更加灵活,国家特地为其专门制定了更为宽松的发展政策,其发展的空间比较大。如《博士后管理工作规定》(人发〔2001〕136号)强调:"对承担国家重大科研项目的非设站单位或已设站单位的非设站学科,经批准可以依托国家重大科研项目,招收项目博士后研究人员。"在特殊时期,国家还将项目博士后作为促进经济恢复、推动高质量发展的重要抓手。2020年3月21日,科技部公布《关于科技创新支撑复工复产和经济平稳运行的若干措施》(国科发区〔2020〕67号),明确"在国家科技计划支持的项目中,推动高校、科研院所设立科研助理或辅助人员岗位,扩大博士后岗位规模,其劳务费用和有关社保补助按规定从项目经费中列支"。

在国家政策的积极推动下,很多省(自治区、直辖市)也及时推出了新的项目博士后政策。2022年4月2日,江苏省委人才办、省人力资源和社会保障厅、省财政厅发布《关于印发〈江苏省卓越博士后计划实施办法(试行)〉的通知》(苏人社发〔2022〕33号),强调"卓博计划"是聚焦重点领域、重大平台的专项博士后资助培养计划,作为江苏省"双创计划"的子项目实施,主要围绕国家和省重大专项、前沿技术和重大科学研究、先进制造业产业集群发展需求。江苏省人力资源和社会保障厅《关于开展2024年度江苏省卓越博士后计划申报工作的通知》(苏人社函〔2024〕6号)规定,"卓博计划"主要资助如下重点领域、重大平台博士后研究人员:(1)在江苏省实施关键核心技术突破攻坚的重

---

① 全国博士后管委会办公室,中国博士后科学基金会.博士后工作文件资料汇编(1985—2016)[M].北京:中国人事出版社,2017:9.

点产业以及江苏省重点支持的优势产业链（卓越产业链）从事研究工作：①集成电路、人工智能、网络与通信、高端软件、区块链等新一代信息技术产业领域。②先进碳材料、纳米新材料、先进金属材料、第三代半导体材料等新材料产业领域。③高端装备、智能制造等先进制造产业领域。④化学药、生物技术药、现代中药、高端医疗器械等生物医药产业领域。⑤新一代太阳能、风能、新能源汽车、智能电网等新能源产业领域。⑥其他传统优势产业、现代农业技术产业领域。（2）在江苏省支持的重大平台从事研究工作：①省级以上重大专项、前沿技术和重大科学研究计划。②两院院士、国家级人才计划入选者、"333高层次人才培养工程"一层次等高层次人才团队。③省级以上重点实验室。④国家"双一流"建设高校和江苏省高水平大学建设高峰计划建设高校。⑤列入国家医学中心、国家区域医疗中心、三级甲等医院的设站单位。（3）在国家和省创新发展急需领域从事研究工作：①在前瞻性基础研究领域和应用基础研究领域从事研究工作。②在数学、物理、化学、生物等基础学科从事研究工作。③在哲学社会科学特别是马克思主义理论学科（须为一级学科）从事研究工作。（4）在其他省委省政府重点支持发展的领域、平台从事研究工作。

三是项目博士后很好地解决了博士后培养经费不足、高校科研项目管理体制过于僵化等问题，诸多高校纷纷推出极具校本特色的项目博士后政策。2019年12月，浙江工业大学发布《关于对承担Ⅴ类以上科研项目直配博士后招收名额的通知》，"鼓励符合条件的教师直接按项目招收博士后。对于承担重点重大科研项目直接配置博士后招收名额。作为合作导师，2019年立项的学校Ⅰ类项目的项目负责人在项目执行期内可招收5名博士后，Ⅱ类和Ⅲ类项目的项目负责人在项目执行期内可招收3名博士后，Ⅳ类和Ⅴ类项目的项目负责人在项目执行期内可招收1名博士后。相关博士后的工资、津贴等待遇由学校承担，经费额度24万元/人·年；博士后在站期间产出的科研业绩，根据学校相关政策享受科研业绩奖励。合作导师承担学校认定的Ⅴ类以上项目的，其项目科研配套经费可用于在站博士后从事科研工作的绩效奖励"。

《浙江工业大学进一步加强博士后队伍建设的实施办法》(浙工大〔2021〕15号)规定:博士后分为超级博士后(A1 型,特别资助)、超级博士后(A2 型,联合资助)、学科博士后(B1 型,师资博士后)、学科博士后(B2 型,项目博士后)、外籍博士后(C 型),其中,学科博士后(B2 型)是指各二级单位根据项目需要招收的博士后人员,主要为承担国家、省部级重大重点科研项目的团队提供有效的补充力量。

《中国社会科学院博士后工作管理规定》指出:博士后招收类型包括流动站自主招收博士后(含"国家资助博士后"和"项目博士后")、留学人员流动站自主招收博士后(以下简称"留学博士后")、企业联合招收博士后(以下简称"企业博士后")三类。《南京财经大学博士后工作管理办法(试行)》(南财大人字〔2015〕13 号)规定:根据博士后人员培养经费的来源,分为国家资助计划招收的博士后人员、江苏省资助计划招收的博士后人员、自筹经费招收的博士后人员;与企业联合招收的博士后人员、依托国家重大科研项目招收的项目博士后人员。《湖南大学博士后工作实施办法》(湖大人字〔2016〕56 号)规定:湖南大学博士后招收类型有全职博士后、项目博士后、联合培养博士后三种类型,项目博士后是指在职进行博士后研究、不转入人事档案的博士后研究人员。《太原理工大学博士后管理暂行办法》(校人〔2018〕19 号)规定:博士后招收类型为师资博士后、项目博士后、联合培养博士;项目博士后是指经全国博管会审核通过,人事关系转入学校(外籍博士毕业生无此要求),并全时脱产来校从事博士后研究工作的人员;流动站在完成师资博士后招收指标的基础上,结合流动站建设实际需求,申请项目博士后招收名额;学校根据人才队伍建设经费预算,审批招收指标。经费由学校专项资金和博士后合作导师科研经费共同承担。《北京大学博士后研究人员管理服务办法》(校发〔2019〕272 号)规定:北京大学博士后分为全职博士后和联合博士后两大类;全职博士后根据资助经费来源分为学校统筹经费博士后和导师科研项目博士后两大类;导师科研项目博士后主要是由合作导师使用其科研项目经费招收的,并根据合作导师科研工作需要签订合同,完成合同约定的任务。《吉林大学博士后招收管理实施办法》(校发〔2020〕67 号)规定:博士后招收类型根据招收方式和经费来源分为项目资助博士后、联合培养博士后和计划外在职博士后。项目资助博士后是指在聘用期限内与学校建立唯一人事关系且全职在学校工作的博士后,项目资助博士后是依托"双一流"建设学科、高峰高原学科、新兴交叉学科,各类国家级、省部级重点实验室、研究基地,高层次创新团队及学校确定的其他学术特区中有明确发展目标、有持续科研项目和充足经费支撑的科研团队,培养的一批灵活高效、有较强学术探索能力和创新创业能力的专职科研人才。《陕西师范大学博士后管理工作办法》(2020 年 10 月修订)规定:博士后招收类型为师资博士后、学科博士后、项目博士后(指国家级科研项目或重大委托研究课题主持人根据项目研究需要招收的博士后人员和由冠名基金招收的博士后人员)、企业博士后。《中国矿业大学博士后管理办法》(中矿大人字〔2021〕14 号)规定:博士后分为师资博士后、全职博士后(经学校同意,人事档案转入该校,课题组自筹经费招收全职从事博士后研究工作的人员)、在职博士后、外籍及港澳台地区博士后。中国矿业大学规定的全职博士后即是通常意义上的项目博士后。《宁夏大学博士后管理办法(修订)》(宁大校发〔2021〕45 号)规定:博士后招收类型是国家计划博士后、学校资助博士后、企业博士后和项目博士后(依托国家重大科研项目招收的博士后)。《江苏大学博士后管理工作实施办法》(江大校〔2021〕313 号)规定:博士后招收类型是统招博士后、企业博士后和项目博士后(经全国博管办批准,依托国家重大科研项目的非设站学科招收的博士后,其各项经费由项目经费承担)。

三、项目博士后政策的发展展望

目前,国际上通行项目博士后培养模式,借鉴国外人才培养经验,我国大力推行"人才＋项目"的培养模式,加强科研管理制度、科研经费的使用制度等配套制度改革,经过多年的探索与实践,项目博士后已成为我国博士后招收模式的重要组成部分,未来还有非常大的发展空间。

一是进一步加强博士后招收与国家重大科技项目、重大工程项目的深度结合,扩大国家重点学科、国家重点实验室、国家工程技术研究中心等国家级科技创新平台招收博士后的规模,坚持在培养中用好人才,在使用中培养人才。2023 年 11 月,国家留学基金管理委员会启动 2024 年国别和区域研究人才支持计划(项目制)的遴选工作,本计划旨在服务国家对外开放大局、"一带一路"倡议、人类命运共同体建设需要,加快培养和储备一批具有国际视野、通晓国际规则、能够参与国际事务的国别区域问题研究人才。《2024 年国别和区域研究人才支持计划选派办法》采取"先立项、后选拔"的项目制选派模式;博士后 6～24 个月;博士后年龄不超过 40 周岁,应为国内高等学校或科研单位具体从事教学或科研工作的优秀在职青年教师或科研人员,具有博士学位,申请时距其博士毕业时间应在 3 年以内。在项目博士后招收过程中,如何认识培养和使用的辩证关系对于博士后的成长有着重要的导向作用。要正确处理培养和使用的关系,牢固树立育人观念,始终把培养放在博士后工作的第一位。要明确使用也是为了培养,而不是简单地干活或为导师、单位"打工"。[①]

二是进一步下放项目博士后招收与管理的权力,推动管理重心下移。比较美国博士后教育,中国博士后制度最大的优势是政府主导,可避免博士后发展的无序性与起伏性,但也存在市场性不足的弊端,对社会环境变化反应不快,改革措施的主动性不够。[②] 中科院院士曾益新建议[③],主管部门要放权,把

---

① 全国博士后管委会办公室,中国博士后科学基金会.博士后工作文件资料汇编(1985—2016)[M].北京:中国人事出版社,2017:313.

② 姚云,方芳,等.博士后发展年度研究报告(2014)[M].北京:学苑出版社,2015:136.

③ 吴传震.尴尬的博士后——中科院院士曾益新谈博士后制度改革[N].南方周末,2008-06-26(D27).

招收博士后的权力下放给各种科研项目的负责人。取消博士后流动站的评审。博士后招收工作应该坚持"项目为基础，合作导师为核心"的基本原则。"项目为基础"是指博士后进站应依托重要科学研究项目。"合作导师为核心"也就是说，只要是大学或科研单位，包含企业的研发机构在内，具有副高及以上职称，并承担科研项目的研究人员，根据需要，经所在单位批准，就可成为合作导师，自主招收博士后，并对待遇、聘期等具有决定权。

三是进一步激发基层招收项目博士后的积极性与主动性，推动以重大项目和课题组为载体招收博士后。目前，我国很多"课题组仍是学生居多、博士后偏少的人员结构，有些博士后进站后仍像硕士、博士一样由导师、课题组组长管理。博士后应当成为基础研究的主力军，需要更大力度、更长期、更稳定的支持"①。我国一些新型大学和研发机构高度重视项目博士后。2018年10月，作为一所备受社会瞩目的新型研究型大学，西湖大学获批成立国家级博士后科研工作站。2019年6月，西湖大学、之江实验室获得独立招收博士后资格后，短短一年即招收博士后312人，成为博士后新的增长极。②2020年7月，西湖大学68个实验室面向全球招聘博士后研究人员，3个学院（生命科学学院、理学院、工学院）常年接受博士后申请；2021年2月，西湖大学设全球招募专场，74个实验室面向全球招聘博士后研究人员；2022年2月，西湖大学91个实验室和4个校级研究中心面向全球招聘博士后研究人员。2018年，经人力资源和社会保障部审批同意，之江实验室设立国家级博士后科研工作站；2019年6月，经全国博士后管委会批准，之江实验室博士后科研工作站获得独立招收博士后研究人员资格；2024年，之江实验室前沿基础研究、新型计算传感与智能处理、天文计算等研究中心计划招收40名左右博士后人才，博士后年薪最低40万元，出站表现优异，还有机会搭上副高职称的

---

① 黄晓慧.上海"超级博士后"激励计划实施五年——铺设科研的宽广之路[N].人民日报，2023-08-01(10).
② 王修来.中国博士后发展报告2021[M].北京：中国人事出版社，2022:48.

"直通车"。

四是进一步加强科研管理制度、科研经费的使用制度等配套制度改革。依托重大项目工程,以科研项目为基础,根据科研项目需求招收博士后是国际通行的做法,从大的发展趋势来看,我国博士后政策改革也是朝着这个方向在走,从现实操作层面出发,项目博士后政策改革必须与科研管理制度、科研经费的使用制度等配套制度改革协同推进。"目前,科研经费中是很少有人头费的,没有人头费的设置使得项目负责人无法恰当地聘用所需要的研究人员。所以,在我国并没有真正意义的由科研项目主持人自主聘用的博士后研究人员。正因为如此,要解决博士后制度问题不仅仅要改变博士后制度本身,还包括对科研管理制度、科研经费的使用制度等一系列制度改革,只有这样才能完善博士后制度。"[1]

---

① 别敦荣.博士后制度异化非单一制度问题[N].中国科学报,2013-12-05(7).

第五节　挂职博士后：我国博士后政策的另类发展

挂职博士后与兼职博士后是一对既有紧密联系，又有明显差别的概念范畴。从严格意义上看，它们都是在职博士后的一种特殊形态，差别在于：兼职博士后是博士后先有工作岗位，又到设站单位从事博士后研究；挂职博士后是博士后先到设站单位从事博士后研究，后到党政机关等部门进行挂职锻炼。挂职博士后作为一种现象，自产生以来，一直受到很多质疑，赞同和批评的声音时常交织在一起。

一、挂职博士后政策的历史演变

挂职是指在不改变干部行政关系的前提下，对特定对象委以具体职务，到其他地方进行培养锻炼的一种临时性任职行为，常用于公务员体系，也适用于其他公共部门的员工。我国博士后政策发展之初，并没有挂职博士后这种类型。从发展脉络来看，"挂职"一词由社会领域迁移而来，挂职博士后经历了从"民间"自发产生到"官方"有组织地实施的发展历程。从 2002 年开始，在各地博士后联谊会的自发组织下，全国陆续出现了博士后研究人员到地方挂职的现象。与此同时，中国博士后科学基金会和一些地方政府组织了博士后挂职的活动。"2003 年,中国博士后科学基金会首次引荐博士后研究人员到各地方政府任职。海南省引调 10 名博士后研究人员到县市级政府任职。此后,中国博士后科学基金会又陆续组织了黑龙江省、陕西省等地区的引荐工作。"① 2004—2010 年,中国博士后科学基金会也先后组织 276 名博士后到宁夏、黑龙江、甘肃、浙江、贵州等地挂职。② 2011 年 8 月 23 日,人力资源和社会保障部、全国博士后管理委员会《关于印发〈博士后事业发展"十二五"规划〉的通知》指出:鼓励支持地方政府、有关部门举办博士后人才引荐、项目交流、科技成果转化、博士后科技服务团、博士后挂职锻炼等活动。2012 年 6 月,博士后挂职工作首次以全国博士后管委会办公室和中国博士后科学基金会的名义组织开展,使自发形成的博士后挂职锻炼走向规范化。中国博士后科学基金会专门制定《关于引荐博士后到地方党政部门挂职锻炼的实施办法》,对选拔条件、选拔程度、挂职管理等内容进行了严格规定。"三方协议和管理办法都是自 2012 年博士后挂职工作'官方化'之后逐步研究规范的。在此之前,由于管理体制、机制不规范、不健全,一些挂职博士后没有征得设站单位或合作导师的同意,以致引发各种纠纷;一些博士后行为不当或者因博士后站内的科研任务分心不能全身心投入挂职工作,工作成效难以满足挂职单位的预期。规范化动作就是要通过科学合理的办法、严格规范的管理,杜绝这些问题。《实施办法》最重要的一项内容就是以考核杠杆倒逼作用的发挥。一年挂职期内,月度考核、中期考核、期满考核三者共同发力,为挂职博士后增压力添动力。月度考核由挂职接收单位负责,按照挂职人员日常工作表现,填写'挂职人员月度考核表'。中期考核在挂职满三个月后,由挂职地区组织(人事)部门进行。中期考核情况报中国博士后科学基金会备案,并由基金会通报其所在设站单位。挂职锻炼结束后,挂职单位应对挂职人员'德、能、勤、绩、廉'等方面做出

---

① 李建华.中国博士后辉煌二十年:1985—2005[M].北京:中国画报出版社,2008:42.
② 刘云.在服务西部中淬火成才——博士后挂职工作调查[N].中国组织人事报,2015-04-13(4).

综合评价,填写'挂职锻炼情况考核表',存入博士后本人档案。"①2015 年 11 月 30 日,国务院办公厅《关于改革完善博士后制度的意见》(国办发〔2015〕87 号)规定:发挥定期开展的博士后科技服务团作用,为中西部地区提供科技服务。2017 年 3 月 13 日,人力资源和社会保障部、全国博士后管理委员会印发《关于贯彻落实〈国务院办公厅关于改革完善博士后制度的意见〉有关问题的通知》(人社部发〔2017〕20 号)规定:"规范博士后人员挂职锻炼,博士后人员在设站单位全职从事研究工作的时间不得少于 2 年,减少自然科学领域博士后挂职锻炼数量。"

北京市在出台挂职博士后政策方面非常积极主动,走在全国前列。2004 年 7 月,北京市东城区委、区政府与北京大学博士后管理委员会合作,在北京市率先创建了"东城区博士后工作实践基地",第一批 14 名博士后在东城区 11 个单位或部门任副处级领导职务,开展了 1 年博士后挂职工作。2005 年 11 月,北京大学博士后科研流动站的 12 名博士后在东城区 10 个街道办事处和区委研究室挂职 1 年。2006 年 5 月,10 名北京大学博士后来到北京市丰台区政府所属部门挂职锻炼,如果考核合格,部分人将会留在这些职能部门的领导位置上,并由科研人员转为公务员。2007 年,北京市委组织部、市委教育工委、市教委、市人事局和市国资委下发《关于组织选拔博士生和博士后到北京市挂职锻炼的意见》(京组发〔2007〕6 号),经过选拔,首批 361 名博士生和博士后到北京市党政机关和企事业单位进行了为期 6 个月的挂职锻炼。今后北京市将每年选聘 200 名博士、博士后到市区县党政机关挂职,进一步加强干部队伍建设。2008 年 5 月,第二批 425 名挂职博士生和博士后走上北京市党政机关和企事业单位挂职岗位。2011 年,北京市委组织部、北京市委教育工委等部门下发《关于组织选拔博士生、博士后和辅导员到北京市挂职锻炼工作的

---

① 刘云.在服务西部中淬火成才——博士后挂职工作调查[N].中国组织人事报,2015-04-13 (4).

通知》。北京市部分区县尝试吸引博士生、博士后到本地区挂职锻炼,采取"先挂后任"的形式引进高层次人才。2018 年,中国博士后科学基金会与北京市延庆区签订战略合作协议,19 名博士后分别到延庆区委宣传部、区冬奥办、区体育局、中关村延庆园等部门进行为期 1 年的挂职锻炼。2019 年,中国博士后科学基金会发布《关于组织博士后研究人员赴北京市延庆区开展挂职服务的通知》,博士后挂职服务时间一般为 1 年。

此外,浙江、湖南、贵州、广西、广东、辽宁等省(自治区、直辖市)也纷纷开展博士后挂职活动。为进一步推进实施人才强省战略,加大高层次人才的引进力度,改善和优化领导班子的知识结构,2004 年底,浙江省委组织部引荐 10 名博士后到有关市县挂职。2005 年,浙江省共引进 10 名博士后前来挂职,分别在温州、绍兴、台州等地担任副处级领导职务,挂职时间为 2 年。2006 年 8 月 16 日,中国博士后科学基金会下发《关于浙江省引荐博士后到市县挂职的通知》(中博基字〔2006〕4 号),浙江省委组织部与中国博士后科学基金会联系,希望双方继续合作,拟引荐 15 名左右博士后到浙江省有关市县挂职。此次引进的博士后,专业方向为城市规划、环境保护、信息、外贸、旅游、财政金融、建筑、港口工程、水利工程、路桥工程、医药、医学、汽车制造、竹产品加工、造纸、港船管理、修造船、物流、农业经济、区域经济、宏观经济、工业科技等,人选主要为清华大学、北京大学、中国科学院等知名院校的博士后。2011 年,中科院与临安签订《人才战略合作框架协议》,每年推荐 2 名以上博士后到临安的乡镇、街道或企业挂职,开展指导服务或实践锻炼。2018 年 3 月 16 日上午,诸暨市政府与北京中博联智库创新技术研究院签订战略合作协议,"根据协议,北京中博联智库创新技术研究院的 6 名博士后将在诸暨市相关部门、乡镇挂职,重点在创新驱动、产研结合等方面开展服务活动。这也是诸暨市推进人才强市战略中的又一创新举措"。2018 年 11 月,中共浙江省委组织部等 6 部门发布《关于印发〈进一步加强博士后工作培养高层次创新型青年人才意见〉的通知》(浙人社发〔2018〕120 号),鼓励高校博士后青年教师选派挂职交流培养。

  2006 年 12 月,15 名博士后给时任湖南省委书记张春贤写了一封自荐信。2007 年 1 月,湖南省委组成考察组再次去北京,对 15 名博士后的专业背景、工作能力、思想品质等进行了全面考察,经过双向选择,考察组建议引进 9 名博士后到湖南工作。2007 年 3 月,8 名来自北京的博士后入湘从政。人力资源和社会保障部专技司、全国博士后管理委员会办公室和中国博士后科学基金会把实施"博士后西部服务团"和"博士后西部地区挂职服务团"重点放在贵州省毕节市,引导广大博士后研究人员以科技服务西部大开发,促进产学研结合,提升西部地区科技创新能力和基层专业技术人才队伍素质。2009 年 4 月 14 日上午,中国博士后毕节试验区服务团挂职活动启动,周宏、颜春龙等 17 名博士后签订了挂职协议书。[①] 2011 年 4 月 17 日,北京举行"博士后人才引荐会","贵州铜仁市政府向博士后抛出橄榄枝,拿出十几个副市长、副区长、副县长等副处级职位求其应聘,结果当天就收到 90 多份简历。铜仁市政府初步打算再增加一些名额,多招聘博士后挂职官员。博士后争挂副市长不是好事。不是说博士后不能走仕途发展之路,但一般最好能与自己的专业结合起来。博士后将发展主攻方向放到专业研究上,这更能发挥自己优势,更有用武之地。若一心挂两头,分散了精力,往往只会两头受损。从学校到学校的博士后,毫无从政经历或经验,一下子放到副处级职位上,恐怕也难以胜任"[②]。

  2012 年 5 月,广东 10 名博士专门给广西壮族自治区钦州市委书记写信,表达了到钦州挂职服务的意愿。为了规范挂职博士服务管理工作,专门制定出台《钦州市挂职博士服务管理办法(试行)》,从职责、培养、考核、待遇等方面进一步规范挂职博士服务管理工作,挂职博士后正式到岗前,将采取"思想动员＋专题培训＋实地考察"的模式集中开展挂职前培训。近年来,广西壮族自治区钦州市与中国博士后科学基金会合作,累计引进了 81 名博士后先后 10

---

① 陈艳艳.中国博士后毕节试验区服务团挂职活动启动——17 位博士后将致力于促进我区经济社会快速发展[N].毕节日报,2009-04-16(1).

② 张永琪.博士后争挂副市长令人揪心[J].观察与思考,2011(5):7.

批次来钦挂职服务,为推动重点产业和有关领域创新发展提供了有力的人才支撑。钦州市引进挂职博士后活动已经成为全国博士后挂职工作的一个成功典范,创出了钦州品牌,影响力大,形成了很强的人才集聚力。

2015 年 7 月 2 日,中国博士后科学基金会发布《关于组织博士后研究人员赴深圳前海开展挂职服务的通知》,为充分发挥博士后人才在促进前海经济社会建设中的作用,经与深圳市前海深港现代服务业合作区管理局协商,全国博士后管委会办公室、中国博士后科学基金会将组织博士后研究人员赴深圳前海开展挂职服务,挂任战略规划部高级研究员。2017 年 12 月 5 日,中共广东省委组织部等 13 个部门发布的《关于加快新时代博士和博士后人才发展的若干意见》指出:"选派优秀博士、博士后参加中组部'博士服务团'到西部地区服务。面向省内外选派优秀博士、博士后参加'科技专家服务团',到粤东西北地区开展挂职服务,服务期限 1~2 年。对接粤东西北产业发展需求,组织一批博士和博士后到粤东西北地区提供柔性服务。"2019 年 12 月 10 日,广州市人力资源和社会保障局《关于印发〈广州市博士后管理服务工作实施办法〉的通知》(穗人社规字〔2019〕8 号)指出:规范博士后人员挂职锻炼,博士后人员在设站(基地)单位全职从事研究工作的时间不得少于 2 年。

"引博工程"是辽宁省葫芦岛市为实施"人才强市"战略而打造的特色人才品牌。从 2016 年起,与中国博士后基金会紧密合作,先后引进 7 批次 60 人次博士后到葫芦岛挂职服务。2021 年,为进一步加大服务保障力度,葫芦岛市出台《挂职博士后服务管理办法》,从职责、管理、考核、待遇等方面进行全面规范和升级,明确博士后挂职期间享受同职级领导干部政治待遇和每年 6 万元生活补贴、住房、医疗、探亲假、人身意外伤害保险等生活待遇;挂职博士后至少完成一个研究课题、提交一篇调研报告、解决一个实际问题、完成一项技术或管理创新、提出一条高质量意见建议的"五个一"工作任务;市级组织部门开展一次实地调研、一次座谈会、一次谈心谈话、一次走访看望的"四个一"服务管理措施。

除了政府主动作为,许多高校也在积极推进博士后挂职活动。2010 年 11

月,中国政法大学博士后、博士研究生挂职实践基地落户山西省高级人民法院、山西省人民检察院、太原市中级人民法院、太原市人民检察院、朔州市委市政府。2013 年 11 月 25 日,中央财经大学人事处、研究生院发布《关于组织博士后、博士生到青岛市挂职锻炼的通知》,2016 年 5 月,清华大学 21 名博士后成立"博士后挂职团队",分别到渤海新区直属的科技局、环保局、城市规划建设局等单位挂职,21 名博士后涉及港口、物流、国际投资、化工、材料科学、生物医药等近 20 个专业方向。

二、挂职博士后政策的现象透视

挂职锻炼本来是我国一项行之有效的培养干部和科技人才的组织方式,但与博士后政策嫁接后,有些政策举措逐渐变了味,尤其是博士后挂职和任职党政机关的事件,经媒体报道后一度成为社会讨论和关注的热点。如 2006 年 10 名博士后挂职北京丰台区政府、2007 年 9 名博士后入湘从政等事件,一石激起千层浪,社会各种质疑之声随之而来。

赞同者认为:博士后挂职是培养跨学科、战略型和复合型的博士后人才的有效形式和重要手段,博士后挂职党政机关有利于改善干部队伍结构,为区域发展注入新的活力。"博士后挂职这一方式,体现了边使用、边考察,能引才、能引智,有选择、可去留,先挂职、后委任的特点,是人才开发机制的一个创新。""博士后到党政机关挂职,不仅开辟了高层次人才和智力引进开发的新途径,为区域发展注入了活力,而且搭建了博士后能力建设的新平台,开通了博士后资源配置的新渠道。通过挂职这一方式,党政机关为博士后提供了深入基层、贴近实际的锻炼机会,而博士后则由此获得了开阔视野、培养能力的实践平台,在实际工作的'实验室'中更多地增长才干,更快地提升能力。许多博士后表示,经过挂职锻炼,他们与基层群众近了,对社会了解深了,研究能力、协调能力、决策能力有了新的增强。"①博士后挂职,作为党政机关吸引、培养和使用高层次人才的一种新模式,是有积极作用的。"实践表明,在站博士后挂职锻炼是适应新形势、新任务,尤其在管理方面,专业知识往往成为自己管理事业的新突破、创新和科学理念的新增长点。当他们服务于经济建设后,能够开辟一种行业内外新颖的管理模式。同时,也为国家经济发展培养造就出一批高层次的复合型管理人才。"②

批评者认为:博士后挂职是"官本位"思想作祟,博士后从政不值得效仿。博士后到政府部门做官员是一种不符合博士后培养目标的人才资源浪费,博士后挂职锻炼仍然是我国社会流传千年的"官本位"意识在作怪,是现代版的"学而优则仕",是"官本位"思想对纯学术精神的渗透。③

博士后挂职是人才的浪费,博士后制度是为了培养研究型人才,不是鼓励大家去当官;人文学科博士后有开阔眼界的必要,理工科博士后挂职纯粹是浪费科研时间。④ 比较而言,更多的学者将博士后挂职与博士后从政两种现象进行了比较严格的区分,认同博士后到合适岗位进行挂职锻炼,但基本排斥博士后从政现象。

三、挂职博士后政策的发展展望

博士后挂职是中国独创的一种政策设计,它能够长期存在,受到地方政府、高校、博士后研究人员和用人单位等不同利益群体的认可,表明它有一定

---

① 路济平.挂职:博士后人才培养配置新途径[J].中国人才,2007(15):56.
② 朱莉,梁旭.开创高层次人才队伍建设新局面——在站工科博士后挂职锻炼[J].皮革科学与工程,2008(6):74-77.
③ 朱莉,梁旭.开创高层次人才队伍建设新局面——在站工科博士后挂职锻炼[J].皮革科学与工程,2008(6):74-77.
④ 刘云.在服务西部中淬火成才——博士后挂职工作调查[N].中国组织人事报,2015-04-13(4).

的社会需求性，契合我国国情的特定发展阶段的需要，但是承认它的阶段合理性，并不意味着要积极倡导和大力推进这项政策。从长远发展来看，挂职博士后政策与我国博士后政策的整体发展思路和国际通行的博士后政策有着难以调和的矛盾。正如有学者所言："'规范博士后人员挂职锻炼'这条规定，估计只有中国人才能读懂。博士后本身就是临时性工作，从事的是研究，而'挂职'又给博士后另外一个临时性工作，从事的往往是领导与管理的行政工作。博士后同时承担两个临时性工作，而且工作性质几乎风马牛不相及，一个是研究，一个是从政。这表面上看，好像是对博士后重视，实则是中国传统官本位思想在作怪，也是对高级人才的浪费与乱用。"①从现实层面来看，众多博士后科研流动站和工作站对博士后挂职也是排斥的，认为它干扰了正常的博士后研究工作。清华大学 2006—2007 学年度第 24 次校务会议审议通过的《清华大学博士后管理规定》规定：博士后在站期间必须全时从事博士后工作，不得从事校外兼职或挂职工作。一些高校招聘全职博士后和项目博士后时明确要求：必须保证录用后全职从事博士后研究，不挂职、兼职。人力资源和社会保障部、全国博士后管理委员会也看到了挂职博士后政策的负面效应，在其印发的《关于贯彻落实〈国务院办公厅关于改革完善博士后制度的意见〉有关问题的通知》中特别强调"博士后人员在设站单位全职从事研究工作的时间不得少于 2 年，减少自然科学领域博士后挂职锻炼数量"。

因此，我们一方面要加强挂职博士后政策的建章立制工作，通过总结经验，不断进行规范化管理；另一方面，要严格限定其规模，将其负面效应控制在必要的范围之内，对于加强博士后研究人员实践锻炼和服务地方经济社会发展等诉求，以科技服务团、项目制博士后等形式可能更为妥当。为持续扩展和推进博士后挂职锻炼工作，提高博士后挂职锻炼的质量效益，建议有关部门进一步加强相关制度建设，抓紧研究出台《博士后挂职锻炼工作管理实施办法》，

---

① 　姚云,方芳,高艺轩,等.博士后发展年度研究报告(2017)[M].北京:学苑出版社,2018:9.

对博士后挂职锻炼的基本条件、选拔程序、挂职时间、福利待遇、补贴标准、考核管理等做出明确统一的规范。同时,广泛搭建交流平台,支持帮助博士后在挂职锻炼期间发挥积极作用;不断总结经验教训,促进全国博士后挂职锻炼成果的积累,打造博士后挂职锻炼特色品牌,促使博士后挂职锻炼服务工作保持正常并不断走向正规有序。[①]

第六节　外籍博士后：我国博士后政策的拓展延伸

对于外籍博士后,我国博士后政策经历了一个从排斥到部分接纳,再到积极支持和大力鼓励的发展脉络。政策转变的背后,一方面是决策者的思想观念、对人才使用的认识不断发生改变;另一方面是客观环境发生重大变化,倒逼博士后政策必须进行相应的调整,以适应国家重大发展战略的转变。

一、外籍博士后政策的演变历程

我国博士后政策出台初期,对外籍博士后持排斥态度。1986 年 10 月 20

---

① 王修来.中国博士后发展报告(2016)[M].北京:中国人事出版社,2017:87.

日,《国家科委关于放宽边远地区录用博士后研究人员条件等问题的通知》(〔86〕国科发干字 0745 号)规定：不接受外籍人员进站做博士后研究。直到 1988 年,国家政策才逐渐放开。1988 年 1 月 20 日,全国博士后管理委员会下发《关于当前博士后工作若干问题的通知》(〔1988〕博管发字 1 号),专门规定"关于外国人进流动站做博士后的问题",强调"为了促进国际学术交流,提高我国实行博士后研究制度的地位,并扩大其影响,允许少数条件具备的建站单位在原批准的资助名额内招收少量外国籍博士进站做博士后。全国招收外国籍博士后的人数控制在博士后总名额的 5％以内。凡申请招收外国人进站做博士后的建站单位,均应将有关申请者材料分别报送其上级主管部门,经审核同意后再报管委会办公室,由管委会批准后方能接受外国人进站做博士后。管委会办公室对经批准接受外国籍博士后的建站单位,仍按照国内博士后的标准拨给日常经费,不足部分由建站单位或其主管部门解决。建站单位发给外国籍博士后的个人生活费可在 350 元至 500 元的范围内掌握。"

1994 年 3 月 29 日,全国博士后管委会办公室《关于印发〈全国博士后管委会第十四次会议通报〉的通知》(博管办〔1994〕8 号)规定："要做好招收港、澳、台和外籍博士来华做博士后的工作,促进海内外广泛的科技合作与人员往来。"1994 年原国家科委与韩国科技部根据《中华人民共和国和大韩民国政府科学技术合作协议》,签署了《中国国家科委和韩国科技部关于博士后研究人员交流计划备忘录》,决定开展互派博士后人员的工作。1998 年 5 月 4 日,人事部、全国博士后管委会对科学技术部发布《关于同意由我部承接并实施中韩青年科学家交流计划的复函》(人函〔1998〕78 号)规定："我部同意自 1998 年起承接中韩博士后交流计划,并拟同韩方交换意见。商定今后开展有关工作事宜。由于国内博士后经费和住房紧张,请你部按函中规定为接受来华韩国博士后每人每年提供 5000 元住房补贴,并望在实施过程中加强两部间的沟通和合作。"1999 年 1 月 7 日,全国博士后管委会办公室《关于开展中韩博士后交流工作的通知》(博管办〔1999〕2 号)规定："自 1998 年起'中韩博士后研究人员交流计划'由国家自然科学基金委员会转交全国博士后管委会办公室具体负责组织实施。交流计划宗旨:通过中韩双方经常性的学术交流,为互派人员创造积累学识和经验的机会,以提高两国的科技发展水平。"

2001 年,中国加入 WTO,随着国家综合国力的大幅提升,中国以更加积极和主动的姿态投身全球化浪潮中,博士后政策发生重大调整。2001 年 7 月26 日,人事部、全国博士后管委会《关于印发〈博士后工作"十五"规划〉的通知》(人发〔2001〕82 号)强调:"加强博士后工作的国际交流与合作。""要鼓励有条件的地区和单位,有重点有目的地招收外籍博士来华做博士后,开拓利用国际人才参与我国经济建设的局面。""继续做好与韩国等国家的博士后相互交流工作。"2006 年 10 月 30 日,人事部、全国博士后管委会《关于印发〈博士后工作"十一五"规划〉的通知》(国人部发〔2006〕114 号)强调"扩大博士后工作的国际交流与合作","积极吸引海外留学博士回国和优秀外籍博士来华从事博士后研究工作"。2011 年 1 月 14 日,全国博士后管委会办公室《关于开展接受非洲科研人员来华开展博士后研究的通知》(国管办〔2011〕1 号)。根据时任总理的温家宝在中非合作论坛第四届部长级会议开幕式上的倡议,为进一步推动中非科技合作与交流,中华人民共和国科学技术部启动了中非科技伙伴计划。该计划旨在推动中国与非洲国家建立新型科技伙伴关系,分享中国科技发展的经验和成果,支持非洲国家开展科技能力建设。作为"中非科技伙伴计划"框架下的一项重要内容,"接收非洲国家科研人员来华开展博士后研究"项目,旨在支持和鼓励非洲国家优秀科研人员来华开展博士后研究,加强中非科技交流与合作,并通过高层次人才往来进一步推动中非双方未来的科技合作,推动中非友好合作关系的长远发展。该项目由科技部负责总体协调,人力资源和社会保障部负责组织和实施,中国博士后科学基金会具体承办。

2011 年 8 月 23 日,人力资源和社会保障部、全国博士后管委会《关于印发〈博士后事业发展"十二五"规划〉的通知》(人社部发〔2011〕91 号)强调:"推进博士后国际化,探索创新国际联合培养博士后的新机制、新模式。""制订切实可行的交流计划,加大外籍博士后招收力度。""在科研团队中逐步加大外籍(境外)和有留学经历的博士后研究人员规模。"2012 年 9 月 29 日,人力资源和社会保障部、全国博士后管委会《关于印发〈博士后国际交流计划〉的通知》(人社部函〔2012〕310 号)强调:"为进一步提高博士后国际化水平,拓宽博士后国际视野,加强博士后国际交流,吸引外籍和有留学经历的博士毕业生来华(回国)从事博士后研究工作。""博士后国际交流计划设立派出项目、引进项目和学术交流项目。博士后国际交流计划引进项目,主要是资助部分优秀外籍(境外)和留学博士到国内博士后科研流动站、工作站,在合作导师的指导下,开展博士后研究工作。""逐步加大外籍(境外)和有留学经历的博士后研究人员在科研团队中的比例。"2013 年 12 月 9 日,全国博士后管委会办公室《关于印发〈博士后国际交流计划实施细则〉的通知》(国管办〔2013〕77 号)强调:"博士后国际交流计划"引进项目资助一批外籍(境外)和留学博士来华(回国)从事博士后研究工作。项目实施初期,在"985"高校、中国科学院、中国社会科学院博士后科研流动站设站单位、综合评估为优秀的博士后科研流动站设站单位试行,根据试行情况在"211"高校等逐步展开。引进人员资助标准为每人每年 30 万元人民币,其中国家资助每人每年 20 万元人民币、引进单位资助每人每年 10 万元人民币,包括在华的生活开支、住房补助、医疗保险及一次来华往返国际旅费等。引进单位应按月拨付引进人员资助经费。2015 年 11 月 30 日,国务院办公厅《关于改革完善博士后制度的意见》(国办发〔2015〕87 号)强调:"加大博士后国际交流计划实施力度,大力吸引海外博士来华(回国)从事博士后研究。"2022 年 2 月 10 日,全国博士后管委会办公室《关于开展 2022 年博士后国(境)外交流项目申报工作的通知》(国管办〔2022〕27 号)强调:博士后国(境)外交流项目包括博士后国际交流计划(引进项目、派出项目、学术交流项目)、香江学者计划、澳门青年学者计划和中德博士后交流项目 6 个项目。"高校博士后设站单位要特别加强在应届博士毕业生群体和海外对口合作高校的宣传,并积极通过各种渠道开展海内外宣讲,吸引更多优秀博士加入博士后国(境)外交流项目。同时,鼓励各地结合自身需求,开展各具特色的博士后引进项目,吸引更多优秀外籍、留学回国人员加入博士后研究队伍。"引进项目2022年度国家计划资助500人以内。其中,对博士毕业学校为世界前30名高校的申请人,国家采取"个人申请、单位推荐、先到先得、直接资助"的遴选方式,资助名额150人,名额用完即止。

除了国家层面的博士后国际化项目,一些省市和单位也积极推出吸引外籍博士后的政策举措。中国科学院实施"外籍青年科学家计划"博士后项目,吸引和资助优秀外籍青年学者到中科院各研究所开展博士后合作研究,每人每年资助经费15万元及往返国际机票,保障其生活条件。与国家自然科学基金委联合,帮助外籍博士后申请"外国青年学者研究基金",提供科研支持。2013年,中国科学院设立"发展中国家访问学者计划",专项资助发展中国家外籍博士后到各设站单位从事博士后研究。截至2014年10月,"外籍青年科学家计划"共资助了272名外籍博士后来中科院从事研究工作;"发展中国家访问学者计划"仅2013年就遴选资助52名,资助金额达858万元。[①] 2013年3月20日,浙江大学发布《关于实施博士后国际交流计划的通知》(浙大人发〔2013〕14号),对于到浙江大学从事博士后研究工作的优秀外籍(境外)和留学博士[基本条件拓宽至:近1年内在国(境)外获得博士学位,所读高校世界排名前200或专业世界排名前50,以及学校急需专业引进的外籍博士],在学校原规定标准基础上,每年增加专项资助5万元用于发放博士后津贴。

二、外籍博士后政策的现状透视

从深层次上看,我国对外籍博士后政策的认识与调整与我国改革开放的深

---

① 中国科学院人事教育局.坚持国际化道路 促进博士后队伍发展[N].中国组织人事报,
2014-10-15(4).

入程度以及整个社会经济发展水平所处的历史阶段有着内在关联，尤其是与对国际化作用的认知密不可分。从发展现状来看，在我国博士后总人数中外籍博士后的人数和比例都不高，国际化程度有待进一步提升。2015 年 11 月 30 日，《国务院办公厅关于改革完善博士后制度的意见》（国办发〔2015〕87 号）强调："我国博士后制度还存在定位不够明确、设站单位主体作用发挥不足、培养质量有待提升、招收培养评价办法不够健全、国际化水平不高等问题。"

2018 年，全国招收留学归国博士进站 1853 名，占进站博士后总人数的 8.79％。2019 年，全国各设站单位积极招收留学归国（境）博士和吸引外籍优秀博士来华做博士后研究工作，其中招收留学归国（境）博士进站做博士后 4502 名，占进站博士后总人数的 17.92％，招引外籍来华博士进站做博士后 694 名，占进站博士后总人数的 2.77％。"从总体上讲，博士后国际化水平依然不高。2020 年，我国留学回国人员超过 50 万名，其中进站做博士后研究的仅有 2496 人，招收外籍博士后仅有 1077 名，两项之和仅占当年招收博士后总人数的 13.48％。而据美国科学荣誉学会的调查，美国外籍博士后占博士后总人数的 67％，79％的外籍博士后是在美国以外国家取得博士学位后到美国从事博士后研究的。我国博士后的国际化水平与美国相差甚远，且我国外籍博士后主要来自印度、巴基斯坦、伊朗、埃及等国家。"[①]

三、外籍博士后政策的前景展望

从发展趋势来看，随着我国综合国力的不断提升，对外籍博士后政策从国家到地方都秉持着一种更加开放和包容的心态。"美国的经验证明，资助外籍博士后并不是一个简单的'零和'游戏，外籍博士后极大地推动了美国科学技

---

① 王修来.中国博士后发展报告（2021）[M].北京:中国人事出版社,2022:10.

术的进步,可以说美国吸引了全世界'最聪明的脑袋'为他们创造财富。设站要主动把博士后工作放到全球化的国际格局和视野中去谋划开展,如开展专项博士后国际交流基金,资助优秀博士后在站期间开展国际博士后科研项目合作,有针对性地实施一批引进国外智力计划等。"①

在国家大力支持招聘外籍博士后政策的影响下,一些省(自治区、直辖市)纷纷调整政策,很多用人单位也推出具有国际竞争力的薪酬体系,加大招聘外籍博士后的力度。2016年9月,中共上海市委、上海市人民政府印发《〈关于进一步深化人才发展体制机制改革 加快推进具有全球影响力的科技创新中心建设的实施意见〉的通知》(沪委发〔2016〕19号)提出:"探索将来沪外籍博士后纳入外国人来华工作许可申办范围。""吸引国外优秀青年人才来沪从事博士后研究,扩大外籍博士后招生规模。"2018年,上海"超级博士后"激励计划实行之初,将资助对象限定为全职从事研究工作的中国籍(含港、澳、台)博士后人员(不包括定向委培、现役军人等在职从事博士后研究的人员);2020年,政策做出修订,资助对象是全职从事研究工作的博士后人员(不包括定向委培、现役军人等在职从事博士后研究的人员),将外籍博士后纳入政策体系;2022年起,政策强调将加大对外籍博士后的引进培养力度,每年资助外籍"超级博士后"不少于50人。2020年3月2日,江苏省人民政府办公厅出台《关于推动博士后工作高质量发展的意见》(苏政办发〔2020〕8号),扩大外籍博士后招收规模,鼓励设站单位与国外一流高校和科研机构联合招收和培养外籍博士后;将引进的40岁以下在国(境)外高水平大学或中国境内高校从事博士后研究的外国青年人才列为外国高端人才(A类)范围,并按照在站时间办理签证、工作许可和居留手续。2020年9月15日,江苏省人力资源和社会保障厅在南京召开新闻通气会,以"集聚青年英才,聚力高质量发展"为主题,集中发布2020—2021年度江苏博士后招收信息。不少岗位专门对外籍博士后抛出

---

① 冯支越.中国博士后制度改革创新的实证研究[M].北京:北京大学出版社,2013:256.

"橄榄枝"。江苏大学计划引进机械工程、材料科学与工程、动力工程及工程热物理、控制科学与工程、交通运输工程等 13 个一级学科 155 名外籍博士后。2020 年 7 月 31 日,中共重庆市委组织部、重庆市人力资源和社会保障局、重庆市教育委员会、重庆市科学技术局、重庆市财政局、重庆市住房和城乡建设委员会发布《关于印发进一步加快博士后事业创新发展若干措施的通知》(渝人社发〔2020〕70 号),将引进到高校从事博士后研究的外籍博士后纳入重庆市外国高端人才(A 类)范围,根据在站时间办理签证、工作许可和居留许可。可以预见,随着我国综合国力和国际影响力的不断提升,我国外籍博士后的规模会逐渐扩大,同时在质量上也会不断提升。

第六章

我国博士后政策的发展思路与改革路径

党的二十大报告指出："教育、科技、人才是全面建设社会主义现代化国家的基础性、战略性支撑。必须坚持科技是第一生产力、人才是第一资源、创新是第一动力，深入实施科教兴国战略、人才强国战略、创新驱动发展战略，开辟发展新领域新赛道，不断塑造发展新动能新优势。"博士后政策作为与教育、科技、人才三者高度关联的结合体，在新时期其价值和使命进一步凸显，教育科技人才一体化视野下我国博士后政策未来发展走向值得关注。我国博士后政策体系整体建构于 20 世纪 80 年代，经过 40 年的历史变迁，当初看起来一些富有远见卓识的创新举措丧失了时代性和先进性，有些政策脱离发展基础，缺少生命力，逐渐消解了；有些政策背离政策制定初衷，政策运行体系走了样，副作用和负面效应日益显现。

为提升我国博士后政策运行效能，必须对过时的、消解的政策进行清理，适时对相应条款做出修订，重构与时代发展需求相适应的博士后政策体系，深度激发博士后政策的内在动力与活力。从政策分析的理性决策模型来看，政策制定、政策执行、政策评估、政策监控、政策终结等是政策体系的有机组成部分，部分政策根据发展目标的变化做出适时调整与终结是政策运行过程中的自然现象。因此，针对我国博士后政策体系局部消解进行系统重构是政策体系自我更新、良性循环的表现。从总体上来看，我国博士后政策依然富有强大的生命力和发展力。新时期我国博士后政策在"管理上动刀子，保障上给票子"的同时，最根本是要通过战略决策、制度创新与政策重构，激发政策内在活力与动力，切实解决政策执行与国家高度期望和社会旺盛需求不匹配问题。

一、强化顶层设计，积极探索契合时代发展需求、富有中国特色的博士后发展模式

2018 年 5 月 3 日，习近平总书记在北京大学师生座谈会上的讲话中指

出："人才培养体系必须立足于培养什么人、怎样培养人这个根本问题来建设，可以借鉴国外有益做法，但必须扎根中国大地办大学。"作为培养创新型人才的博士后政策，其改革也应遵循这样的逻辑思维。"从诞生开始，中国博士后制度即是一种有高度自觉意识的国家行为，党和政府一直将实行博士后制度视为开发高层次人才资源、参与国际竞争的战略措施。因而，中国博士后制度的建立和发展，始终处于国家的宏观指导与调控中，中国博士后制度因而具有自己鲜明的特色。[①]"本土化是我国博士后政策的出发点与价值归宿，我国博士后政策尽管是一个"舶来品"，但经过 39 年根植于中国大地的发展，已经与中国的政治、经济、文化和社会等深度融合，因而，我们应坚持本土化战略，坚定地走中国特色博士后政策发展之路。正如李政道先生所言："祖国的博士后制度该怎么发展，我希望遵循它自身的发展规律，不断完善各种规章制度，逐步与国际接轨。"[②]中国博士后制度改革必须从顶层设计开始，领导人必须肩负中国博士后制度历史发展的重任，像当年邓小平创设中国博士后制度那样，具有国家发展战略眼光。[③] 强化顶层设计、服务国家需求、凸显制度优势是博士后政策能够在我国落地生根、蓬勃发展的三大法宝，新时期的博士后政策改革应在延续这个传统的基础上与时俱进、不断创新，脱离中国国情、完全照搬国外的模式或是故步自封、置国际惯例于不顾都是不可取的，我们要坚守一些中国独有、行之有效的做法，同时要勇于抛弃一些过时、明显不合理的举措。

未来我国博士后政策改革，一方面，要服务于国家新时代发展的大局，与共建"一带一路"、建设创新型国家与人才强国等国家战略深度对接，博士后培养亟须对标国家需求，实现同向而行；另一方面，与国家各项人才计划相结合，统筹规划，提高综合效益。2016 年，人力资源和社会保障部、全国博士后管委会印发《博士后创新人才支持计划》，启动实施"博新计划"，其"着眼于国际人

---

① 李建华.中国博士后辉煌二十年：1985—2005[M].北京：中国画报出版社，2008：7.

② 庄毅.李政道先生和中国博士后制度[J].科学新闻，2007(7)：42-45.

③ 姚云，方芳，等.博士后发展年度研究报告(2015)[M].北京：学苑出版社，2016：240.

才竞争，为国留才；以提高培养质量为核心，为国选才；服务国家重大发展战略，为国育才"的新理念反映了我国博士后改革的新趋向。"做优做强博士后创新人才支持计划，着力培养青年科技领军人才。一是不断改进遴选方法，瞄准前沿领域，提高选拔的科学性、精准性和公平性，真正把国家急需、大家看好、素质优良的'好苗子'遴选出来。二是搭建高水平培养平台，结合高水平平台进行培养。提供良好的科研工作条件和学术交流环境，让他们独立承担科研任务。三是配备高水平的合作导师，特别是要注重为大师级的领军人才、顶尖人才配备博士后团队，实现强强联合。四是引导各地方、各设站单位加大对博士后创新人才支持计划获选人员的关心和支持。"①面对以美国为首的西方国家对我国实施"人才脱钩"政策，千方百计阻止优秀留学博士回国和优秀外籍博士来华做博士后研究工作的现实，要抓住各种有利时机，大力宣扬我国博士后制度的优越性，制定并实施更加开放的集聚引进海内外优秀博士后政策制度，提供具有国际竞争力的博士后薪酬待遇，吸引更多优秀海外博士来华（回国）从事博士后研究。②

二、坚持博士后政策价值取向，明确博士后研究人员定位

价值是博士后政策的灵魂，为何我国与国外博士后政策在发展目标上存在重大差异？核心原因在于：我国博士后政策"培养社会主义事业的建设者和接班人"的价值认识，我国将博士后培养放在一个更大、更远、更深的空间里来思考，即不光要算人才账、科技账、经济账，还要算政治账。以往我国官方政策文件对博士后定位内含在具体博士后资格要求和身份确认中，《关于改革完善博士后制度的意见》第一次对博士后身份进行了明确界定："博士后研究人员

---

① 王修来.中国博士后发展报告(2021)[M].北京:中国人事出版社,2022:308.
② 王修来.中国博士后发展报告(2021)[M].北京:中国人事出版社,2022:13.

是国家有计划、有目的培养的高层次创新型青年人才,在站期间是具有流动性质的科研人员。""对博士后的身份可以解读为:首先,保留了'流动性'特点,这既是符合博士后制度本身的要求,也是国际博士后制度发展的共同特点,意指博士后不属于'在编'。其次,要与设站单位签订聘用合同和缴纳社会保险等。这表明:第一,之前的国家正式工作人员的说法已不存在,博士后与设站单位是协议性聘用关系,它与我国现代事业或企业单位用人制度是相匹配的。第二,它说明博士后与学生身份是不一样的,博士后与用人单位签订的是工作合同或协议。最后,在待遇方面,《意见》没有像过去给出'讲师'待遇的具体规定,它反映出博士后待遇应该与市场接轨,不同省市、不同地区、博士后科研流动站和工作站、不同学科的博士后待遇可以有所不同。概括地说,目前对博士后身份定位为单位科研人员,享受相关待遇,但他们具有流动性。"①

未来要深化落实博士后"流动性质的科研人员"的定位,在强化市场化改革、与国际接轨的同时,保持"有计划、有目的培养"的底色。我国的博士后职位具有不同于西方国家博士后的制度性功能,博士后不仅是流动性科研人员,同时更是精英学术机构的人才筛选机制和师资储备机制。②"美国更多的是依靠'市场',招收主要属于大学自己的行为,而中国更多的是依据国家人才发展战略,强调的是'政府'。中美两种模式发展至今,它们当前有什么异同和新变化,中国如何借鉴美国的经验扬长避短提高博士后教育质量值得做进一步研究。"③"博新计划""着眼于国际人才竞争,为国留才;以提高培养质量为核心,为国选才;服务国家重大发展战略,为国育才"的新理念延续和深化了我国博士后政策对博士后研究人员的定位。

① 姚云,方芳,曹昭乐,等.博士后发展年度研究报告(2016)[M].北京:学苑出版社,2017:3-4.
② 沈文钦,许丹东.优秀的冒险者:中国博士后的职业选择与职业路径分析[J].中国高教研究,2021(5):70-78.
③ 李福华,姚云,吴敏.中美博士后教育发展的比较与启示——基于北京大学和哈佛大学的调查[J].教育研究,2014(12):143-148.

三、调整博士后政策发展导向，探索博士后分层分类
培养模式

历经 40 年的发展，伴随时代的变革和规模的扩大，我国博士后政策已到了必须精准发展导向、分层分类培养阶段，笼统地规定"培养和使用相结合，在使用中培养，在培养和使用中发现更高级人才"，已经解决不了实际问题，必须要结合分层分类来进行进一步定位，即有些博士后要以培养为主，有些博士后要以使用为主。现实生活中，人们对博士后从政、在职做博士后、博士后失业等现象发生争议，与我国博士后培养模式没有分类有一定关联。在美国，博士后人群内部有明确的类型区分：一类为博士后助理，他们从事科研、教学等多方面工作，待遇相当于大学里的正式员工，收入较高且稳定；另一类为博士后学者，其身份是准学术人员，是博士生培养的延续，跟所在大学没有专门的劳资协议，收入相对不稳定。[①]

有学者提出：借鉴英国高校的研究型和应用型博士后分类，我国博士后人才培养也可分为创新研发和服务社会两种类型，前者可采用政府和科研机构资助的形式，而后者则可采用灵活多样的资助方式，包括企业、社会和个人等资助形式，同时与博士后出站后的就职岗位结合起来，以保持研究的延续性。[②] 根据《上海高等教育布局结构与发展规划（2015—2030 年）》，按照人才培养主体功能和承担科学研究类型等差异性，将高校划分为"学术研究、应用研究、应用技术和应用技能"四种类型的思路，可在类型上将博士后分为学术研究型和应用研究型，同时在层次上也要有一定区分度，尤其是学术研究型，可分为重点学术研究型和一般学术研究型。近年来，在国家"博新计划"带动

---

① 侯定凯.美国博士后制度调查的启示[N].中国科学报，2013-12-05(7).
② 赵硕.超级博士后：我国高层次人才培养的新视角[N].中国科学报，2019-12-18(7).

下，全国各地、各高校纷纷启动分层资助、重点培养计划，就体现了基层分类分层培养的改革需求，国家博士后相关管理部门要及时将这种现象进行总结、提升，形成政策性文件，从而更大程度地体现改革成效。

四、完善考核评价机制，切实提高博士后培养质量

"质量是博士后制度的生命线，是博士后制度发展的基础，也是衡量博士后工作的重要指标。要把培养高素质高水平的博士后研究人员，放在博士后工作的战略地位，形成以能力建设为核心的博士后质量保障体系。要正确处理培养和使用的关系，牢固树立育人观念，始终把培养放在博士后工作的第一位。要明确使用也是为了培养，而不是简单地干活或为导师、单位'打工'。要从设站、招收、评估、激励、淘汰等各个环节确保博士后的质量。"[1]博士后培养质量涉及三个核心环节：招收进站、培养过程、期满出站，考核评价机制作为主线，犹如指挥棒将这三个环节紧密联系起来，因而要提高博士后培养质量，完善考核评价机制是一个重要抓手。博士后政策按照什么样的标准进行评价、博士后研究人员科研成果由谁来进行评价等问题值得仔细推敲。对博士后培养如何应用程序性控制，原中国博士后科学基金会评估与服务处处长刘丹华认为，"从基本原理上说，政府博士后管理机构不具备评价博士后们研究课题价值的能力。当然，也可能有人提出这样的问题：能否通过控制程序来保证博士后最低限度的培养效果？将国内外比较成熟的学术规范正规化以保证博士后培养质量，把自愿的潜在规范化转化为类似于法律的行政规范。这样是否就能够达到预期目标？这是一个需要深入研究的理论问题。无论如何，这些程序性控制对于博士后研究发展只有次要价值，它不能保证最优秀科研成果

---

① 李建华.中国博士后辉煌二十年：1985—2005[M].北京：中国画报出版社，2008：313.

的产生。这也是进行许多次评估都不了了之的原因"①。有学者认为，"在评估体系不完善的条件下，多重且多样化的评估指标将引起不同层面的逆向选择问题。如针对主管部门的评估指标体系，设站单位会更加重视对管理机构设置、人员配备、相关规章制度建设等量化指标的关注，而减少对管理效率、管理人员素质等质化指标的关注，对于博士后制度的运行效率来说，质化指标的提高要胜于量化指标的改善。再比如，设站单位、流动站或合作导师对博士后发表论文数量的考核，将激励博士后把精力放在论文发表上，而不是内在科研能力的提升上。这将会扭曲博士后制度的真正本质，进而导致博士后制度'异化'现象的出现"②。

2020年10月，党中央、国务院印发《深化新时代教育评价改革总体方案》，政策指导思想的落脚点是"努力培养担当民族复兴大任的时代新人，培养德智体美劳全面发展的社会主义建设者和接班人"。这给我国博士后政策改革提供了重要的启示。原全国博士后管委会主任徐颂陶认为："在质量上着重要把好四道关。第一道关是博士后流动站和工作站的设置要严格，这是源头。第二道关是博士后的招收必须有一定数量的竞争。第三道关是建立科学的评估体系，对博士后流动站、工作站定期进行评估，合格的继续办，不合格的要提出警告，甚至撤销设站。第四道关是对博士后研究人员要制定考核指标体系，博士入站后要进行中期考核，不合格的要淘汰，完不成科研任务的不能取得博士后资格。"③未来我们要回归我国博士后政策制定的初心，"围绕培养什么样的人，如何培养这样的人"的终极目标，提升博士后培养的质量和水平。一是积极依托国家重点科研基地或承担的国家重大科技项目招收培养博士后研究人员，把博士后制度与国家科研基金项目、国家高层次人才培养计划以及师资

---

① 刘丹华.中国博士后制度的制度分析[D].杭州：浙江大学，2004：33.

② 冯支越.中国博士后制度改革创新的实证研究[M].北京：北京大学出版社，2013：221.

③ 吕东伟.在培养和使用中发现更高级人才——全国博士后管委会主任徐颂陶谈中国特色博士后制度[J].中国高等教育，2005(20)：28-30.

力量的培养结合起来。二是与导师组成"人才共同体",让博士后真正在"做"中"学",将培养和使用真正结合起来。三是规范博士后招收平台建设,建立和完善动态考核和评价机制。中国博士后站点建设,当前应然之路,一方面是严格新站点申报的数量,严格按照博士后站点的高标准要求;另一方面,是对已有的博士后站点进行彻底清理,取消招不到博士后或质量下滑的博士后站点的资格,使博士后站点在规模上逐渐向高水平大学与科研机构以及数量少的大型科研型企业靠拢。[①] 四是博士后培养应与其职业发展相结合,破除过分注重论文和课题的考核指标体系,积极探索分类招收、分类考核、综合评价的改革路径,能够真正将具有真才实学的博士招收进来,经过 1~2 个周期的严格培养,能够成长为堪当时代大任的领军人才和精英人才。

五、深化市场化改革试点力度,深度激发基层创新要素活力

政府主导是中国博士后政策的最大优势,有计划、可持续,避免无序性和起伏性,但政府强势的另一面就是市场性不足,对社会环境变化缺乏快速反应,改革的主动性不够,市场化要素的增加是博士后政策优化的动因。"从历史的角度看,制度的产生和演化可以依次抽象为三种基本模式:诱致性变迁模式、强制性变迁模式及其混合模式。这三种模式的重要区别表现为政府的地位差异:在诱致性模式中,政府是该制度的平等参与者;在强制性模式中,政府提供全部的管制并提供大部分的财政资金支持;在诱致性和强制性相结合的模式中,政府只提供用以支持该制度的部分条件和部分管制,其他的条件由社会中的其他主体提供。"[②]美国博士后政策属于诱致性政策模式,德国、法国

---

① 姚云,方芳,曹昭乐,等.博士后发展年度研究报告(2016)[M].北京:学苑出版社,2017:12.
② 冯支越.中国博士后制度改革创新的实证研究[M].北京:北京大学出版社,2013:31.

属于混合政策模式，中国和日本属于强制性政策模式。"从本质上来说，中国博士后制度目前的计划性表现了政府和准政府管理机构对于制度中其他各方的不信任感。这是由行政管理的本性决定的。社会需要政府管制的根本原因就是，社会各方不能按照统一标准来处理彼此的合作与冲突。但是，博士后研究是一个高度自愿、自治的，具有特定内在规范和奖励系统的微观体系。这不是行政管理发挥其特长的领域。因此，逐渐恢复和建立这样的微观体系完全必要。建立微观、自治体系要从逐渐放松政府的行政规制入手，通过释放出来的自由空间使微观机制的参与各方逐渐学习互相协商、彼此合作、互相约束和规范，从而建立起充满活力的自治体制。"[①]"1985年，博士后政策制定之初，实行高度集权的行政管理体制，具有显著的层级式管理结构。这种层级式管理结构的产生具有几方面的原因：一是我国的博士后制度是在借鉴和模仿国外博士后制度的基础上建立起来的，带有某种强制性，而这种强制性部分地决定了管理方式的严格性。二是中国博士后制度是在国家需求主导下创立的，是以选拔培养和使用高层次人才为主要目标，而国家意志的引入将不可避免地把政府治理结构注入博士后制度安排中。三是我国博士后制度是在经济转型时期建立起来的，既有计划经济的属性，又有市场经济的属性，而计划属性决定了其层级式的管理结构，市场属性决定了其松散的管理结构。"[②]

长期以来，我国博士后政策遵循的是"摸着石头过河"的渐进主义发展模式，通过先行先试为大面积的全面推广积累经验。"从管理的层面，应当说我国的博士后制度目前还处于为高校充实师资力量的阶段，尚没有对其他领域尤其是产业领域形成明显的人才扩散效应。表面来看，这是因为高校提供了更好的学术研究平台，吸引了博士后就职，但更深层次的原因是我国的博士后

---

① 俞家栋.中国博士后制度研究[D].北京：中国社科院，2006：101.
② 冯支越.中国博士后制度改革创新的实证研究[M].北京：北京大学出版社，2013：119.

制度并非是在大学与市场的对接中自然产生的,缺少了市场的刺激和熏陶。"①未来可推行负面清单制度,进一步加大改革试点力度,深度激发基层活力和创造力,只要是与党的方针政策和国家法律法规不相矛盾冲突、没有明文禁止的领域,都可以先行先试。以博士后管理体制机制改革为例,改革的核心政策导向是从政府管理权能视角入手,权力、职责和能力相一致,既不能缺位、越位,也不能错位。具体来看,就是要以创新符合青年人才成长规律及博士后研究人员特点的管理制度为切入点,转变博士后管理机构职能,增强基层单位和合作导师自主管理的权限,政府加强宏观调控、评估监督等职能,尽量减少审批、评定、颁证等管理环节。"如果说之前政府在博士后体系中,充当的是'管理者'角色的话,那么现在,政府应该将自己转变为一个'把关人'。"②有学者建议用注册制代替审批制。注册制解决了博士后行政审批制的如下四重困境:一是缩短行政审批制度下过长的委托—代理链条,从而解决了由信息不对称问题所造成的激励不相容问题。二是有助于真正推行以项目为主导、合作导师为中心的博士后合作模式,实现外部利益内部化、微观利益与国家利益的一致性。三是推进博士后制度由国家需求主导向微观需求主导的转变,使中国的博士后制度与中国的市场经济相适应。四是强化现有的产学研一体化进程,提升科研成果的市场转化率,解决长期以来理论研究与实际应用相脱节的困境,真正推动中国博士后制度向其本原回归,从而减少中国博士后制度的"异化"现象,真正成为跨学科、复合型、创新型和应用型博士后人才培养和使用的高层次人力资本积累机制。③

　　未来我国博士后管理制度改革中,政府面临一个从管理者到把关者的"转型"问题,应从管理权能的视角,让政府从部分集权领域有序退出,从具体事务

---

① 沈文钦,许丹东.优秀的冒险者:中国博士后的职业选择与职业路径分析[J].中国高教研究,2021(5):70-78.
② 陈彬.而立之年 博士后制度出路何在[N].中国科学报,2015-03-19(5).
③ 冯支越.中国博士后制度改革创新的实证研究[M].北京:北京大学出版社,2013:249.

的管理中解脱出来,逐渐增加宏观调控的职能,从由政府主导向大学和科研机构主导、政府引导、企业积极参与的博士后政策体系转变。近年来,我国博士后宏观政策环境越来越宽松,为市场化导向政策改革创造了良好空间。"中国博士后制度的建立是一个模仿式的强制性制度变迁过程,随着主体自发性的增强以及政府管理约束的放松,我国博士后制度将进入强制性和诱致性两种变迁力量共同驱动的变迁阶段,我们称之为'中国博士后制度的二次变迁'。我们可以预测,中国的博士后制度终将进入诱致性力量主导甚至强制力量消失的'第三次变迁'阶段。"①

六、加大投入和支持力度,为博士后提供强有力的社会保障

某种程度上,博士后群体是一个依靠年轻身体和对专业的热情,体力精力高度透支的、抗风险能力薄弱的社会群体。② 有关博士后由于缺乏必要的社会保障而沦为弱势群体的事件常常成为社会关注度较高的热门话题。我国目前的社会保障体系主要是"五险一金","五险"即社会保险,具体包括养老保险、医疗保险、失业保险、生育保险和工伤保险,"一金"是住房公积金。20世纪90年代以来,相继进行的企事业单位工资制度改革及养老、医疗、失业和住房等社会体制改革,使有关博士后社会保障政策与国家现行社会保障体系相脱节。"在这种困境下,一方面,应尽快将博士后纳入统一的社会保障体系,建立以失业、医疗和养老等社会保险为主的保障体系;另一方面,应结合中国的市场经济体制、博士后制度'二次飞跃'趋势、博士后社会保险不充分困境和政府财

---

① 冯支越.中国博士后制度改革创新的实证研究[M].北京:北京大学出版社,2013:9.
② 刘丹华.中国博士后制度的制度分析[D].杭州:浙江大学,2004:28.

政支持有限等现实约束,博士后主管部门应大力鼓励博士后参加商业保险。"[①]

近年来,全国各地围绕博士后社会保障体系的改革也在逐步推进。2002年12月17日,上海市劳动和社会保障局、上海市人事局发布《关于本市单位招收的博士后研究人员参加社会保险若干问题的通知》(沪劳保养〔2002〕3号),在上海市行政区域内,经国家人事部批准设立博士后流动站、工作站的单位按规定招收的具有上海市户籍及进站工作时按规定在上海市办理落户手续的博士后研究人员,由设站单位视同本单位在职人员按规定参加上海市社会保险。博士后研究人员在站工作期间,由设站单位按上海市规定为其办理参加社会保险的参保手续,并按规定缴纳单位和个人缴纳的社会保险费。按规定缴纳社会保险费的博士后研究人员出站时,户籍留在上海市并继续在上海市工作的,社会保险关系按规定予以接续;出站后找不到工作,需要享受失业保险待遇的,可按上海市有关规定,申领失业保险金;到外省、市工作或户籍迁移外省、市的,上海市社会保险经办机构应及时将其在上海市建立的社会保险关系和个人账户储存额按规定转移到其工作所在地或户籍所在地的社保机构。2018年4月12日,上海市人力资源和社会保障局发布《关于本市单位招收的博士后研究人员参加社会保险有关问题的通知》(沪人社养〔2018〕113号),在上海市行政区域内,经批准设立博士后流动站、工作站的单位按规定招收的博士后研究人员,可以凭聘用(劳动)合同或工作协议等能够证明其进站工作的材料,由设站单位视同本单位在职人员在社保经办机构直接为其按规定办理参保手续。博士后研究人员在站工作期间参保缴费的,按上海市规定享受相应社会保险待遇。博士后研究人员的基本养老保险关系按国家相关规定转移接续。设站单位建立职业(企业)年金的,可以参照本单位在职人员为博士后研究人员建立补充养老保险。2023年4月21日,云南省社会保险局

[①] 冯支越.中国博士后制度改革创新的实证研究[M].北京:北京大学出版社,2013:258.

发布《云南省社会保险关于〈云南省内单位招收的博士后研究人员参加社会保险有关问题〉的通知》，在云南省行政区域内，经批准设立博士后流动站、工作站的单位按规定招收的博士后研究人员，属于机关事业单位编制内工作人员的依法参加机关事业单位养老保险，属于编制外的人员依法参加企业职工基本养老保险。博士后研究人员可以凭聘用（劳动）合同或工作协议等能够证明其进站工作的材料，由设站单位视同本单位在职人员在社保经办机构直接为其按规定办理参保手续。设站单位按照有关规定为博士后人员缴纳社会保险，应与设站单位职工享受同等的社会保障待遇。博士后研究人员的基本养老保险关系按国家相关规定转移接续。

应进一步加大投入博士后社会保障力度，将博士后群体纳入整个国家、区域的社会保障体系，真正解决博士后的后顾之忧。2020 年 6 月，浙江省委第十四届七次全会通过《中共浙江省委关于建设高素质强大人才队伍打造高水平创新型省份的决定》，明确提出：实施万名博士集聚行动，提高在站博士后经费标准和出站留浙补贴标准，加大对企业在站博士后科研项目支持力度，推动国内知名高校、科研院所和企业共建博士后工作站。2021 年 1 月，浙江省人力资源和社会保障厅、浙江省财政厅发布《〈关于调整博士后研究人员日常经费等资助标准及范围的通知〉》，在站博士后研究人员（非在职）日常经费补助标准每人每年由 8 万元提高至 15 万元，资助 2 年。2022 年 5 月 16 日，黑龙江省发布《新时代黑龙江人才振兴60 条》，对企事业单位新设立的博士后流动站、工作站，省财政给予一次性50 万元经费支持，对新设立的创新实践基地，省财政给予一次性 30 万元经费支持。"可以借鉴德国'洪堡奖学'的经验，设立国家博士后基金，鼓励博士后从事创新研究，每年资助的规模可以从每年 2 万人开始，逐渐增加到每年 10 万人。所有博士都可以向国家博士后基金委员会申请资助，并且到国内的任何科研单位开展研究，科研单位按照科研助理的身份对博士后人员进行合同制管理。国家博士后基金资助博士后的生活费标准应该具有国际竞争力,并从政策上鼓励企业、社会团体和个人资助高等院校和科研单位招收博士后。"[1]"对待博士后待遇,也需要全面综合性考虑,不仅要考虑到给他们的工资收入,而且要考虑到就业机会和研究条件。也就是说,博士后待遇是全面的概念,而不仅仅是工资。或许,中国博士后制度能够解决博士后待遇全面性的问题,将在世界范围内对优秀博士具有吸引力。"[2]

七、健全创新创业配套政策,积极推进博士后科研成果转化

近年来,为了推动博士后创新创业,加快科研成果转化,国家和地方实施了许多创新举措。2017年12月,广东省出台《关于加快新时代博士和博士后人才创新发展的若干意见》,广东省财政投入10亿元,设立博士和博士后创新创业基金,委托专业机构运营,引导撬动社会资本投入,不断扩大基金规模,通过股权投资、贷款担保贴息、风险补偿等市场化机制,支持博士和博士后创新创业项目,加快科研成果转化。2017年5月27日,江苏省人力资源和社会保障厅发布《关于设立江苏省(苏州)博士后创投中心的通知》(苏人社发〔2017〕163号),决定在苏州元禾控股股份有限公司设立江苏省(苏州)博士后创投中心。2018年6月27日,由江苏省人社厅、苏州市人社局、苏州工业园区和苏州元禾控股股份有限公司共同发起建立的国内首家博士后创投中心在苏州成立,作为服务江苏省内外博士后创新创业的开放性平台,其主要为江苏省博士后、博士后设站单位的创新科研项目产业化提供政策咨询、创业辅助、创业孵化、融资对接等服务,打通博士后科研成果转移转化的"最后一公里"。[3] 2019

---

① 陈建强.中科院院士周其林代表:博士后制度应改革[N].光明日报,2015-03-09(8).
② 姚云,方芳,等.博士后发展年度研究报告(2014)[M].北京:学苑出版社,2015:128.
③ 黄红芳,盛峥.江苏成立首家博士后创投中心[N].新华日报,2018-06-28(1).

年 8 月 22 日，安徽省人力资源和社会保障厅、安徽省财政厅发布《关于进一步加强博士后科研工作（流动）站建设工作的实施意见》（皖人社发〔2019〕12 号）指出："加大博士后创业支持力度。对于出站博士后创办企业符合进驻留学人员创业园、青年创业园条件的，可申请入园并享受园区创业优惠扶持政策。定期择优遴选一批安徽省博士后创办领办的工业机器人、芯片、操作系统、基础软件、人工智能、高端医疗器械、新材料等'卡脖子'技术领域，以及国家和省重大发展战略领域的初创企业，省级一次性给予最高 20 万元的创业补助。"

未来我国博士后政策改革，以市场化为导向，加大博士后成果转化基地试点在全国的推广力度，加快博士后创投中心、博士后创新创业基金、博士后创新基地等建设步伐，通过体制机制和政策创新，进一步激发博士后投身创新创业的热情，切实提高博士后科研成果转化成效。

八、加大博士后政策国际化的步伐，深入推进双向深度有效合作

习近平总书记强调，"中国要始终做一个学习大国，以更加开放包容的姿态，不唯地域引进人才，不求所有开发人才，不拘一格用好人才；要遵循国际人才流动规律，切实保护知识产权，保障国外人才合法权益，让有志于来华发展的外国人才来得了、待得住、用得好、流得动"。国际化问题长期以来一直是我国博士后政策的短板。判断博士后制度国际化水平的高低，通用的指标有四个方面：外籍博士后人数占博士后招收总人数的比例，留学回国做博士后占博士后招收总人数的比例，本国博士后出国合作的比例，博士后论文发表的国际化程度。[①] 由于政策初期保守、体制封闭和资助强度不足等缘由，我国博士后

---

① 姚云.中国博士后制度的制度分析与时代变革[M].重庆:西南师范大学出版社,2012:214.

国际化程度相对较低,出国留学人员回流比例并没有随着我国综合国力的显著增强而呈现大幅上扬,中外博士后合作交流没有形成对等局面,以中方人才输出为主。① 随着共建"一带一路"和以国内大循环为主、国内国际双循环相互促进的新发展格局的确立,如何借力国家现有政策在"走出去"和"引进来"中提升博士后国际化层次和水平就显得非常迫切。中国要成为科技强国,必须要保持一个开放的心态,不仅要注意积极促进本国博士后"走出去",通过国外培养或中外联合培养,也要创造条件让外籍或境外研究人员来中国做博士后,吸收全世界优秀的年轻人才来中国做博士后。②

从保守走向开放、从单一走向多元,我国博士后政策不仅是一个吸引华人学术精英的载体,也是集聚全世界英才的重要平台。"中国建立博士后制度的时间不长,最初招收的博士后也是通过吸引美国留学博士回国做博士后。今天,中国博士后制度不仅不具有美国博士后的国际化,而且对国内优秀博士的吸引力也大不如前。博士后制度创建之初相对国内同行相比的优越条件已时过境迁。如果国内毕业优秀博士大规模去欧美等国做博士后,那么中国将失去的不是从一个学前教育到博士教育结束的政府教育投资,更为重要的是对已处于'收获'季节的博士被国外轻易所用,避免'中国栽树,国外乘凉'。"③要服从国家重大战略的转变,将博士后政策国际化纳入国家人才战略体系,与国籍制度、人才制度等改革配套进行。从某种程度上来看,通过双向有效的国际化,让博士后走进世界科学技术的前沿,与世界一流科学家建立有效的学术网络,实现与欧美发达国家博士后政策全面接轨是我国博士后政策走向成熟的标志。

近年来,欧美发达国家利用博士后政策加强了在全世界范围内对青年人才的争夺。"美国招收最初的博士后是为了培养与使用年轻的科技人才,这一宗旨直到今天也没有改变。不过,美国对培养和使用年轻人才的内涵发生了

① 姚云,方芳,等.博士后发展年度研究报告(2014)[M].北京:学苑出版社,2015:30-31.
② 姚云,方芳,等.博士后发展年度研究报告(2014)[M].北京:学苑出版社,2015:25.
③ 姚云,方芳,等.博士后发展年度研究报告(2014)[M].北京:学苑出版社,2015:125.

变化。它利用超级大国的优势，借助科技与经济发展水平的优势，已经不满足对国内年轻科技人才的培养与使用，年轻人才的招收与吸纳已经面向全世界。"[①]2009年，法国国家研究署推出"博士后回归计划"，旨在通过建立青年研究人员回法的绿色通道，提供研究启动资金鼓励法籍青年进行博士后研究，同时吸引在法取得博士学位的外国留学生。2014年，为促进博士研究生的国际流动，德国学术交流中心推出了"博士后研究人员国际流动实践"（P. R. I. M. E.)计划，方便优秀青年学者回国工作。P. R. I. M. E.计划的创新之处在于：第一，将海外科研与国内后续研究相结合，根据申请者的志愿在德国高校设立科研岗位，申请者在海外研究一年后可在自选的高校继续从事研究。第二，向所有国籍的博士后研究人员开放，充分利用国际人力资源。第三，帮助德国高校引进优秀青年研究人员，促进与海外高校的学术交流与合作。[②] 未来我国博士后政策应该保持更加开放包容的心态，在参照美国的"富布莱特"项目、德国的"洪堡学者"项目以及英国的"罗德奖学金"，陆续推出《博士后国际交流计划》《博士后创新人才支持计划》等政策的基础上，进一步提供更加有国际竞争力的薪酬体系和保障体系，积极提升我国博士后政策在国际上的影响力和辐射力，加强对海内外优秀博士的吸引力。

---

① 姚云,方芳,等.博士后发展年度研究报告(2014)[M].北京:学苑出版社,2015:124.

② 李国强.德国学术交流中心推出促进博士后研究人员国际流动新举措[J].世界教育信息,
2014(19):74-75.

参考文献

一、著作

[1] 詹姆斯·E.安德森.公共决策[M].北京:华夏出版社,1990.

[2] 邓小平.邓小平文选:第2卷[C].北京:人民出版社,1994.

[3] 冯支越.中国博士后制度沿革及其发展[M].北京:经济科学出版社,2003.

[4] 汪健,邓芳.博采众长 擎起辉煌:清华大学博士后二十年(1985—2005)[M].北京:清华大学出版社,2005.

[5] 朴贞子,金炯烈.政策形成论[M].济南:山东人民出版社,2005.

[6] 菲利普·J·库珀,等,著.二十一世纪的公共行政:挑战与改革[M].王巧玲,李文钊.译.北京:中国人民大学出版社,2006.

[7] 庄子健,潘晨光.中国博士后(1985～2005)[M].北京:经济管理出版社,2006.

[8] 李建华.中国博士后辉煌二十年:1985—2005[M].北京:中国画报出版社,2008.

[9] 人力资源和社会保障部,全国博士后管理委员会.博士后工作文件资料汇编(1985—2007)[M].北京:中国人事出版社,2008.

[10] 姚云.中国博士后制度的制度分析与时代变革[M].重庆:西南师范大学出版社,2012.

[11] 冯支越.中国博士后制度改革创新的实证研究[M].北京:北京大学出版社,2013.

[12] 李志军.重大公共政策评估理论、方法与实践[M].北京:中国发展出版社,2013.

[13] 俞可平.论国家治理现代化[M].北京:社会科学文献出版社,2014.

[14] 全国博士后管委会办公室,中国博士后科学基金会.博士后工作实用手册(2014)[M].北京:中国人事出版社,2014.

[15] 姚云,方芳,等.博士后发展年度研究报告(2014)[M].北京:学苑出版社,2014.

[16] 全国博士后管理委员会办公室.中国博士后工作年报(2014)[M].北京:中国人事出版社,2015.

[17] 刘丹华,方芳,等.博士后工作评估理论与实践[M].北京:科学出版社,2016.

[18] 姚云,方芳,等.博士后发展年度研究报告(2015)[M].北京:学苑出版社,2016.

[19] 刘宝存,袁利平.博士后制度的国际比较[M].北京:党建读物出版社,2016.

[20] 许士荣.中国博士后政策分析[M].杭州:浙江大学出版社,2016.

[21] 全国博士后管理委员会办公室,中国博士后科学基金会.博士后工作文件资料汇编(1985—2016)[M].北京:中国人事出版社,2017.

[22] 王修来.中国博士后发展报告(2015)[M].北京:中国人事出版社,2016.

[23] 王修来.中国博士后发展报告(2016)[M].北京:中国人事出版社,2017.

[24] 姚云,方芳,曹昭乐,等.博士后发展年度研究报告(2016)[M].北京:学苑出版社,2017.

[25] 刘云,杨芳娟.中国博士后科学基金绩效评估报告[M].北京:科学出版社,2018.

[26] 姚云,方芳,高艺轩,等.博士后发展年度研究报告(2017)[M].北京:学苑出版社,2018.

[27] 姚云,方芳,刘雪倩,等.博士后发展年度研究报告(2018)[M].北京:学苑出版社,2019.

[28] 王修来.中国博士后发展报告(2019)[M].南京:江苏人民出版社,2020.

［29］王云鹏.博士后科研工作发展探索［M］.北京:北京邮电大学出版社,2021.

［30］王修来.中国博士后发展报告(2021)［M］.北京:中国人事出版社,2022.

［31］全国博士后管理委员会办公室.中国博士后工作年报(2022)［M］.北京:中国人事出版社,2023.

二、论文

［1］庄毅.企业博士后:造就高级工程专家的成功之路［J］.高等工程教育研究,2000(4):7-10.

［2］蓝国秋,丁纪平.博士后研究人员在站科研工作的考核与评价方法研究［J］.学位与研究生教育,2000(4):67-69.

［3］王建民.中国博士后制度的现状与创新［J］.高等教育研究,2001(3):20-24.

［4］段异兵,穆荣平.改善博士后工作环境的政府行为［J］.科学学研究,2002(3):266-271.

［5］刘丹华.中国博士后制度的制度分析［D］.杭州:浙江大学,2004.

［6］刘丹华,陈谷纲.试论中国博士后制度发展模式的转型［J］.中国科技论坛,2004(5):141-144.

［7］冯支越.从事博士后研究的动机与能力之间关系的探讨［J］.北京大学教育评论,2005(S1):35-39.

［8］黄飞跃,陈晓玲.发展企业博士后的理性思考［J］.高等理科教育,2005(5):37-40.

［9］周峰.独具特色 前程似锦——中国博士后制度实施二十年历程回眸［J］.中国人才,2005(21):14-17.

［10］吕东伟.在培养和使用中发现更高级人才——全国博士后管理委员会主任徐颂陶谈中国特色博士后制度［J］.中国高等教育,2005(20):28-30.

［11］俞家栋.中国博士后制度研究［D］.北京:中国社科院,2006.

［12］潘懋元.敢为天下先——在广东省博士后工作20周年纪念大会上的讲

话[J].集美大学学报(教育科学版),2006(2):3-5.

[13] 姚云.中国博士后制度的发展与创新[J].教育研究,2006(5):36-40.

[14] 刘继荣.师资博士后制度的探索与实践[J].中国高教研究,2007(6):75-76.

[15] 庄毅.李政道先生和中国博士后制度[J].科学新闻,2007(7):42-45.

[16] 路济平.挂职:博士后人才培养配置新途径[J].中国人才,2007(15):56.

[17] 孙建红.企业博士后制度视域中的校企合作途径探索[J].教育研究,
2008(3):60-63.

[18] 赵雪珍,刘继荣.浙江大学企业博士后管理工作实践与思考[J].中国博
士后,2008(4):38.

[19] 朱莉,梁旭.开创高层次人才队伍建设新局面——在站工科博士后挂职
锻炼[J].皮革科学与工程,2008(6):74-77.

[20] 许士荣.中国博士后政策分析[D].上海:华东师范大学,2010.

[21] 徐治国.中国博士后生境调查[J].科学新闻,2010(16):封面.

[22] 文艳林,于惠芳.一流大学建设与中国博士后制度的嬗变[J].中国高教
研究,2011(4):30-33.

[23] 张永琪.博士后争挂副市长令人揪心[J].观察与思考,2011(5):7.

[24] 姚锐.中国企业博士后发展的问题及变革[J].大学(学术版),2012(3):
59-65.

[25] 裴林保,官英平.高校师资博士后培养模式探析——以燕山大学为例
[J].科技广场,2012(4):246-248.

[26] 马骁,马莉,康志亮.师资博士后制度在高校师资队伍建设中的作用探讨
[J].中国博士后,2013(3):19-23.

[27] 王一鸣.企业博士后科研工作站再探讨——产学研合作的深化与创新模
式的会聚[J].科学管理研究,2013(4):41-44.

[28] 周刚,夏雪萍.师资博士后制度的构建与实践[J].中国高校科技,2013
(11):51-53.

[29] 徐警武,吴琼.师资博士后制度的反思[J].高等教育评论,2014(1):123-133.

[30] 许士荣.我国博士后政策制定的渐进主义分析[J].中国高教研究,2014(5):7—12.

[31] 李福华,姚云,吴敏.中美博士后教育发展的比较与启示——基于北京大学和哈佛大学的调查[J].教育研究,2014(12):143-148.

[32] 李国强.德国学术交流中心推出促进博士后研究人员国际流动新举措[J].世界教育信息,2014(19):74-75.

[33] 许士荣.我国高校师资博士后政策的十年回顾与展望[J].高校教育管理,2015(4):120-124.

[34] 王超,龙黎,汪旭东.博士后队伍在主导性产业升级中的作用分析——基于供求匹配的视角[J].黑龙江高教研究,2015(12):40-43.

[35] 姚云,曹昭乐.中国博士后资助体系30年及顶层设计重构[J].华东师范大学学报(教育科学版),2017(2):76-82.

[36] 姚云,曹昭乐,唐艺卿.中国博士后制度30年发展与未来改革[J].教育研究,2017(9):76-82.

[37] 葛昀洲.企业博士后培养机制研究[D].上海:上海交通大学,2018.

[38] 牛风蕊,张紫薇.中国博士后制度演进中的路径依赖及其突破——基于新制度经济学理论的分析视角[J].高校教育管理,2018(1):20-26.

[39] 周建中,闫昊,孙粒,等.我国科研人员职业生涯成长轨迹与影响因素研究[J].科研管理,2019(10):126-141.

[40] 李晶,李嘉慧."双一流"建设下的师资博士后:"青椒生力军"还是"学术临时工"[J].教育发展研究,2019(23):42-48.

[41] 赵晶,李林鹏,祝丽敏.产学研合作与企业创新——基于企业博士后工作站的研究[J].中国人民大学学报,2020(2):97-113.

[42] WOOLSTON C. Postdoc survey reveals disenchantment with working life[J]. Nature, 2020 (7834):505-508.

[43] 高建东.培养抑或用工：我国高校博士后制度的现实与反思[J].河北师
范大学学报(教育科学版),2020(4)：109-117.

[44] 孙绍宁,金亮,晏羽洁,等.浅谈企业博士后工作站的管理[J].航天工业
管理,2020(6)：18-21.

[45] 权小锋,刘佳伟,孙雅倩.设立企业博士后工作站促进技术创新吗——基
于中国上市公司的经验证据[J].中国工业经济,2020(9)：175-192.

[46] 苌光锤,陈晨,刘剑虹,等."超级博士后"制度的生成逻辑、不足及展
望——从《"超级博士后"激励计划实施办法》说起[J].现代大学教育,
2021(1)：92-100.

[47] 李正,吴钰滢,焦磊.我国博士后人才培养政策的变迁逻辑及其展望——
基于历史制度主义的视角[J].研究生教育研究,2021(4)：78-84.

[48] 沈文钦,许丹东.优秀的冒险者：中国博士后的职业选择与职业路径分析
[J].中国高教研究,2021(5)：70-78.

[49] 张洋磊,于晓卉."双一流"建设背景下博士后质量保障困境与治理策略
[J].中国高教研究,2021(7)：84-89.

[50] 李修伟.企业博士后工作的对策与思考[J].企业管理,2021(7)：121-123.

[51] 黄冠华,叶志伟,夏誉凤.博士后工作站如何影响企业人力资本升级？
[J].外国经济与管理,2021(11)：122-139.

[52] 许士荣.新时期我国博士后政策的发展困境与改革路径[J].教育发展研
究,2021(11)：59-65.

[53] 苌光锤,刘信阳."超级博士后"制度及其运行机制研究[J].现代教育管
理,2021(11)：89-95.

[54] 许士荣.新时期我国省级博士后政策改革的特点与趋势[J].中国高等教
育,2021(19)：56-58.

[55] 马立超.一流高校博士后管理制度实施成效、困境与优化路径——基于
博士后个体视角的混合研究[J].大学教育科学,2022(2)：54-63.

［56］蒋贵友.全球博士后学术发展困境的现实表征与生成机理［J］.比较教育研究,2022(4):69-77.

［57］高晓清,杨洋.社会认知职业理论视角下博士后学术职业认同的影响因素研究［J］.大学教育科学,2022(4):64-73.

［58］宋佳,张运吉,郑亦成.艰难的进阶者:大学博士后工作时间分配与角色身份认知［J］.中国人民大学教育学刊,2022(4):51-68.

［59］马立超,姚昊."双一流"建设高校博士后如何突破"科研围城"——博士后科研创新能力影响因素的实证研究［J］.湖南师范大学教育科学学报,2022(5):68-79.

［60］马立超,姚昊.高校组织支持体系对博士后科研创造力的影响研究［J］.中国高教研究,2022(5):88-94.

［61］蔡剑桥,杨洋,张楚廷.疫情下的组织支持与全球博士后学术职业倦怠的关系研究——基于《自然》杂志 2021 年对全球博士后的调查数据［J］.中国人民大学教育学刊,2022(5):43-60.

［62］徐佳睿,王修来.加强企业博士后创新联合体建设［J］.中国人才,2022(12):54-56.

［63］李一聪,谭玉林.国家高新区以企业博士后工作为抓手 推动高新技术产业高质量发展［J］.国际人才交流,2023(3):1-3.

三、报纸

［1］郜云雁.微软"博士后科研工作站"成立——第一家独立的在华外资企业"博士后科研工作站"正式启动,首批计划招收 20 名博士生［N］.中国教育报,2001-04-29(4).

［2］武洁.鼓励自主创新,积极搭建平台——清华大学博士后工作成果丰硕［N］.中国人事报,2008-04-07(3).

［3］杨连成.企业博士后工作站:谨防追名逐利［N］.光明日报,2009-02-12(5).

［4］陈艳艳.中国博士后毕节试验区服务团挂职活动启动——17位博士后将致力于促进我区经济社会快速发展［N］.毕节日报,2009-04-16(1).

［5］陈彬.表面光鲜却无自主研究空间 博士后也被导师裹胁打小工［N］.中国青年报,2010-07-01(5).

［6］张春丽.博士后培养要"走出去、引进来"［N］.光明日报,2012-07-01(5).

［7］别敦荣.博士后制度异化非单一制度问题［N］.中国科学报,2013-12-05(7).

［8］侯定凯.美国博士后制度调查的启示［N］.中国科学报,2013-12-05(7).

［9］中国科学院人事教育局.坚持国际化道路 促进博士后队伍发展［N］.中国组织人事报,2014-10-15(4).

［10］邹乐.王萍.北大原校长周其凤建议取消博士后管理机构［N］.北京晨报,2015-03-07(A06).

［11］陈建强.中科院院士周其林代表:博士后制度应改革［N］.光明日报,2015-03-09(8).

［12］陈彬.而立之年 博士后制度出路何在［N］.中国科学报,2015-03-19(5).

［13］刘云.在服务西部中淬火成才——博士后挂职工作调查［N］.中国组织人事报,2015-04-13(4).

［14］韩天琪.博士后如何走向科研成功之路［N］.中国科学报,2017-10-09(7).

［15］董鲁皖龙.博士后培养亟须对标国家需求［N］.中国教育报,2018-06-21(3).

［16］吴传震.尴尬的博士后——中科院院士曾益新谈博士后制度改革［N］.南方周末,2008-06-26(D27).

［17］黄红芳,盛峥.江苏成立首家博士后创投中心［N］.新华日报,2018-06-28(1).

［18］郭英剑.博士后的苦与乐［N］.中国科学报,2018-11-20(7).

［19］李雅娟.收入低、学术要求高……部分高校师资博士后陷困境［N］.中国青年报,2019-06-12(5).

［20］潘玉娇.江苏深化人才分类评价改革不再"一把尺子量人才"［N］.中国科学报,2019-08-03(1).

[21] 陈德旺.博士后待遇超正教授,反映了啥[N].中国科学报,2019-10-28(8).

[22] 赵硕.超级博士后:我国高层次人才培养的新视角[N].中国科学报,2019-12-18(7).

[23] 张端鸿.莫让博士后成短期科研政绩工具[N].中国科学报,2020-03-31(5).

[24] 熊丙奇.如何解读博士后扩容[N].光明日报,2020-05-19(11).

[25] 龙之朱."中科院博士后当辅警"上热搜的冷思考[N].光明日报,2020-10-13(2).

[26] 刘祖华,李肖璨,谢鹏.锻造高质量发展的"博士后力量"——中国博士后制度实施35周年记[N].中国组织人事报,2020-12-02(4).

[27] 浙仁轩.浙江引导博士后向创新一线集聚[N].中国组织人事报,2020-12-07(3).

[28] 江琳,龚菊.博士后制度实施35周年累计招收25万多人[N].人民日报,2020-12-08(13).

[29] 鄂仁轩.湖北不断激发博士后人才创新活力 加强平台建设 注重学研结合[N].中国组织人事报,2020-12-09(3).

[30] 庄瑞玉.深圳设立企业博士后工作站分站事权落地 让博士后贴近企业研发需求成长[N].中国科学报,2021-07-21(A03).

[31] 高阳.科技强国梦 乘风破浪时——披荆斩棘、勇攀高峰,我国博士后制度走过三十六载[N].中国组织人事报,2021-11-10(1).

[32] 李肖璨.厚植高质量发展的青春创新力量——党的十八大以来博士后事业发展综述[N].中国组织人事报,2022-10-11(1).

[33] 黄晓慧.上海"超级博士后"激励计划实施五年——铺设科研的宽广之路[N].人民日报,2023-08-01(10).

[34] 王莉.我区博士后培养成效日益凸显[N].西藏日报,2023-11-23(2).

后 记

追根溯源,2006 年我就读于华东师范大学高教所,在导师房剑森教授的悉心指导下,我利用参与筹建华东政法大学法学博士后流动站的经验,将我国博士后政策分析作为博士论文选题。至此,开启了我长达近 20 年的博士后政策研究与教学工作,2013 年主持教育部人文社科基金项目"中国博士后政策发展问题与对策研究——政策分析的视角";2016 年专著《中国博士后政策分析》由浙江大学出版社出版;2019 年主持全国教育科学"十三五"规划项目"新时代我国博士后政策的发展困境与改革路径研究",本书是研究成果之一。我以博士后政策为主题,发表了 10 余篇学术论文,成为个人职称评审的最大助力;同时讲授"高等教育政策与改革专题",为高等教育学专业研究生分析博士后政策的制定、执行、评估和终结等。

回顾自己的学术生涯,由衷感谢母校华东师范大学高教所的庇护和导师房剑森教授的引领,使我能凭借一技之长在风云激荡的岁月找寻到一处安身立命的避风港,能在象牙塔里比较从容地做伟大时代的参与者和见证者。感谢浙江工业大学教育学院吴向明院长的橄榄枝,让我有机会实现从政策研究者至传道授业解惑者的转变,离"自由的人"更进一步。感谢我已经毕业的研究生郁珂、刘美凤、熊兰馨儿、金新玲和在读的研究生余越、朱园梦,以及我所授课的研究生,正是教学相长,推动我从不同视角去不断思考博士后政策的热点和难点问题。最后,非常感谢浙江工商大学出版社策划编辑任晓燕老师、责任编辑唐红老师等诸多人员的辛勤付出,他们的专业精神和认真负责的态度令人钦佩。

许士荣